國家社科基金重大項目（10&ZD104）

上海師範大學古籍整理研究所編
項目首席專家、主編　戴建國
主編　朱易安　傅璇琮　周常林

国家出版基金项目
NATIONAL PUBLICATION FOUNDATION

全宋筆記

第九編　二

大象出版社

顧　　問　王水照　朱瑞熙　徐　規　李裕民

項目首席專家、主編　戴建國

主　　編　朱易安　傅璇琮　周常林

編纂委員會（以姓氏筆畫爲序）

王劉純　朱易安　李亞娜　周常林　俞　鋼　查清華

徐時儀　陳　新　張劍光　傅璇琮　虞雲國　戴建國

目録

⊙王銍撰

補侍兒小名録

儲玲玲整理

點校説明

《補侍兒小名録》又名《侍女小名録》，一卷，王銍撰。王銍（？—一一四四），字性之，號汝陰老民，人稱雪溪先生，潁川汝陰（今安徽阜陽）人。王銍生平，已見《默記》點校説明。

本書共三十三條，以古代侍女小名爲選録標準，采自稗官小説所記而編撰的筆記小説。雖有些人物與侍兒身份不符，有些人事出自寓言故事，但本書對古代小説、詩話的研究與文獻輯佚校勘仍有很高的史料價值。

《郡齋讀書志》記載：「《侍女小名録》一卷，右皇朝王銍纂。序云：『大觀中，居汝陰，與洪炎玉父游，讀陸魯望《小名録》，戲徵古今女侍名字。因盡發所藏書籍纂集，餘月而成焉。』」本書中有少量條目與洪炎《侍兒小名録》中内容相同，至於相同的成因，尚待考證。此次整理以明代《稗海》本爲底本，以明《説郛》（宛委山堂本）、民國石印本《五朝小説大觀》本、民國排印《叢書集成初編》本爲校本，并參考了其他相關文獻資料。

校勘記

建康小史曹著見廬山夫人，夫人命女婉出，與著相見。女欣然，命婢瓊枝令取琴出，婉撫琴而歌曰：「登廬山兮鬱嵯峨，晞陽風兮排紫霞。欣良運兮暢雲柯，口雲龍兮樂太和。」琴歌既畢，婉便回去。《祖台志恠》

袁真在豫州，遣女妓紀陵送薛、郭、馬三妓與桓宣武，馬遂生桓南郡。《續搜神記》

齊惠公妾蕭同叔子生子棄之，有狸乳而鸇覆之，取而養之，字曰「無野」，是爲頃公，代有齊國。《搜神記》

宋何恢爲廣州刺史，有妓曰張耀，美而有寵。將之任，要權貴阮佃夫飲，設樂，佃夫見耀華悦之，頻求於恢。曰：「恢可得，此人不可得也。」佃夫怒，拂衣出户曰：「惜指失掌。」遂諷有司，以公事彈恢，坐免。《南史》

霍去病父仲孺，河東人，以縣吏給事平陽侯家，與侍女衛小兒私通，生去病。仲孺吏畢歸家，娶婦生光，因絶不相聞。久之，去病爲驃騎大將軍，擊匈奴，道出河東。河東太守郊迎至平陽傳舍，遣吏迎，仲孺趨入拜謁。將軍迎拜，因跪曰：「去病不早知爲大人遺體也。」仲孺叩頭曰：「老臣得託命將軍，此天力也。」去病爲仲孺大買田宅奴婢而

去。《戚苑》

晉賈后召愍懷太子入朝，置于別室，遣婢陳舜賜太子酒三升。太子辭而不能飲，舜逼之曰：「不孝也！天賜汝酒而不飲，中有惡物耶？」太子不得已强飲，遂大醉。又令小婢承福以紙筆授太子，使書之曰「陛下不自了，吾當入了之」。字半不成，后補成之，呈帝，廢太子。《至隱晉書》

孫綽《韓非靈語》責李中書曰：建元元年六月，余家婢辟邪夜眠，如夢囈語半時，云忽有一老公著黄練巾，身短衣長，甚自矜厲，瞑目切齒云：「吾是刑名先生韓非弟子，李充日習吾業，綜習吾書」云云。《孫綽集》

晉泰始二年，使使持節兼五官中郎將宗正丞司馬恢，拜崇陽園妾李琰爲脩華、王宣爲脩容、徐琰爲脩儀、吴淑爲婕妤，趙珽爲充華。十年，使太常洛陽令司馬啟拜采女胡方爲貴嬪，又使御史中丞、太子舍人司馬誕拜采女劉瑗爲淑妃、臧曜爲淑媛、趙祭爲脩容、陳秀爲脩容。咸寧三年，拜美人左嬪爲修儀、邢蘭爲婕妤、朱姜爲容華。《晉起居注》

宋元凶劭姊東陽公主應閤婢王鸚鵡。《南史》

魏文帝宫中侍女所絶寵者有莫瓊樹、薛夜來、陳尚衣、段巧笑四人。崔豹《古今注》

唐進士段何，太和八年賃居卧病。有四人負金碧從一青衣，一雲髻，一半髻，皆絶色。說諭再三，何終不應。乃以紅牋題詩一篇，置何樓上而去。其詩云：「樂廣清羸經幾年，

妊娘相托不論錢。輕盈妙質歸何處，惆悵碧樓紅玉鈿。」書迹柔媚，亦無姓名，紙末惟書一「我」字，何自此疾日退。《河東記》

南陽張不疑，開成四年應宏詞，寓京師，以錢六萬置青衣鴉鬟垂耳，曰春條，善書，音旨清婉，有所指使，無不愜適。又潛爲小詩曰：「幽室鏁妖艷，無人蘭蕙芳。春風三十載，不盡羅衣香。」不疑素禮門徒，尊師者謂不疑曰：「郎君有邪氣。」不疑令作法，春條撲然作聲，視之一朽冥器耳。背上題曰「春條」，其衣服若蟬殼然。《博異志》

武德中，曹惠爲江州參軍，官舍佛堂中有二木偶人，長尺餘，工飾甚巧。因持歸與稚兒戲。稚兒食，木偶引手請之，惠問曰：「爾何時物？頗能作恠。」曰：「輕素與輕紅，是宣城謝太守家備偶。」且曰：「廬山神要索輕素等爲舞姬久矣。請命畫工，賜以粉黛。」惠令工人爲飾之，輕素笑曰：「此度非論舞妓，亦當爲彼夫人矣。」《幽恠録》

崔紫雲，兵部李尚書樂妓，詞華清峭，眉目端麗。李公罷鎮北都爲尹東洛時，方家妓盛列，諸府有宴，臺官不赴。杜紫微時爲分司御史，過公有宴，故留南行一位待之，爲訪諸妓，併歸，北行三重而坐。宴將醉，杜公輕騎而來，連引三觥，顧北行，回顧主人曰：「嘗聞有能篇詠紫雲者，今日方知名不虛得，儻垂一惠，無以加焉。」諸妓皆回頭掩笑。杜作詩曰：「華堂今日綺筵開，誰召分司御史來。忽發狂言驚滿座，三重粉面一時回。」詩罷，升車彈鞚而歸。李公尋以紫雲送贈之【一】。紫雲臨行獻詩曰：「從來學得斐然詞，不料

【一】李公尋以紫雲送贈之　「雲」原作「微」，據《叢書集成》本改。

霜臺御史知。愁見便教隨命去，戀恩腸斷出門時。」

竇梁賓，夷門人，詞筆容態皆可觀。進士盧東表念其才藻，緣而録之。嘗爲《嘉東表及第》詩云：「曉粧初罷眼初瞤，小玉驚人踏破裙。手把紅牋書一紙，上頭名字有郎君。」又有《雨中看牡丹》詩：「東風未放曉泥乾，紅藥花開不奈寒。待得天晴花已老，不如攜手雨中看。」

程洛賓，長水人，爲京兆參軍李華所録，自安史亂，常分飛南北。華後爲江州牧，登庾樓，見中流沿棹有鼓胡琴者，是所録侍人也。李喪色而言曰：「振絃者宛如故舊。」令問之，乃岳陽郡民王氏之舟，詢其操絃者，王氏尋令抱四絃而至，李轉加悽楚，問其姓，對云是隴西李氏，父曾爲京掾。自禄山之亂，父倉皇劒外，母程氏乃流落襄陽。父母俱有才學，所著篇章常記心口。因誦數篇，乃李公往年親制，泫然流涕。且問洛賓所在，投絃再拜，嗚咽而對曰：「已爲他室矣。」李嘆曰：「是知父子之性，雖間而親，骨肉之情，不期而會。」便令歸宅，揖王君。別求淑姬齎幣詣洛賓使回。洛賓寄詩曰：「魚雁囬時寫報音，難憑坐蘖數年心。雖然情斷沙吒後，爭奈平生怨恨深。」已上《女舞圖》

唐右司郎中馮翊喬知之，有美妾曰碧玉，知之爲之不昏。武承嗣借以教諸姬，遂留不還。知之作《緑珠怨》詩以寄之，碧玉赴井死。承嗣得詩於裙帶，大怒，諷酷吏羅告，族誅之。《資治通鑑》

貞元中，進士賈全虚者黜於春官。春深臨御溝而坐，忽見一花流至全虚之前，以手接之，香馥頗異，旁連數葉上有詩一首，筆蹟纖麗，言詞幽怨。詩曰：「一入深宫裏，無由得見春。題詩花葉上，寄與接流人。」全虚得之，悲想其人，涕泗交墜，不能離溝上。街吏頗疑其事，白金吾奏其實，德宗亦爲感動，令中人細詢之，乃於翠筠宫奉恩院王才人養女鳳兒者。詰其由，云：「初從母學《文選》、《初學記》，及慕陳後主孔貴嬪爲詩，數日前，臨水折花，偶爲宫思，今敗露，死無所逃。」德宗爲之惻然，召全虚授金吾衛兵曹，以鳳兒賜之。車載其院資，皆賜全虚焉。

經行寺僧行藴灑掃堂殿，見所畫女人姿顔妖冶，戲曰：「世間女人得如此者，我必作妻。」其夕有欵扉者，蓮花娘子來，從一侍婢，妖姿麗質，妙絶人倫。蓮花顧侍婢曰：「露仙，可準備幃帳。」

天水趙旭家于廣陵，夢一青衣挑笑窗牖間。及覺，忽有清香滿室，有一女子年可十四五，容範曠代，笑曰：「吾天上青童，久居清禁，時有世念，帝罰下人間，感配於君子。」時叩柱清歌曰：「白雲飄飄星漢斜，獨行窈窕浮雲車。」《通幽記》

唐韋諷家于汝潁間，遣小童理草鋤地，忽見人髪，鋤漸深漸多而不亂。諷異之，即掘深尺餘，乃一婦人，肌膚容色，儼然如生。再拜言曰：「某是郎君之祖女奴，名曰麗質，娘子嫉妬，生埋此園中。」

開元中，有士人從洛陽道，見一女子，容服鮮麗，泣謂曰：「已非人，昆明池神之女，嫁劔閣神之子。夫婦不和，無由得白父母，故欲送書一封耳。」士人問其處，女曰：「池西有斜柳樹，君可叩之。若呼『阿青』，當有人從水中出。」士人入京，便送書池上，果有此樹，叩之，頻喚「阿青」。俄見幼婢從水中出，得書甚喜，曰：「久不得小娘子消息。」延士人入，謂曰：「君後日可蹔至此。」如期，果有女子從水中出，手持真珠一笥，笑以授士人云。已上《會昌解頤集》

趙王鎔命馬或使于燕，劉守光命韓定辭館之。時燕之酒妓轉轉者，一代名姝無比，韓之所眷也。每當酒席，馬頻目之。韓曰：「昔文公分季隗於趙襄，伯符輟小喬於公瑾，蓋惟名色可奉名人。所慮倡婦不勝賢者顧矚，願垂一詠，故得奉之。」或即命筆授毫，文不停綴，作《轉轉之賦》，其首曰：「玳筵既啟，雅樂斯陳。霧卷羅幕，花攢錦茵。有西園之上客，命南國之佳人。貌逞嬋娟，縱玉韻而傾國；步移縹緲，蹴羅襪以生塵。」或載以歸。劉崇遠《耳目記》

穆員稱其麗雲善歌，聽之使人醉者醒，醒者醉，悲者樂，樂者悲，聲音能移人爲工。《穆員集》

柳條，女奴也。成都米市橋，僞蜀時有柳條家酒肆，蓋當時皆以當壚者爲名。柳條偶得患，沉綿經歲，俟死而已。有一道士常來貰酒，柳條每加勤奉，乃留丹數粒。柳條初服

一粒，疾起能食，再服能行，終服充盛如初。《成都古今記》

元公鎮南海日，疽發於鬢，氣息惴然。忽有一少年道士直來床前，謂元曰：「本師知公病，遣某將少膏藥來，可傅之。」元公寵姬號静君，收藥貼之，至暮而愈，失道士所在。《劉公嘉話》

韋洵美先輩開平歲及第，受鄴都從事辟焉，乃挈所寵素娥行。羅紹威聞其姝麗，才達臨河，令女使齎二百疋及生餼而露意焉。洵美無所容足，遂令粧束更衣，修緘獻之。素娥姓崔氏，亦大梁良家子，善諧謔筆札，和淚作詩曰：「妾閉閑房君路岐，妾心君恨兩依依。魂神儻遇巫娥伴，猶逐朝雲暮雨歸。」洵美乃不受辟。夜度河，宿一寺，長吁而寢。曰：「何處人能報不平？」寺有行者排闥而揖曰：「先輩蓄何不平事？」洵美具語之。欻然出門而去。至三更，忽擲一皮囊入門，乃貯素娥而至。侵曉，問寺僧，言在寺打鐘，勤苦三十餘年，已不知所之。洵美即遁迹他所。《燈下閑笑》

小東，長沙之妓人，以能詩得幸於馬氏。後國入爲郡，窮於京師里而人絶不知。余憫其老，詢長沙宫中事，則必南望泣涕而後言，因爲作《小東詩》焉。

薛九，江南富家子，得侍宫中，善歌《嵇康》。《嵇康》，江南曲名也。學舞於鍾離氏。建業破，零落於江北。予遇於洛陽福善坊趙春舍，飲酣，於是歌《嵇康》，其詞即後主所製焉。嘗感激，坐人皆泣。春舉酒請舞，謝曰：「老矣。腰腕衰硬，無復舊態。」乃强起小舞，終曲而罷。座有王生者，請予爲嵇康小舞詞，曰：「薛九三十侍中郎，蘭香花態生春堂。龍盤王氣變秋霧，淮聲哭月浮秋霜。宜城酒煙濕羈腹，與君强舞當時曲。玉樹遺辭莫重聽，黄塵染鬢無前緑。我聞襄陽白銅鞮，荒情古艷傳幽悲。淒涼不抵亡國恨，座中苦淚飛柔絲。洛陽公子擎銀觴，跪奴和曲生玄光。茂陵旅夢無春早，彤管含羞裁短章。」以上《錢易集》

王霞卿者，藍田人，才華清贍，節行尤高。進士鄭殷彝旅於會稽，寓唐安寺樓，見粉壁間有題云：瑯琊王氏霞卿，光啓三年陽春二月，登于是閣，臨軒軫恨，覩物增悲，雖觀焕爛之華，但比淒涼之色。時有輕綃捧硯，小玉看題，其詩曰：「春來引步强尋游，恨覩烟霄簇寺樓。舉目盡爲停待景，雙眉不覺自如鈎。」鄭子依韻繼之曰：「題詩仙子此曾遊，應是尋春别鳳樓。賴得從來未相識，免交錦帳對銀鈎。」霞卿乃故邑宰韓嵩自京師挈之任所，嵩緣遇暴寇而卒。鄭子怡然而往謁之，霞卿竟辭以疾不見，只令總角婢子輕綃持詩以贈之，詩曰：「君是烟霄折桂身，聖朝方切詔良臣。正堪西上投知己，何必留程見婦人。」鄭得詩抱慙而去。《女仙圖》

王琨父懌，不辨菽麥，時以爲殷道矜之流，人無肯與婚。家以獠婢恭心侍之，遂生琨，初名崑崙。懌後娶樂玄，無子，故以琨爲名，立以爲嗣。《南史》

王藻尚宋文帝第六女臨川長公主，諱英瑗。公主性妬，而藻别愛左右人吴崇祖。主

讒之於廢帝，藻下獄死，主與王氏離婚。《南史》

寵姐，寧王愛姬。王宴客，妓妾皆在，獨寵姐無得見者。李太白恃酒强之，廼設七寶簾，使寵姐隔簾而歌。

楚春申君有妾曰余【二】。

【二】本條原脱，據《説郛》本、《五朝小説大觀》本補。

◎温　豫撰

續補侍兒小名録

唐　玲　整理

點校説明

《續補侍兒小名録》一卷，温豫撰。温豫，字彦幾，温陵（今泉州）人，南唐尚書仁儼之後。因耻與僞齊劉豫同名，改名革，字叔皮。政和五年何㮚榜上舍出身。長於治《易》。紹興八年除正字，十年，通判洪州，官終福建轉運使（詳見《南宋館閣録》卷八、《（嘉靖）惠安縣志》卷一二）。《稗海》本《續補侍兒小名録》題爲「宋晉陽温豫」撰，李裕民推測晉陽爲其祖籍。

是書序言：「二書所載，共一百六十六條，猶未備也，乃復續補焉。」則知《續補》一書是承洪炎《侍兒小名録》、王銍《補侍兒小名録》二書而來，内容涉及先秦兩漢六朝唐宋間有關女子的雜史、逸聞，引書以唐前史籍、志怪、傳奇等文獻爲主。

是書無單行本，見於《稗海》、《説郛》、《續百川學海》、《香艷叢書》、《叢書集成初編》等書。此次校點以《稗海》本爲底本，校以宛委山堂本《説郛》、《香艷叢書》本，並參校書中所引的原始文獻。

二書所載，共一百七十六條，猶未備也，乃復續補焉。

初莽妻以莽殺其子，涕泣失明，莽令太子臨居中養焉【一】。莽妻旁侍者原碧，莽幸之。後臨亦通焉，恐事泄，謀共殺莽。臨妻愔，國師公女，能爲星，語宮中偶有白衣會【二】。臨喜，以爲所謀且成。後貶爲義陽王【三】，出在外第，愈憂恐。會莽妻病困，臨手書曰【四】：「上於子孫至嚴，前長孫、中孫，年俱有三十而死，今臣臨復適三十，誠恐一旦不保中室，則不知死命所在！」莽候妻疾，見其書，大怒，疑臨有惡意，不令得會喪。既葬，收原碧等考問，具服奸、謀殺狀。初，莽爲侯就國時，幸侍者增秩、懷能、開明。懷能生男興，增秩生男匡、女曄【五】，開明生女捷，皆留新都國【六】，以其不明故也。《王莽傳》

皇太子《詠武陵王左右伍暠傳杯》詩曰【七】：「頂分如兩髻，簪長驗上頭。捉杯如欲轉，疑殘已復留。」《玉臺新詠》

楚春申君有愛妾曰余，春申君正妻之子曰甲。余欲君之棄其妻也，因自傷其身以視君而泣曰：「得爲君妾甚幸，雖然，適夫人非所以事君也，適君非所以事夫人也，身故不

校勘記

【一】莽令太子臨居中養焉　「莽」原闕，據《漢書》補。

【二】語宮中偶有白衣會　「語」下，《漢書》有「臨」字。「偶」，《漢書》作「且」。

【三】後貶爲義陽王　「爲」下，《漢書》有「統」字。

【四】臨手書曰　「手」，《漢書》作「予」。

【五】增秩生男匡女曄　「曄」原闕，據《漢書》補。

【六】皆留新都國　「都」原闕，據《漢書》補。

【七】詠武陵王左右伍暠傳杯詩曰　「伍」，原作「五」，據《玉臺新詠》改。

肖，力不足以適二主，其勢不俱適。與其死夫人所者，不若賜死君前。妾以賜死，若復幸於左右，願君必察之，無爲人笑。」君因信妾余之詐，爲棄正妻。余又欲殺甲，而以其子爲後，因自裂其親身衣之裏以示君而泣曰：「余之得幸君之日久矣，甲非不知也。今乃欲强戲余，余與爭之，至裂余衣。此子不孝，莫大於此矣。」君怒，而殺甲。《韓非子》

劉曠，豫章海昏人。義熙二年病，困頓二十餘日，手足皆冷，正腹微暖，二日二夜蹶然起坐，云：「有人著平幘喚曠。西北向有樓，其上有綵女，團坐作樂，見曠住樂，相指而笑。游歷未遍，不知所從而出。倏忽至此，病於此都。」愈後月餘，黨輩於平澤射獵，留曠守舍。因晝眠，聞語：「何女郎通使。」便覺颯然已至。自説東海何氏，八歲而夭，於今十歲，應爲君妻，故來修好。何女郎曰：「昔日樓上之擊節，我也。衆以君見棄，是以相笑。智瓊、杜蘭香，咸我曹也。婢名採薇，奴名邊羅，常以九石合拌莫果，問家中吉凶，及晴雨之占，必驗。」曠母妻嫌之，被妒日滋。女曰：「應爲君妻妒嫌，已至三年而無子，何以見忌？」後留信宿，曠家以湯澆之，慘然而言曰：「苟不我容，便與君辭。既去之後，慎勿相憶，爲君累也！」《幽明録》【八】

煬帝自到廣陵，沉湎失度，每睡須摇動，或歌吹聲齊，方就一夢。侍兒韓俊娥尤得意，每寢必令振舉支節，乃得睡不厭，賜名爲「來夢兒」。蕭妃密令訊之：「帝不舒，汝能安之，豈有他媚？」俊娥進言：「妾從帝自都城來，帝在何妥車，車行高下不等，妾態自摇，

【八】按：今本《幽明録》無此條。

帝暇日登迷樓，憶之，題柱二篇云：「黯黯悲侵骨，綿綿病欲成。須知潘岳鬢，强半爲多情。」又「不信長思憶，絲從鬢裏生。閑來倚柱立，相望幾多情。」《大業拾遺》帝就摇洽悦。妾後得以侍寢，私效車中之態，成寢非他媚也。」他日，蕭妃譖去之。

唐思元大夫崔義起妻蕭氏【九】，蕭鏗女也。爲人妒忌多瞋，好打奴婢，不信業報。麟德元年，從駕洛陽，至二年五月身亡【一〇】。蕭所愛婢名閏玉，信樂佛法。家爲夫人設三七齋，僧正食時，夫人自來看齋【一一】，枷項鏁腰，獄卒衛從。唯閏玉見夫人靈，著此婢使傳語家内大小云：「吾適崔氏，爲性多瞋横，不信因果，今至地獄，受罪極重，願汝眷屬將吾平生受用資具速舍，至七七日爲設齋。」云云。《法苑珠林》

余媚娘者，才婦也。夫亡以介潔自守。陸希聲時爲正郎，聞其容美而善書，巧智無比，俾行人中善言者游説之。媚娘乃約媒曰：「陸郎中若必得兒侍巾櫛，須立誓不置側室及女奴，則可爲陸家新婦。」希聲諾之。既歸二年，夫妻敦睦。無何，希聲又獲名姬柳舜英者，姿殊麗逾於媚娘。媚娘知而深怨之，密銜不發。異日，令迎入宅，與之同處。比間候希聲他出，即召舜英閉私室中，手刃殺之。《余媚娘叙録》

蜀青石鎮陳洪裕妻丁氏，因妒忌打殺婢金扈，潛於本家埋瘞，仍榜通衢云：「金扈逃走。」經年，遷居夾江，因夏潦漂壞舊居，渠岸見死婢，容質不變。鎮將報州追勘，擬伏。其婢屍一夕壞爛，遂寘丁氏於法。《儆戒録》

【九】唐思元大夫　「思」，《法苑珠林》作「司」。

【一〇】至二年五月　「五」，《法苑珠林》作「正」。

【一一】夫人自來看齋　「齋」，《法苑珠林》無此字。

前南鄭尉李雲，於長安求納一姬，其母未許。雲曰：「予誓不婚！」乃許之。號姬曰「楚賓」。數年後，姬卒。卒後經歲，遂婚前南鄭沈氏。及婚日，雲浴於淨室，見楚賓執一貼藥末，徑前謂雲曰：「誓余不婚，今又與沈家作婿，無物相奉，贈君香一貼，以資沐浴。」寫藥末入斛中，以釵攪水訖而去。雲甚覺不安，羸困不能出浴，遂死。支體如綿，筋骨並散。《聞奇録》

潞之女伶曰孟思賢，巧黠人也，嘗爲君侯王制之寵貯焉。制之所私伊宙，亦衙門將，多與制遊思賢舍，故僕射愼之子也。風流善杯酒，思賢心悦之，遂私焉。關鏁益牢，即踰牆而奔於宙。制知不可奈何，遂逐思賢出門，宙且納焉。宙有女奴曰解兒，有愛於宙。思賢心惡之。一日，杖解兒脛間出血見骨，解兒瘡甚死。明年長慶二年，軍亂，伊宙遇飛矢而死，思賢無所庇，復投制。制得之，喜曰：「有甘吾心者矣。」遂命以短兵關思賢二脛，踣且極捶之。制臨觀，語思賢曰：「其能逾牆而奔於伊宙耶？」迨夜閉於幽室。思賢終夜呼曰：「解兒、解兒，不能惠我速死耶！」竟不勝其楚毒，再宿而死。遂與宙同瘞於邢之東門外。《昭義軍記室别録》

吴太伯祠在東閶門之西，每春秋季，市肆相率合牢醴，祈福於三讓王，多圖善馬、綵輿、子女以獻之。時乙丑春，有金銀行首糾合其徒，以輕綃畫美人侍婢，捧胡琴以從。其貌出於舊繪者，名美人爲「勝兒」，蓋户牖牆壁間，前後所獻者，無以匹也。女巫方舞，有進士劉景復送客之金陵，置酒於廟之東通波館。忽欠伸思寢，乃就榻，夢見紫衣冠者言曰：「讓王奉屈。」劉生隨至廟，周旋揖讓而坐。王語劉生曰：「適納一胡琴妓，藝甚精，而色姝麗。知吾子善歌，故奉邀作胡琴一章，以寵其藝。」初，生頗不甘，命酌人間酒一杯與飲。逡巡酒至，并獻酒物，視之乃向館中祖筵者。生飲數杯而醉，作歌曰：「繁弦已停雜吹歇，勝兒調弄邏迯撥。四弦攏撚三四聲，喚起邊風駐明月。大聲嘈嘈奔淈淈，浪蹙波翻倒溟渤。小絃切切怨颸颸，鬼哭神悲任悉窣。倒腕斜挑掣流電，春雷直戛騰秋鶻。漢妃徒得端正名，秦女虛誇有仙骨。我聞天寶十年前，涼州未作西戎窟。麻衣右袵皆漢民，不省胡塵暫逢勃。太平之末狂胡亂，犬豕崩騰恣唐突。玄宗未到萬里橋，東洛西京一時没。一朝漢民没爲虜，飲恨吞聲空嗢咽。時看漢月望漢民，怨氣衝聲成彗孛。國門之西八九鎮，高城深壘閉閑卒。河湟咫尺不能收，輓粟推車徒兀兀。今朝聞奏涼州曲，使我心魂暗超忽。勝兒若向邊塞彈，征人血淚應闌干。」歌成，劉生乘醉落筆【一二】，草札而獻。王尋繹數四，召勝兒以授之。王之侍兒見有不樂者，妬色形於座中，恃酒以金如意擊勝兒面破，血淋襟袖，生乃驚起。明日視素繒，果有損痕。歌今傳於吴中。《纂異記》

石季龍趫捷便弓馬，勇冠當時，勒深嘉之。拜征虜將軍，爲聘將軍郭榮妹爲妻。季龍寵惑優僮鄭櫻桃，而殺郭氏，更納清河崔氏女，櫻桃又譖而殺之。《晉書·載記》

成風聞成季之繇，乃事之，而屬僖公焉。杜預注：成風，莊公之妾，僖公之母也。《左

【一二】劉生乘醉落筆　「筆」原作「魄」，據《太平廣記》改。

傳・閔二年》。

元載寵姬瑶英之母趙姬，本岐王愛妾也。後出爲薛氏妻，生瑶英。《杜陽編》。前書只載瑶事，故續補此。

隋煬帝幸月觀。中夜，憑蕭妃肩説東宫時事。適有小黄門映薔薇叢，調宫婢，衣帶爲薇刺骨結，笑聲吃吃不止。帝望見腰肢纖弱，意爲寶兒而有私。帝披單衣，長衫不帶，急行擒之，乃宫婢雅娘也。《大業拾遺》

霍小玉命侍兒櫻桃，褰幃執燭，授李生筆硯，又取珠絡縫綉囊，中出越姬烏絲襴素段以授生。生素多才思，援筆成章。薛防《霍小玉傳》。前已載浣紗、桂子，獨遺此事。

長安有媒氏鮑十一娘【一三】，故薛蒼駙馬家青衣也，折券從良十餘年矣。性便僻，巧言語，豪家戚里，無不經過，追風挾策，推爲渠帥。嘗受李生誠托厚賂，意頗德之。經數月，忽聞扣門甚急，生攝衣迎問曰：「鮑卿今日何故惠然而來？」云云。《霍小玉傳》

崔氏鶯鶯，婢曰紅娘，嘗爲崔持綵牋以授張生。元微之《鶯鶯傳》

平陸尉薛昭，元和中坐謫。有田山叟者，贈藥一粒，教令遁去。因入蘭昌宫，見雲髻仙衣女子三人。詢其姓氏，長曰：「雲容，姓張氏。」次曰：「鳳臺，姓蕭氏。」次曰：「蘭翹，姓劉氏。」飲酣，蘭翹命骰子，白二女曰【一四】：「今夜佳賓相逢，須有匹偶。請擲骰子。遇采强者，得以薦枕席。」雲容數勝，蘭翹遂命薛郎近雲容姊坐。昭發問曰：「夫人

【一三】長安有媒氏鮑十一娘　「安」下原有「中」字，據《太平廣記》删。

【一四】白二女曰　「白」，《薛昭傳》作「謂」。

何許人也，何以届此？」容曰：「某乃開元中楊貴妃之侍兒也。妃念極【一五】，嘗獨舞《霓裳》於綉嶺宫【一六】。妃悦【一七】，贈我詩曰：『羅袖動香香不已，紅蕖裊裊青烟裏。輕雲嶺上乍摇風，嫩柳池邊初拂水。』詩成，皇帝吟諷久之，亦有繼和，但我不憶耳。此時多遇皇帝與申天師談道，亦數侍天師茶藥。因閑處，叩頭乞藥。師云：『吾不惜，但汝無今日之分，不久處世，如何？』我曰：『朝聞道，夕死可矣。』師乃與降雪丹一粒，曰：『汝但服之，雖死不壞，但能大其壠【一八】，廣其穴，含以真玉【一九】，踈而有風，使魂不蕩空，魄不沉寂，而有物拘制，陶出陰陽。數百年，若遇生人得交精之氣，或再生，便爲地仙耳。』」昭因詰天師之狀，乃田山叟之魁梧也。乃大駭曰：『山叟即申天師明矣。不然，何以委曲使余符曩日之事哉！』」裴鉶《薛昭傳》

唐監察御史清河張佶侍兒仙鵝能歌舞，解書翰，常出使，以仙鵝充使典。有密知者將發之，佶鉤鉅多數，竟得不發。《御史臺記》

沈詢在昭義，嘗宴府中賓友，歌著詞令曰：「莫打南來雁，從他向北飛。打時雙打取，休使兩分離。」及歸，而夫妻皆爲嬖妾歸秦所殺。《北夢瑣言》

申胡子，朔容李氏之蒼頭也。李氏本亦世家子，得祀江夏王廟。吾與對舍於長安崇義里，遂將衣質酒，命余合飲。氣熟杯闌，因謂吾曰：「李長吉，爾徒能長調，不能作五言歌詩。直强回筆端，與陶謝詩勢相逮幾里【二〇】！」吾請撰《申胡子觱篥歌》【二一】，以五

【一五】妃念極　《薛昭傳》作「妃甚愛惜」。
【一六】嘗獨舞霓裳　「嘗」，《薛昭傳》作「常」，下有「令」字。
【一七】妃悦　「悦」，《薛昭傳》無此字。
【一八】但能大其壠　「壠」，《薛昭傳》作「棺」。
【一九】含以真玉　「含」原作「舍」，今據《薛昭傳》改。
【二〇】與陶謝詩勢相逮幾里　「逮」，《李賀歌詩集》作「遠」。
【二一】吾請撰申胡子觱篥歌　「篥」，原作「栗」，據《李賀歌詩集》改。

字斷句。歌成，朔容大喜【二二】。擎觴起立，命花娘出幕，徘徊拜客，稱善三弄【二三】，於是以弊辭配聲【二四】，與予爲壽。《李賀集》

謝秀才有妾縞練，改從於人，秀才引留之不得。後生感憶，座人製詩嘲謝，賀復繼四首。《李賀集》

梁元帝《爲妾弘夜姝謝東宮賚合心花釵啓》曰：「夜姝昔往陽臺，雖逢四照，曾遊澧浦，慣識九衢，未有仍代爵釵【二五】。還勝翠羽，飾以南金，裝兹麗玉，修靡夫人，本分章華之裏。中山孺子，獨荷春宮之恩。有志當熊，無期投閣。」《藝文類聚·木門》

梁元帝《爲妾夏王豐謝東宮賚錦啓》略曰：「舒將並石，堪來暮雨。縈持結纜，剩可蕩舟。」《藝文類聚·錦門》

長沙定王發，母唐姬，故程姬侍者。景帝召程姬，程姬有所避，不願進，而飾侍者唐兒使夜進。上醉不知，以爲程姬而幸之。《前漢》

廣川王去有所幸姬王昭平、王地餘，許以爲后。去常疾【二六】，姬陽成昭信待視甚謹，更愛之。去與地餘戲，得褎中刀【二七】，笞問狀，服欲與昭平共殺昭信。笞問昭平【二八】，不服，以鐵鍼鍼之，强服。乃會諸姬，去以劍自擊地餘，令昭信擊昭平，皆死。立昭信爲后；幸姬陶望卿爲修靡夫人，主繒帛；崔修成爲明真夫人，主永巷。昭信復譖望卿云云。後去數召姬榮愛與飲，昭信復譖之云云。《前漢》

【二二】朔容大喜　「朔」原作「期」，據《李賀歌詩集》改。

【二三】稱善三弄　「三」，《李賀歌詩集》作「平」。

【二四】於是以弊辭配聲　「弊」，《李賀歌詩集》作「幣」，是。

【二五】未有仍代爵釵　「代」原作「我」，據《藝文類聚》改。

【二六】去常疾　「常」，《漢書》作「嘗」。

【二七】得褎中刀　「褎」原作「裒」，據《漢書》改。

【二八】笞問昭平　「昭」原闕，據《漢書》補。

禽滑釐問於子墨子曰：「魯氏有叔姪同處者，叔曰無恒，姪曰數奇。無恒有妾曰善佞，蓄私夫以生子曰不類，數奇愛不類如其子。無恒久乃告數奇曰【二九】：『不類非吾子，他人之子也，汝勿以爲弟。』」《李文公集》

王丞相有幸妾姓雷，頗預政事納賄【三〇】，蔡公謂之「雷尚書」。《世説》

【二九】無恒久乃告數奇曰　「恒」原作「惜」，據《李文公集》改。

【三〇】頗預政事納賄　「賄」，《世説新語》作「貨」。

◎佚名撰

宗忠簡公遺事

趙龍整理

點校説明

《宗忠簡公遺事》三卷，傳世諸本皆不著撰者，而黄碧華、徐雍整理的《宗澤集》（浙江古籍出版社）成果認爲是宗穎撰。宗穎，宗澤子，常居戎幕，官直秘閣，充開封留守判官，知合州，終兵部郎中。

是書陳振孫《直齋書録解題》作三卷，不著撰者，云：「録留守開封宗澤汝霖事，亦其家子孫所爲也。」馬端臨《文獻通考・經籍考》踵陳氏之説，並云：「後村劉氏序曰：公《遺事》行世已久，今連帥寶謨王公鎔，公之外孫，復稍採摭舊聞，以傳翼之。」至明清時，仍見傳本，明焦竑《國史經籍志》著録，作三卷，清錢曾《錢遵王述古堂藏書目録》亦載：「三卷一本，宋本抄。」阮元《文選樓藏書記》作四卷，爲宋寶謨學士王鎔輯抄本。注云：「是書採摭宗澤遺事，並附舊聞及題咏。」今傳本多作二卷。

是書專記名臣宗澤生平事跡，於宗澤奏章、皇帝詔令、君臣對答，多有徵引，可補正史之闕，爲今人研究北宋末南宋初政治、軍事之重要史料。

是書今可見於諸本宗澤文集中，主要有明崇禎庚辰刻本《宗忠簡公集》卷七、影印文淵閣、文津閣《四庫全書》本之《宗忠簡集》卷七、《金華叢書》本《忠簡公集》卷七、《西京清麓叢書續編・

四忠集》本《宋宗忠簡公文集》後、《新刻諸葛宗岳史四公文集》之《宋忠簡公文集》附後，其中後二本所附《遺事》，據述荆堂藏板刊行。

此次整理，以《金華叢書》本爲底本，校以明崇禎庚辰刻本《宗忠簡公集》（簡稱庚辰本）、影印文淵閣《四庫全書》本（簡稱文淵閣本）、影印文津閣《四庫全書》本（簡稱文津閣本）、《西京清麓叢書續編·四忠集》（簡稱四忠集本）、《新刻諸葛宗岳史四公文集》（簡稱四公文集本）；其他訛誤文字，校以《宗忠簡公墓志銘》等。本書在整理過程中，參考了前引《宗澤集》部分校點成果，謹以致謝。

公姓宗氏，諱澤，字汝霖，系出南陽漢汝南太守資之裔。五代之亂，避地江南，居婺之義烏。生嘉祐四年十二月十四日巳時。公生而趣尚不凡，長有大志。讀書過目不忘，游學四方，籍籍有聲。登元祐六年進士第，時宣仁聖烈皇后垂簾，詔廷對策，限以字數。同輩相告曰：「必如詔可以中程。」公曰：「事君盡忠，自今日始，豈可圖前列而效寒蟬乎！」遂力陳時病幾萬餘言，且及吳處厚、蔡確事，曰：「自古興衰治亂，悉由人材，人材之困，厄於朋黨。今處厚箋註詩章，臣恐朋黨之禍自此始。」主文者以其言直，恐忤旨，置公末科，賜同進士出身。

八年，以將仕郎調大名府館陶縣尉，攝邑事。吏多以年少易之，及牒訴遝至，剖析曲直，迎刃而解，不奄月，訟庭闃然。

紹聖二年冬，吕參政惠卿自大名移帥鄜延，欲辟公置幕府，固辭不就。即檄公與邑令視河堤。檄到，值喪長子，捧檄遽行。惠卿聞之，曰：「可謂憂國忘家者也。」適朝廷大開御河，隆冬，役夫僵仆於道，中使不以申奏，監董甚急。公上書帥司，略曰：「某非有避也。時方凝寒，鍤钁一舉，冰凍已合，徒苦民而功未易集，少需之至初春，可不擾而辦，當身任其責。」卒用公言上奏，朝廷從之。明年河成，所活甚衆。

會秩滿去官，五年，循通仕郎，遷衢州龍游令。邑小，民未知學。公爲建庠序，設師儒，延見諸生，講論經術，自此登科者相繼起。里閭惡少嘗十百爲群，持虵虺擾民以規利，稍不如意，輒鼓譟，擲瓦礫，碎屋壁，前令不能禁。公密白之州，籍其壯者爲軍，日得百餘人，風遂革。未幾，丁淑人劉氏憂。

崇寧二年，服除，調萊州膠水令。膠水號劇邑，豪奸宿蠹，挾勢虐民，習以成風。有温包者，恃陰告人，率不實，公案前後犯治之。州別駕與包連姻，以位臨曰：「令敢爾邪？」公曰：「包犯法，某以法治，不知其他也！」有强賊百餘人侵縣境，率僚屬親捕之，且約曰：「獲盜，公等受賞；不然，身獨任罰，幸無退志。」一士族女被掠，匿旁郡，久之不能獲。公廉得其跡，越境，徑造賊壘，取女以出，斬首五十餘級，焚其廬。州奏功于朝，官屬皆被賞，公亦進文林郎。

同舍生林迪者，先公登第，音問不相及者累年，官萊之別邑。公始至也，迪挈家詣公，經旬而去。迪以病告，公赴之，垂革尚能語，曰：「迪身如何？」公曰：「某任後事。」「室人子女如何？」公曰：「嫂當養，子當教，女當適佳士。」後以迪女妻修職郎康森，且慮居處南北，再以親女妻森之弟協，申愛好焉。迪子懋，後從公討賊得官，又文登令。卒于官，貧不能歸。公詣弔之，厚以俸津遣其行。職甫滿，丁大父憂。

大觀三年，循承直郎，再調晉州趙城令。下車修媧皇祠，新趙簡子廟，且請于朝曰：「趙城前有並河、汾陽之固，後當晉、絳、蒙坑之險，左依霍邑，右阻太行，沃野百里，可以種植，實河東用武之地。願陞縣爲軍，如楚之漣水、開德之德清，命以軍額，實治縣事，且大養軍士以備不虞。」復言：「慶源乃國家興王之本，趙城又慶源之本也。」書聞，不盡如所請。公曰：「方今承平之久，固無慮，他日有警，當有知吾言者矣。」

政和三年，以薦改奉議郎、知萊州掖縣。一日，當路需牛黄，縣坐數百兩，吏民惶懼無以應。公條具報部使者，曰：「方時疫癘，牛飲其毒凝爲黄。當此太平，和氣横流，牛無傷者，黄何自得？」部使者怒，取邑官名位，欲劾奏之。公曰：「此意自某出，同僚何預？」獨書銜以上，牛黄竟免，亦不加罪。

公前後宰四邑，其綱條簡而不煩，所至稱治。嘗語人曰：「某之作邑，其始以信，濟之以威，信既孚矣，威亦何用！」直龍圖閣范公純粹知公深，每對客語及作縣，則曰：「如宗君，所至有去思，雖古循吏未見其比。」在掖縣，甫及考，尤爲青帥王公甹所知，辟置幕下。未幾，甹罷，中書梁公子美繼來，公投檄丐去。子美驚曰：「聞公名舊矣，何疑而遽去也？」公力辭不獲。子美欲新青城壁，擬拆齊之樓櫓以助增修，檄公往相視。公曰：「齊亦吾地，損彼益此，人必以公爲隘。願勿毁。」子美忻然從之。五年，有旨陞登、萊、濰、密四州爲次邊，遴選能吏可任守貳者。子美以公名應選，差通判登州。郡邑有宗室財用田數百頃，皆磽瘠不毛之地，歲輸萬餘緡，無所收，率取于民以應辦。公條奏得除免。黄縣有大俠與河上居人有隙，請於朝，言治河事，下部使者，大起夫役。公曰：「是役也，吾未見其利，而徒擾于民。」條具申乞寢罷，朝廷從之。道士高延昭者，恃勢犯法，無復以州縣爲意。公窮治之不顧。已而，朝廷遣使，結金人爲海上之盟，公語所知曰：「軍興多事，自兹始矣！」磨勘承議郎。

宣和元年，丐祠，得主管南京鴻慶宫。方退居東陽，結廬山谷閒，著書自適，有終焉之志。會延昭訴于朝，以公改建神霄宫不當，林靈素主之，褫職羈置鎮江府。公聞命曰：「罪大責輕，丹徒善地。」即日就道，坐廢四年。公娶陳氏，至是疾卒，卜葬京峴山之陽，就居丹徒。經郊恩，得自便。四年，差監鎮江府酒税，敘宣教郎。公盡心迺職，課入倍加。六年，復判巴州。

靖康元年，有詔侍從官各舉所知。御史中丞陳過庭等薦公可任臺諫，召赴闕。公奏對三策，上嘉之。時粘没喝、斡離不再犯河朔，王師一再失利，廷議遣使。八月甲寅，假公宗正少卿，奉使斡離不；李公若水假秘書少監，使粘没喝，副使令選差，七日起發。公曰：「此行不生還矣！」或問其故，公曰：「某豈能屈節外庭，上辱君命邪？彼如悔過退師，固善；否，則與之力爭，必死敵手。」初，以和議使爲名，公力奏言名不正，請改曰計議使，從之。議者謂公剛方難合，且徒死何補。時朝廷意主和，遂改命著作郎劉岑。

初，王雲使北歸，過磁、相，謂守臣曰：「敵聲勢非前日比，且善因糧，若清野則無所得矣。」兩州如其言，公抗章，論列宰相非其人，及宣撫使副提大軍逗遛不進，並劾雲張皇敵勢，迫脅人主，及請河北西路清野，聲東應西，恐從東路入寇，雲墮賊計，先自困西路耳。上以章示雲，雲于是憾公切骨。

九月，會詔選易河北帥臣等。辛未，除公朝奉郎、直秘閣知磁州。訓詞曰：「河朔列城，每謹擇守，矧兹滏陽，當兩衝會，寄委之重，尤在得人。以爾才術敏强，裕於從政，宣力中外，克著風績，俾膺是選，實允僉言。往其悉爾心力，惟事事乃克有備，則罔後艱，可不懋哉。」時太原新失守，眞定攻圍甚急，河北、河東州縣多闕官，被命者率託故不行。公曰：「食君之禄，而臨事畏避，吾君何賴焉？」遂單騎即日就道，從羸卒十餘人至河上。公自北來者盡驚曰：「敵已犯眞定矣，雖往何益？」笑不納。庚辰，至郡。前此，磁經北騎往來，人民流徙，帑藏枵然，不復可守。公至，則繕城壁，浚隍池，治兵器，募豪傑，爲必守計。不逾月而辦。唯糗糧不足，視帑中所有，盡以高價糴米數萬斛，然後廣募義兵，應者雲集。公度所儲，尚不能久贍，又出俸助之。由是民閒争獻金、穀。公上疏，乞邢、洺、磁、趙、相五州，各養精兵二萬，敵攻一郡，四郡應援，則一路常有十萬兵。上嘉之，嘗以語康王，其後諸郡議卒不用。時敵人再犯河朔，攻保寨不克，遂治兵中山，大會酋長諸番部於眞定，晝夜急攻。壬辰，上親劄賜公，曰：「知卿糾集軍民，共濟國難。今遣吕剛中、侯章，團練起發，想當即日就道，以効忠義之節。苟可立功，一面施行，高爵厚禄，朕所不愛也。」繼除公河北義兵都總管。有招安强寇號第十三將首令者，恣横兇暴，不改故態，馳騁市肆閒。公命斬之。公領所練義兵直抵眞定，屢與敵接戰，兵力單弱，圍不可解。

十月丁酉，眞定陷，河北居民震恐。公條畫邊防要策與勤王之議，併上之。

十一月，詔曰：「知磁州宗澤，措置邊防利害可採，除秘閣修撰。」訓詞曰：「朕以疆埸多虞，干戈未息，咨擇能吏，以扞一方。而滏陽近藩，實當要衝。爾條畫邊務，洞達戎機，剡牘上聞，朕用嘉歎。中秘論譔之職，其選甚高，非爾之才，不以輕授。益恢遠略，紓我顧憂。」斡離不自眞定引兵南進，陷慶源。宣撫使范訥率兵五萬，守滑、濬以扞之。公亦大治甲兵，聲振河朔。斡離不知有備，乃東趨大名，歷魏縣，乙亥，自李固渡渡河，恐公兵躡其後，乃分遣數千騎，直叩磁州城下。公披甲乘城，令壯士以神臂弓射之，矢下如雨，敵退走，開門縱兵追擊之，斬首數百級。所得牛馬金帛，盡以賞軍；其城上用神臂弓者，又厚賞之。自是義兵人人奮勵，迭出擊敵，或守要害，日有克捷。

初，刑部尚書王雲遣從吏李裕間道馳歸，傳斡離不語，若得親王兩府奉使議和，兵庶可解。康王頃嘗與斡離不周旋，北人畏服，乞遣康王。朝廷從之。公抗章，乞輟康王之行。朝廷猶豫。會雲繼至，請益堅。上曰：「肅王既留，又遣康王，萬一盡爲所留，奈何？」雲曰：「康王行，則和議可成，和議成，必無留康王之理。臣以百口保之。」上用雲計。於是王被旨出使，以中書舍人耿延禧、觀察使高世則爲參議官。延禧、世則見王，即召雲共語。王曰：「國步艱難，臣子當盡忠竭節，苟可以安社稷，何辭使萬里！」顧謂雲曰：「尚書謂此行和議必成，至以百口保之，豈别得斡離不之語乎？」雲爭曰：「未嘗敢爲此説。」王曰：「尚書奏事時，適在御屏後，盡聞所言。」康謕亦侍立榻旁，呼謕出問之，如王語。雲無以對。

丁丑，發京師。辛巳，至磁。公率官吏迎謁，王撫勞甚至。公曰：「大王乃欲親使敵中乎？」王曰：「奉皇帝之命，不可不行。」公曰：「更熟議之。聞敵人由大名已渡河矣，恐不可遣。萬一更如肅王爲敵所留，又將如之何？以澤觀敵情，豈有肯和之理哉！特設詭詞，欲挽致大王耳，可不察乎！」會郊外飛塵亘天。公密遣裨將張宗領騎數百覘之，甫至三十里，果遇敵騎，遥望問張宗曰：「是非康王與王尚書乎？」宗應聲云是。復傳語尚書可速來。宗回以告，公密戒城中爲備，且以宗所見白之康王，曰：「敵情灼然可見，願大王勿行。」王因問所養兵。公曰：「民兵可及萬人，皆在近地，有急則呼之，饋不費糧，趙、洺、邢、相則無有也。」雲因面責公曰：「公前日見劾何也？」公曰：「如公固不足劾，自宣撫使副劉韐等，某無不劾之。大抵張皇敵勢者，天下所共疾，何獨某哉？」王行期未決，磁有嘉應侯祠，州人事之甚謹，請康王與王尚書共謁祠下。公從旁贊可之，曰：「卜以決疑。」時有被鹵婦人，從魏縣寨中脱走，至磁，言見斡離不掠太平車，由李固渡相衡如浮橋過南隄，又以船載魏縣官妓，吹笙簫月下而渡。人心聞此殊不寧，且怨曰：「敵不由磁、相，乃從李固渡，前用雲計，徒毀我牆屋，籍我糧草。」

壬午，會王謁廟，州民遮馬諫曰：「不可去。肅王已爲人誤，送入燕山。初言至河，必曰斡離不重信義，大臣亦保無他，今果何如？」雲乘馬在後，語之曰：「大王謁廟即歸，非北去也。」民不以雲言爲信，曰：「已有萬人守北門，雖欲行，不可。」延禧、世則諭雲勿與辨。雲曰：「人言何足恤乎？」竟進至廟，民心益忿激，厲聲指雲曰：「此清野之人，爲敵計，眞細作也。」謁神畢，民如山擁。公語雲曰：「外頗喧亂，約與偕行。」雲易之，與延禧、世則先出。小吏附耳語延禧，曰：「外已失王尚書馬。」延禧約世則速行，百姓皆露刃怒目，因迫視曰：「此非王尚書耶？」雲乘小吏馬，相繼出，遂遇害。及王出廟門，父老前擁言曰：「今離此門五六十里，即有敵騎，王雲乃細作也。」王諭以不復北去，衆始引退。王諭公取首亂者一人斬之，梟首廟前，收雲從吏隸王府，内外迺定。從馬識遠取國書，識遠曰：「雖云副使，實曰小吏，國書未嘗見也。」迺發雲行李，索得國書，並上賜肅王、肅王夫人書，長主與都尉曹晟書，咸已發封，知前後未嘗達也。又得皂裘一，番巾三，羅、綾、錦各一。王曰：「必有人見此，故謂雲爲細作也。」衆因謂磁不可留。又初過河之明日，巡警使臣任永爲敵騎所掠，問王所在，永不以實告，後得脱告王。癸未，王留相州。乙酉，斡離不軍劉家寺，京城戒嚴。

閏十一月癸巳，粘没喝亦至，軍青城。己酉，朝廷遣忠訓郎、閤門祗候秦仔等賫蠟書詣王：「康王可充兵馬大元帥，陳亨伯可充兵馬元帥，宗澤、汪伯彦可充副元帥。」丙辰，京城失守。戊午，王語僚屬曰：「吾夕夢皇帝脱衣賜我，我服之。此何徵也？」有頃，仔至再拜，以蠟書進。王涕泣望闕謝恩，軍民感動。仔曰：「敵圍城甚急，方大雪，皇帝御遥津亭，遣仔等請王起兵入衛。」

十二月壬戌朔，王開大元帥府於相州，備御劄行下。丁卯，准大元帥府備坐。詔曰：「迺知州郡，糾合軍民，共起精兵，此皆祖宗百年涵養忠孝之士，天地神祇所當佑助，同力叶謀，以濟大功，應辟置官屬，兹從便益。劄下知磁州、秘閣修撰宗澤准此。」公拜命感泣。甲子，御前再遣閤門祗候侯章至大元帥府，出蠟書曰：「京城圍閉日久，康王眞朕心腹手足之託，已除兵馬大元帥，更無疑惑，可星夜前來入援。」章曰：「皇帝遣章十輩來，唯章一人得達。陛辭日，宣諭臣曰：『王辟中書舍人，得可令便益草詔，盡起河北精兵入援。』」又曰：「恐諸郡留精兵自衛，當使守臣自將，庶盡得精鋭之兵。」或難章曰：「審如此，則河朔兵一空，他日金人歸師，列城何恃？」章曰：「方京城事急，未遑他議，況此出皇帝之意。」王迺命延禧草詔如章言，頒之。乙丑，大元帥府迺傳檄諸郡。其檄曰：「契勘閏十一月二十七日，康王於相州被受御前蠟封，皇帝親筆除兵馬大元帥，已於今月一日開府。三日又准閤門祗候侯章賫詔書來，催促起兵。當府除已備坐詔書行下外，仰逐州依詔書，守臣自將。竊惟敵人猖獗再犯京城，攻圍未解，君父憂危。臣子之心，義當效死，矧凡在職，世受國恩，當此艱危，豈應坐視？宜勉忠義，戮力勤王。仰逐州守臣如指揮到日，依已降詔旨，不移刻措置起兵，除量留本處募到土豪分擺地方守禦外，盡數刬刷官兵精鋭，招集强壯堪充出戰人，逐色團結，並堅利器械，隨隊附帶，差得力人，官兵以將佐隊、將押隊内選差，民兵以知縣、丞、簿、巡尉内選差。逐州使臣更切措置糧料輕賫，以防沿路次舍艱食，隨宜供億。本府已選定十二月十七日以後、正月三十日以前，節次到大名府會合，聽候指揮，審度前進。右劄送中山府陳延康亨伯、知河間府黄待制潛善、知冀州權修撰邦彦、知德信州梁徽猷揚祖、知洺州王寶文麟、知深州姚直閣鵬、知磁州宗修撰澤、知德州滑大夫彦齡、知棣州趙大夫闕、知博州孫大夫振、知慶源府裴刺史汝明、知保州葛刺史逢、知霸州辛刺史彦宗、知安肅軍王大夫徹等，准此。」

唯中山、慶源受圍不得通，餘悉被受。丁卯，上遣僉書樞密院事曹輔同北使迎王，且密爲蠟封及礬書付之，因令齎詔撫諭河北。詔曰：「大金軍已登城，斂兵不下。朕親出郊，見兩院帥。和議遂定，宗社自安。生靈獲全，恩厚德深。恐四方隔絶日久，未免疑惑。仰諸路監司守臣速行撫諭，及移文鄰路各令安業。故兹詔示，想宜知悉。」乙亥，王發相州。丁丑，至大名。

先是，公屢言宜會兵奪李固渡，斷敵歸路，衆議不可。公聞李固渡敵騎往來不斷，自將秦光弼出東西兩門夾擊之。敵兵潰，斬首數百級，因拔城下寨。光弼兵不過千餘人，更出迭進，以撓李固寨。敵既渡河，留兵數萬屯西岸，有寨數百。公時遣壯士夜擣之，破三十餘寨，奪其資糧。翼日，會大元帥府檄至，約提兵會大名，遂班師。公即量留人兵守禦磁城，盡提所募兵進渡漳水，宿鄴鎮。軍馬履冰渡河，時天大雪。公披堅乘馬，道逢郡守往往卧氈車，齎庖具自隨。公與士卒同甘苦，故人樂爲用。

癸未，至大名。領兵以參王府，王諭撫循甚至，論至終日，且曰：「京師受圍日久，入援之策不可緩，乞早處分。」王即面諭公，就供副帥之職，僉書公名。公稟命退。繼除公爲集英殿修撰。曰：「伏見兵馬副元帥宗澤，風力敏强，氣節高邁。方時艱棘，夙夜精勤。招集民兵，豪傑爭輔。志存滅敵，義不辭難。經營百爲，各有條序。老當益壯，今見其人。宜除集英殿修撰，已具奏聞去訖。右劄付准此。」公翼日入謝。

初，粘没喝欲召王還京師。其曹輔之出迎王也，敵以甲騎三千從。輔東至興仁，城守甚備，王師二萬列栅郭門外。敵騎去城數里許，留不進，輔獨入城，與知府事曾楙密語，具道敵已登城，而斂兵不下，議和恐可成。楙詰輔曰：「敵人貪冒姦詐，豈有登城而兵不下者？必公家族遭執脇，爲是言耳！」輔迺裂礬書示楙，並出蠟封，令奉上大元帥府。甲申，破蠟封，迺上手詔，曰：「京城失守，社稷安危，尚賴金人，講和止於割地而已。仰大元帥康王將天下勤王兵，總領分屯近甸，以同濟難，無得輕動，恐誤國事。四方將帥，亦宜詳此。」次以礬書，其字粲然，迺樞密院書也。書曰：「大金已通和好，猶未退師。諸路勤王人兵，可且於稍近三五程間駐劄，候師退日放散。」於是汪伯彦等在側，咸執以爲然。公曰：「敵人狡譎，事勢如此，是必款我師也。豈可深信，以詒後悔？」

乙酉，知洺州、直寶文閣王麟，將千人詣大元帥府，謁告歸視親疾。從之。以兵隸公。丙戌，王會幕府，議行軍所向。公請直趨開德府，次第進發，以解京師之圍。伯彦曰：「不可。敵兵十萬圍京城，四控要害自衛，南抵都城，壁壘相望，覘者水火不通，吾當量力，何論解圍也。」公曰：「京城圍閉日久，君臣相望入援何啻饑渴！方今之計，當言軍中久不聞天子詔令，願見君父。既曰通和，請亟退，設有詭詐，則吾兵已在城下。」王從之。命公先行審敵情，大元帥以次進發。戊子，公提兵二萬發大名。以劉浩將前軍，尚公緒將左軍，陳淬將中軍，常景將右軍，王孝忠將後軍，河北轉運判官顧復本隨軍應付，出南門趨開德府，聲言王在軍中。庚寅，王發大名，如東平。

二年春正月辛卯，公至開德府。時遣精鋭與敵挑戰，前後十三戰，兵出輒捷，敵自是不犯開德。癸巳，王次東平。敵挾帝迎王甚急。乙未，遣中書張澂行。戊戌，澂持詔直叩開德，問王所在，諸將以不知答之。澂曰：「敵方登城，援兵未可進，徒誤大事。」公曰：「此賊爲他來款我師。」令壯士乘城射之，澂與敵俱遁走。閤門宣贊舍人蔣彬持詔至北道總管司。詔曰：「朕自即位以來，金人交戰不已。朕累下哀痛之詔，諒爾久悉朕意。今金人攻圍京城已及一年，應援兵尚爾稽遲，使社稷生靈坐以待盡。比者金人已登城，按甲議和，欲使朕與吾民肝腦塗地。金人請求，靡有不從。每念屈辱之極，時事如此，不獲已，許帝姬和親，立大河爲界。而金人實未斂兵，質我太上皇帝，又欲使朕南遷。朕自禱皇天，皇天未之震怒；下告人民，人民未之懷憤。祖宗積累，至此而欲盡乎？朕之德薄，不能以保吾民乎？朕思一身朝夕不能安，痛切深思，實無罪戾，夫何使朕與吾民至此極也！咨爾河北之民，與其陷于邊裔，孰若發憤，抱孝懷忠，更相推立首領，多與官資，監司守土帥臣，與爾推讓，結集北道軍州，自以爲號，守疆土，使予中國不失于邊裔，天下安平，朕與汝等分土共享之。朕言及此，痛若碎首。故兹詔示，宜體至懷。」

辛丑，右文殿修撰、知冀州權邦彦，帥州兵千人至大元帥府。王命屯開德，受公節制。

二月丁卯，王命公及黄潛善分領勤王兵。檄曰：「契勘金人長驅再來，攻圍京城。當府近自河北被旨勤王，已領大兵過河，與諸路會合，前進解圍，救援君父，夙夜痛心，惟恐緩期。尋據興仁府申到曹樞密所傳蠟書手詔，及樞密院礬書白劄子，當府尋節次探得金人自京城劄寨，擺布北來，直至東明、宛亭，南至胙城，東跨五丈河，西抵黄河，水洩不通。度其奸計，一則把截，以防北來勤王之師，二則恐朝暮不測，迤邐進寨，漸回東北。前來窺伺，吾軍若不前起，慮落奸後，立見危殆。今合將諸頭項人馬，節次分遣於開德府、興仁府、濮州、柏林鎮、廣濟軍、單州一帶，擺布駐劄。除權邦彦、尚公緒、常景、王孝忠、孔彦盛隸宗元帥，張换、高公翰、王善隸黄待制外，今撥濮州閭丘陞、姚鵬、孫振等共二萬四千人，並仰聽宗元帥節制，廣濟軍丁順、孟世寧、温宗建、李大鈞、張榮等共二萬五千人，並仰聽黄待制節制。仍各深切體認，今來擺布人馬與寨柵，一如對壘相望，足以伺察動息。仰更切不住遣信實得力人偵探，多方尋路前去，鉤索金人去住之意、久近之期、所嚮之方。如是不測，引兵前來侵軼，仰火急戒嚴持重，以待乘便掩殺。仍一面馳檄諸處，相爲應援，及節次不移時飛申當府，以憑差撥人馬前去策應。如是探得京城動息，或有釁可乘，要須審度可否，飛申當府。當審詳事宜，約南京宣總司催促陝西、江淮勤王師帥，相與審度，然後尅日大舉，互相應援。務在警懼，以備不虞，庶幾正應詔旨，不誤國事。」

先是，大元帥府遣張超、李安入京城偵探，至東明爲敵所得，因留北寨，聞敵言國相已令於三山縛橋絞筏，期以端午到燕京。既而走脱歸，爲王言之。於是王會幕府議，或云敵雖曰斂兵不下，而京城沉默，息耗不通，不若約進兵便；或言京城四壁既爲敵有，吾師一逼之，如太上皇帝何？議不決。己巳，迺再草檄行下。曰：「契勘當府今月七日，已劄黄待制、宗元帥節制開德、興仁兩府，濮、單二州，廣濟軍，柏林鎮等處諸頭項人馬，與宣總兩司互相應援，務在警懼，以備不虞，要當審詳，毋或輕舉，庶幾上應手詔，不誤國事。並劄宣撫司炤會外，今再簡蠟書手詔，及樞密院指揮大意，謂金人登城，斂兵不下，已通和好。勤王人馬未可向前，恐徒誤國。今來雖已劄下開德府駐劄宗元帥，節制濮州閭丘陞、姚鵬、孫振及將隨軍陳淬一行諸頭項人馬，並聽節制。並劄下興仁府駐劄黄待制，節制廣濟軍丁順、孟世寧、温宗建、李大鈞、張榮，駐劄柏林鎮等，將隨軍張换等一行諸頭項人馬，並聽節制，及宣總司互相應援。切慮隄備未謹，審度未盡，仰逐處更切差得力信實之人，前去京城以來，多方偵探。如是登城之敵未有退期，及胙城、衛南、韋城、宛亭、東明、南華等處敵寨，稍有隙可乘，便合隨處事宜，審觀形勢，料度彼己，見得委是可以前進，即仰一面進寨駐劄，與附近人馬遞相關報，互相應援，仍申當府以憑策應，不可守株。如未得利便，不宜妄動，上誤國計。即日具本處動息及探報到事宜，具狀飛申。並劄宣總司炤會施行，令徧牒陝西、江淮諸路勤王師帥炤會施行。」公得檄，日謀進發。檄閭丘陞人馬，逗遛不前。公聞王善叛去，遣人招集之，得三千餘人，尚以兵力單弱不能進。

乙亥，有佛奴者，本大名之魏縣人。爲敵所得，至劉家寺寨，凡半月，脱而北歸。至宛亭，會雨雪苦寒不能進，又爲彼游騎所掠，留宛亭寨中，使牧羊。聞敵言須麥秀可歸師，庶無水草之慮。已而，復乘間得脱北走，官軍得之，送大元帥府，具道彼中事。因言敵之大酋死事者，感傷切至，以刀剺額，跪而大哭，佛奴能周旋以效之。於是王命檢書。己巳、丁卯，檄書再下，付公炤應施行。

初，武義大夫、閤門宣贊舍人常景之將孔彦威，告景叛。王命彦威擒景，許以景官及兵授之。是日，彦威斬景，以首級來。於是彦威自承信郎除武翼大夫、閤門宣贊舍人，統景兵萬人，赴開德披城下寨，令受公節制，即彦舟也。

戊寅，王謂幕府曰：「京城寂然無耗，劄探未詳。吾食息不安，可再檄開德、興仁，並下南京宣總司。」其檄曰：「契勘金人歸期，全未見的確，信息不通。或云繫橋，或云絞筏，不久渡河。然登城之敵，至今不下，大寨或有未起，小寨旁列四起，刼鹵吾民，搬運糧料。或候麥苗長大，可以喂飼牛馬，方可北歸。是未有去計，講和之説，實款我天下之師。觀其形勢，慮包詭謀。今仰見在開德府副元帥宗修撰、興仁府黄待制，各宜加意，召募信實之人前去偵探。如是得委有奸計，尚或窺伺京城未有退師之意，仰詳審形勢，料度彼己，隨處糾合附近諸頭項統制官兵，尅日進寨，於近京駐劄，張大軍勢，逼脅令去。仍宜持重，明遠斥堠，毋致反落奸後。不得先以兵馬挑弄，自啟敗盟之釁。内如宗元帥舉師之日，先告諭開德府、濮州；如黄待制起師之日，先告諭興仁府、單州、廣濟軍，各嚴備守禦。其逐處城上地分，先已撥布。若軍民之兵，不得一例起發，使各保守，以防乘虚。並仰南京宣總司炤會宗元帥、黄待制，一依今來指揮，各精細覘探，互相關報，會合進寨，約于近京駐劄，務要聲援相應。仍下河北運判顧大夫、京東運副黄龍圖、隨軍轉運梁修撰等，各隨處應付錢糧，不可小有缺誤。」小帖子：「並契勘南京、開德府、興仁府等處，去京城遠近不同，即起發當有先後，務要同日到京城側近，切在契勘，無令參差不齊。」又小帖子：「再契勘京城圍閉日久，昨朝廷遣使齎傳詔諭，雖知金人已再講和，無復鹵掠，然到今累月，未聞退師。今勤王之師，諸道雲集，使欲相與戮力，進兵血戰，仰念聖上屈己崇信講好息民之意，未得輕進。當府已累劄下，審觀形勢，可進則進，無先以兵相加，自取敗盟之釁。今仰副元帥宗修撰、節制黄待制、宣撫范承宣訥、北道總管趙資政野、經制翁閣學彦國、發運向閣學子諲、發運方徽猷孟卿、淮南路提刑汪郎中師忠、知揚州許龍圖汾、前知密州郭待制奉世、西道總管王資政襄、陝西五路制置錢侍郎蓋、知汝寧府趙侍郎子崧，仰各申飭諸將，整軍伍，利器械，具糗糧，若旬日之閒師猶未退，忍復坐視！當約日齊進，誓身一戰。凡在臣子，世受國恩，各懷忠義之報，必効死立功，仍仰吐心瀝誠，紬繹方略，合謀解難，速行條具供申。」公捧檄，謂諸將曰：「王府今檄，灼見敵情，忍坐視乎？」是時，北道總管趙野與河北東路宣撫使范訥，命軍南京，自號宣撫司。趙軍自大名亂後，尤無紀律，日出剽掠，甚于敵騎。獨公日夕以都城之圍未解憂慮切至，書告大元帥曰：「敵人果修好，即應退師。今兵久不解，疑生變。乞更檄諸道，約日進兵，同會京城。」公又移書野、訥、曾楙，以君父危急，願協心入援。野輩盡以公爲狂，不答。時子諲在宿，子崧在陳，何志同在許，陸在濮，楙在曹，俱環京列屯不進。彦國則經制東南六路兵，徘徊于淮甸間。

初，朝廷以彦國爲經制使，盡起東南六路兵入援。彦國所統洞丁鎗杖弓兵數萬，屯泗州。聞京城圍閉，顧望不行。知州事賈公望率官屬詣彦國曰：「京城報甚急，天子日夜望中丞救援。今留此不進，豈欲反乎？不惟上負朝廷，泗州久壘，錢糧俱竭，自明日更不供。公宜斬公望以謝軍，第恐朝廷他日未遽貸公耳。」彥國色沮。翼日，提軍迂程，趨淮西而去。公料賊決有異謀，且會兵五旬，無一人至者，即欲以孤軍進，召諸將計議。都統制陳淬曰：「敵方熾，未可輕舉。」公怒，欲斬之。諸將拜，乞貸淬效死，釋之。會得大元帥府檄令會合。庚辰，公迺進栅南華境上，命淬曰：「汝當先諸將一行，謝前日之過。」淬曰：「敢不効力！」遂進兵。未十里，與敵遇，出敵不意敗之，即頓兵南華。是日，康王發東平。癸未，至濟州。

三月朔，二聖在郊宮。丁酉，太宰張邦昌以敵命僭立。敵自宛亭引衆逼興仁，列栅而屯，復分兵寇開德。公遣彥威與戰，敗之。度敵必犯濮州，急遣邦彥嚴爲之備。兵果至。接戰，復敗之，駐於近郊。辛丑，再戰，殺傷相當。公自南華遣二千餘騎援濮州，敵兵引去，復向開德，邦彥、彥威合軍夾擊，敗之。壬寅，公親提所節制兵進至衛南，前驅報曰：「前逼敵營，當少避之。」公曰：「第言兩國既和，久不退師，我欲入覲君父，敵無得出寨。」諸將莫曉其意。公曰：「以將孤兵寡，不深入重地，不能成意外之功。」公揮衆入敵區，彼亦陳兵以待。公操戈直前，親冒矢石與敵戰，敗之，轉戰而東。敵益兵至，刃既接，陽敗而却。我師追擊不利，傷者什二，王孝忠死之。公令將士曰：「今前後盡敵壘，進退等死，當從死中求生。」士卒亦知必死，人人爭奮，莫不一當百。敵大敗，斬首數千級，敵退却數十里。遂據韋城。已而，公私自計曰：「敵兵十倍于我，一戰而却，必當有謀，若盡合諸營鐵騎，夜以襲我，我軍殆矣。」深暮，戒裨將辛叔禧、杜琳曰：「徙軍南華。」敵果夜至，得空營，大驚。自此深溝自固，兵不再出矣。癸卯，自南華遣兵過大溝河，出敵不意，襲擊敗之。自戊寅檄後，兵無會者，獨公屢與敵戰，每捷到，王嘉歎不已。於是承制除徽猷閣待制。辭曰：「兵馬大元帥府竊見朝奉郎、集英殿修撰、河北義兵都總管、兵馬副元帥宗澤，自河北躬率大兵，鼓行而南，與敵對壘。初則養鋭以待，今則奮怒而前。人之所難，視之甚易。心堅金石，忠義凛然。協濟大功，宜有褒擢。今除徽猷閣待制。」

先是，覘事人張宗至京師，爲邏者所得，執以見權領尚書省王時雍，宗具言遣來狀。時雍以邦昌事告之，且補武修郎，不受，乞歸報府，時雍縱之。丁巳，黄潛善攜宗至大元帥府，出邦昌僞號文字、金人號文字赦文。王讀畢，往麟嘉堂，與府僚呼問之。王慟哭，期以身先士卒，邀二聖於河北。諸將曰：「此將臣職耳，大王迺宗廟所繫，不可輕舉。」王謂府僚曰：「斯報國之秋，可速檄河南北諸郡，及河北山水寨一應官民之兵，邀其歸路，或斷橋阸險，設伏襲擊，當親提大軍策應効死，仍檄副元帥宗澤依策應行之。」戊午，公得陷敵宗室二人，問以都城事，言二聖留敵營未還。公具上大元帥府。己未，公起南華，進兵臨濮。

夏四月庚申朔，兩宮北狩。敵營定議，以斡離不軍由滑州路進發，以粘没喝軍由鄭州路進發，兩路護送，日行數百里。辛酉，大元帥府傳檄郡國曰：「靖康二年四月一日，兵馬大元帥皇帝弟康王御名檄郡邑曰：『見危致命者，忠臣之心；視死如歸者，烈士之志。凡在率土，世受湛恩。今陳瀝血之辭，庶獲捐軀之効。兹者上皇禪位，下詔責躬，事出忱誠，人皆惻隱。恭惟皇帝遵養潛邸十有五年，克儉克勤，博通經史，天下延頸，莫不歸心。及受禪之日，金人大入，許割三鎮，迺肯退師。皇帝念祖宗之故疆，及陵寢之重地，請計賦租之入，以爲歲幣之常。迺曰渝盟，實惟求釁，再操戈而詣闕，遂鼓衆以乘墉。至於屈己稱臣，露章引咎。初斂兵不下，詭曰通和，既邀駕出臨，迺輒留駐。故人望北塵而徯后，既已降詔而割地腴；民畏左衽而拒門，又爲隙端以肆貪欲。今者二聖、太子、諸王、近臣，皆質敵營，恐將北去，考之自昔，未有或然。臣子之心，痛憤徹骨。御名昨奉睿旨，充兵馬大元帥，倡義率衆，形從響答，數百萬衆奮怒而前，内揆人心，可知天意，逼逐狂類，今兹已行。强抑臣僚，俾從僭位，天怒人怨，曷能安居！除已發遣大兵，糾合諸郡，把扼險阻，焚絶河梁，或迎擊於前，或追躡于後，期于掃清千里，迎還兩宫。帥臣等其統驍鋭之衆，使堅忠義之心，撫摩良善之民，毋忘歸戴之舊；凡關津之出入，謹於防奸，或文書之往來，審於辨詐，以報皇朝之涵養，以底天下之治安。報德賞功，非言可究，三靈在上，實聞其言。』仍下宣撫使范訥，河北道總管趙野，西路副總管孫昭遠，經制使翁彦國，東道副總管朱勝非，西道副總管高公紀，陝西制置使錢蓋，京兆帥范致虚，鄜延帥張深，副總管劉光世，熙河帥王似，知汝寧府趙子崧，發運判官方孟鄉、向子諲，亟會兵城下，以俟進發。

奉迎二聖，無得輒入都城，因緣殺掠。」

初，公遣人覘敵動息，見其日夜益兵，增寨柵，備守禦甚嚴。公曰：「是款我師，必欲由他道遁也。」即夜遣兵襲之，得其所掠人，問以都城間事。或言二聖已爲彼邀取，間道渡河北去矣。公未之信，方謀引兵渡大河，據敵歸路，而對壘諸營一夕解去。公方知二聖果播遷，北望號慟。即自臨濮提孤軍趨滑州，走黎陽，由大伾，壬午，至大名府城南下寨，欲徑渡河，迎取乘輿。而勤王之兵無一至者，又聞邦昌僭立，即回，欲先行誅討，且密遣健步，間道持檄，安慰京城士庶。曰：「兵馬副元帥宗待制，契勘當府所統率軍兵，奉大元帥康王指揮會合，分遣諸處人馬，追襲掩截金人，仍令隨軍便宜措置。自承大元帥府劄子，星夜間道，遠遣使臣等徧督河北、河東路州軍府將，合心併力，各據要害，斷絶橋梁，把扼圍擊，救迎二聖與諸王、皇族並后妃，期還宮闕。與三軍將佐効臣子死節，誓報國恩。及行下大名府諸路，分催諸處義兵將士，五路人馬相約掩擊去訖。炤對自去年十一月以後，金人登城，按甲不下，假倡和議，款四方勤王之兵，坐敝近甸，詭詐百出，使中外聲援不相接，致請二聖出郊，迺輦金載帛，罄竭帑藏，以遂其欲，又邀擁鑾輿及皇族子孫、后妃已下，踰河北去。及是啟行，外方始知覺，四方痛切忿恨，呼天號訴，日月慘色，豈裔敵戕我中國，迺上累君父！竊惟大宋一統天下，祖宗功德，滋休太平，自古莫比。本緣姦臣誤國，結怨生隙，流毒遺患，遂至今日。然以天下之大，宗社之重，天眷有宋，垂億萬年，其必有在恃。公卿將相，一心保護廟朝，安存士庶，以此見大宋之恩德甚深，與天地終始。其都城軍民僧道等，思慕之心，豈有窮已！今大元帥康王，忠孝友愛，出自天性。總兵于外，親擐甲冑，冒犯風雨，欲戡定國難，輯寧方夏。會諸路勤王之師，不啻百萬。前此守議和信盟，以竢敵退，俯爲生靈，每戒輕動。曁國家一落敵計，蒼生奈何！康王聞此，泣盡繼血，雖草木無知，亦須悲痛。左右開勉莫回，便欲躍身自奮，手格狂類，以刷君父之恥。見不住進發人馬，催督忠義士，數路合擊，雖封王建節，皆許充賞，期以力救駕回，用慰中外。故未忍歸朝瞻望闕庭，款謁宗廟，與本朝諸臣父老軍民僧道相見。伏想輿情，日夕願望，必興念祖宗積累之厚，遽遭金人作孽，致二帝播遷。惟康王爲宗廟社稷所賴，佇成大功，禔福天下。當府駐兵去都城不遠，須至詳具公移，慰撫都人者。」

時諜者言京城修守禦之具，王曰：「果如此，或諸道兵馬皆來討逆，則吾民重困矣。」迺貽書于公曰：「御咨目上元帥待制台座：初夏漸熱，伏惟總御師徒，勤勞王事，台候萬福。御名去歲使敵營，中道輟行，所攜不過千人。閏月被命帥師，始集東北兵民，進未及畿，已承再和之詔。繼得欅書，又戒生事，且防忌器，未敢輕舉，但分屯近畿，爲逼逐之計。閱日既久，賴知敵情，不免督兵前去。繼聞領兵戡難，感涕交頤，即具公文，當已呈達。今聞大臣之在敵中者，日久分深，承其付託，而二聖、二后、青宫諸王，北渡大河，五内殞裂，不如無生，便欲身先士卒，手刃孽徒，身膏草野，以救君父。而僚屬不容，謂祖宗德澤，主上仁聖，臣民歸戴，天意未改，故老近臣，將帥軍民，忠義有素，當資衆力，具成忠孝。本意除已具公文外，伏望鼓作士氣，開曉士心，奉迎君父，永安社稷，以成不世之勳。御名不任痛憤泣血懇切之情。所有受敵付託之人，義當征誅。然聞二聖之在郊，已膺僭僞，慮百官之謀國，或出權宜，未當輕動，徒使京城重擾，軍民被害，致欲按甲近城，容御名移書問故，得其實情，即時關報，施行未晚。今日之事，非左右戮力，造次在念，恐不能濟。伏望孚察，未瞻會聞，尚冀厚爲，宗社所賴，保倍台重。不宣。」書後復批曰：「近有尚書省劄子，於濟、鄆間訪求行府，語意無他，尤宜謹重，仍嚴備也。」公得大元帥書，約移師近都城，按甲觀變。公曰：「人臣安有張紅蓋、服赭袍、居正殿者乎？」即上書謝。繼探報人申俊等申繳張邦昌赦文。公讀之益憤怒，即具申大元帥府，繼具劄子告王。兩劄上，公謂所知曰：「怨結王之左右矣，不恤也。」

戊辰，邦昌召從官入延福宮，請元祐皇后垂簾聽政，遣奉御史尚書左丞馮解、副使權尚書右丞李回，詣大元帥府迎王。己巳，邦昌以太宰退處資善堂。大元帥府隨行官屬耿南仲等上表勸進，王不許。公亦累狀懇請。批答曰：「兵馬大元帥皇弟康王答副元帥宗待制：敵人犯順，輒肆剽侵，大兵前驅，本期殄滅，亟聞失守，遂蔑戰功。永惟太祖創業垂二百年，二聖在位幾三十載，既遭蕩析，迺至播遷，涕淚横流，心肝糜潰。有天有地，古今所未嘗聞；爲子爲臣，夙夜實不遑發。方行追蹕，誓必邀迎。念元帥之權實出上意，顧國家之任難徇衆情，所請難議施行。」公再上狀勸進。再批答曰：「兵馬大元帥皇弟康王答副元帥宗待制：金人披猖，鑾輿播越，詔令不下，無所禀承。遐邇民心，翕然見屬，謂天下之動，必正於一。故連日之請，迺至于三。雖輿情難以輒違，而孝心有所不忍。方將徧覽所上，詳熟以思，俟入京城，款謁宗廟，若鑾輿未還，欲撫定民庶，權聽國事。宜體此意，無復苦陳。」

初，濟陰夜有紅光燭天，如赤烏翔翥狀，識者以爲宋火德之符。於是，濟之父老軍民以萬計，詣大元帥府乞王即位于濟。幕府群僚或曰濟，或曰南京，議未決。會公亦乞于南京開府，於是南京之議遂定。戊寅，大元帥府命公部將士於長垣、韋城、衛南、南華。己卯，以次進發。庚辰，王發濟州。癸未，至南京。

五月庚寅朔，王即皇帝位於南京，大赦天下。曰：「皇天佑宋，卜世過於漢唐；藝祖承周，受禪同乎舜禹。列聖嗣無疆之歷，保邦隆不拔之基。屬以朝奸，稔成邊釁，恃中都之安富，忘外敵之憑陵。馴致金人來犯京邑，初登城而不下，終邀駕以偕行。痛念鑾輿遠征沙漠，宗族從而進徙，宫闈爲之一空，强抑臣僚，俾僭位號。朕以介弟之親而受旨，開元帥之府以總師，方輸敵愾之忠，亟奉請和之詔，豈圖變故，終致阽危。蓋嘗指日以誓諸軍，使前迎而後請；不憚瀝血而檄率土，冀外附而内親。而三事大夫與萬邦黎獻，共致樂推之懇，靡容牢避之私。謂亹亹萬機，難以一日而曠位；矧皇皇四海，詎可三月而無君。勉徇群情，嗣登大寶。宵衣旰食，紹祖宗垂創之基；疾首痛心，懷父兄播遷之難。顧號令久隔，衆罔繫心，軍旅荐興，民多失業，慰民耳目之注，敷朕腹心之言，爰布湛恩，誕綏區夏，可大赦天下，改元建炎。於戲！聖人何以加孝，朕每懷問寢之思；天子必有所先，朕欲救在原之急。嗟哉文武之烈，若茲忠義之家。不食而哭秦庭，士當勇於報國；左袒而爲劉氏，人咸樂於愛君。其一德以一心，佇立功而立事，同候兩宮之復，終圖萬世之安。副我憂勤，躋待康乂。」以黃潛善爲中書侍郎，汪伯彦爲同知樞密院事。辛卯，詔元帥府限十日結局，詔公赴南京行在。

甲午，公上表賀。乙巳，准告覃恩轉朝請郎。訓詞曰：「朕纂服丕承，疏恩大賚，眷惟邇烈，宜在褒嘉。具位宗澤，執德粹明，受材宏達。自陞華於法從，良著績於周行。加秩之崇，於昭新渥，輸忠之報，益展素懷。」公拜命，上謝表。分兵河上，量帶數百騎，徑自衛南、南華詣行在所。

六月己未朔，公入對，氣哽不能語，涕泗交頤，上亦爲之動容。復陳興衰撥亂大計，極論當時人材。上問勞甚厚。凡進四劄，上有留中之意，而左右不容。癸亥，以公爲龍圖閣學士、知襄陽府、提舉隨房郢州兵馬巡檢事。訓詞曰：「唐太宗天策舊僚，以次登用，皆備公卿之選。朕元帥開府，總兵朔方，汝起滏陽之師，實爲傾助。肆加褒擢，無愧前聞。具官宗澤，博學雄文，懿行高節，剛大之氣至老不屈，縱橫之才應變尤長。力陳排難之謀，克奮勤王之志。獨當一面，聲望卓然，並嘉翊戴之功，宜有褒遷之寵。躐延秘閣之華序，往鎮襄陽之大邦，共濟多艱，聿來圖効。既通二禁之籍，勿替告猷；仍俾千里之民，悉安新政。」時復有割地之議，公上疏。上聞其言，壯之。

戊辰，改知青州。上丞相李綱書。尋以公知開封府。訓詞曰：「朕哀憫元元，間罹兵禍，思欲濯瘡痍爲寒燠，變呻吟爲謳謌，用以靈承，顧諟天命，庶幾休息。惟京師雜五方之俗，事物大繁，號稱難治。用勞侍從之良，典司尹正之重，以爾氣渾而質厚，中偉而外莊，篤望可以鎮浮，長才足以周變，優游兩禁，譽處益隆，是用膺青社賜履之邦，莅三輔浩穰之寄。惟爾迺者從朕兵間，訏謨密勿，固知予德意志慮所向矣。往宣爾術，底於輯寧，益昭爾庸，用符僉屬。」公拜命，即日就道，以七月乙巳到京城。京城自敵騎退歸，樓櫓盡廢，諸道之師，雜居寺觀，盜賊縱横，人情恟恟。時敵留屯河上，距京城無二百里，金鼓之聲，朝夕相聞。京畿千里之民，與京東、西連亘數千里，咸懷悚慄。公到，首發爲敵之淵藪者數人，誅之。又令都市曰：「爲盜者，贓無輕重，並從軍法。」由是豪强退縮，盜賊屏竄，人皆靡然悦服。曰：「今有宗公，我不危矣。」公察人情粗安，市肆商賈，稍稍如舊，上疏乞回鑾。時詔荆襄、江淮悉備巡幸，有維揚、金陵一議。公復上疏。一日，敵有八人，以使楚爲名，直至京師。公訝之，是必假此名以覘我虚實，因納議狀遺范公留守，請收置牢狴，奏取朝廷指揮。范公然之，即具奏。公復上河北、京東路税鹽劄子。

八月壬戌，以公兼京師副留守。會范訥罷，除公延康殿學士、京城留守兼開封尹。訓辭曰：「汴居鄭、滑、曹、許之間，其地平衍，無山河百二之固。太平日久，人亦惰驕骫骳不武，一經邊塵，矍然惕息，尤欲得人而綏輯之。具位某，頃守滏陽，一節不撓，艱難險阻，忠力彌劭。身膺簡寄，更試留鑰，曾未閱月，政聲流聞。延登秘殿之華，增重畿封之任，爾其戢奸恤隱，酌寬猛之中，使民畏而愛之，稱朕畀付之意。」公具狀辭免，降詔不允。曰：「省所奏辭免恩命事，具悉。國家制均諸郡，溥循銅虎之規；體重别都，特厚玉麟之寄。矧今京邑，實古大梁，億載之所卜年，列聖於斯御極。肆朕纂承之始，暫爲巡狩之行，倚貴臣而居留，仍兼官於尹正，庶幾彈壓，克用敉寧。卿堅强敢爲，慷慨自信，威足以禁暴，明足以督奸，善良恃以帖安，豪猾爲之戢息。兹陞華於秘殿，俾增重於中都，何必謙撝，形於奏牘，往膺褒顯，以副眷懷，所請宜不允。」上表謝。繼奉詔，令所拘留敵使，遷置别館，優加待遇。公上疏。再奉詔曰：「卿彈壓强梗，保護都城，寬朕顧憂，深所倚仗。但拘留金使，未達朕心，朕之待卿盡矣，卿宜體此。」公奉詔，即出八人縱之。上表謝。

丙寅，詔賜對衣金帶。上表謝。時議者多以公拘囚金人爲非，獨尚書左丞許景衡知公最深，上疏辨之。曰：「臣竊聞議者多指開封尹宗澤過失事，未知是否如何。宗澤之爲人及其爲政，固不能上逃聖鑒，第未知果指何事而言也？若只拘留金國使人，此誠宗澤之失也。然原其本心，只緣忠義所激，出於輕發，未審國家事體耳，不知别有何等罪犯也？然臣自浙渡淮，以至行在，得之來自京師者，皆言澤之爲尹，威名政績，卓然過人。誅鋤强梗，撫循善良，都城帖然，莫敢犯者。又方修守禦之備，歷歷可觀。臣雖不識其人，竊用嘆慕。每以爲去冬京城之内不能固守，良由大臣無謀、尹正非才之故，使當時有如宗澤等數輩，赤心許國，相與維持，則其禍變亦未至如此其酷也。往者不可咎，來者猶可追。今若較其末節小疵，便以爲罪，而不顧其盡忠報國之大節，則臣雖至愚，竊以爲過矣。況宗澤昔在河朔，遭遇陛下，遮留拱衛，繼參幕府，宣力尤多；今尹天府，其績効又章章如此，則其所爲終始亦可觀矣。議者獨不能少優容之，其不恕亦已甚。且開封，宗廟社稷之所在，其擇人居守，尤非他州別路之比。今若罷宗澤，則當別選留守，不識今之縉紳，其威名政績亦有加於宗澤者乎？若有其人，則除受交割尚費日月，兵民亦未信服，防秋是時，計將奈何？若未有其人，則宗澤未宜遽然更易也。人才難得久矣！惟聖人以天地爲度，包容長養，兼收而並用之，庶幾其濟也。其宗澤伏望聖慈上爲宗廟社稷，下爲京師億萬生靈，特賜主張，厚加委任，使成禦侮治民之功，天下幸甚。」

八月二十八日，奉聖旨：「朝廷別無行遣，亦無臣僚論列章疏，劄下炤會。右劄送京城留守宗延康。」公拜命，上表稱謝。

九月，眞定、懷衛間，敵兵甚盛，州郡有乘城固守者，敵亦大治兵，爲攻拔計。公欲時暫過河，措置事宜。乙未，上劄子。庚子，公回自河北，具因依奏聞。辛丑，准省劄。

九月五日，三省同奉聖旨：「依令宗澤，其功罪尤甚之人，申取朝廷指揮。右劄送東京留守宗延康。准此。」繼拜詔將諭曰：「昔趙廣漢之尹京兆，民稱頌不容口，以爲自漢興，治三輔者皆莫能及。朕念京師兵火之後，遴選撫綏彈壓之才，以卿帥府舊僚，從班耆宿，擢居尹正之任，肅然政令之行，摧折豪强，發摘奸伏，剛果不撓，盜賊屏跡。夷考前躅，能以嚴治，威克允濟，亦莫如卿。比陞秘殿之隆名，仍專留司之重寄，視古無媿，乃績可嘉載。惟王畿千里之封，實爲諸夏本根之地。都邑閭閻之衆，既遂謐寧，甸服田畝之間，益當安輯，以至練防衛之兵，謹城守之備，經營財用，預思可繼之圖，拯濟艱虞，務存善後之策。諒卿體國之志，必通時事之宜。嗣有寵休，靡忘褒賛，故兹昭示，想宜知悉。」上表謝。公感上知遇，益自奮勵。京城四壁，各置統領守禦使臣，每壁立界，至以所招義兵分隸之。隨處置教場，爲閱習訓練之地。造決勝戰車。又據形勝，立堅壁二十四所於城外，隨大小駐兵數萬，别選有謀略勇敢之士四人，充四壁提領。公往來親按試之，周而復始。沿大河鱗次創連珠寨，結連河東、河北山水寨忠義民兵，及陝西、京東西路諸路人馬，咸願聽公節制。開五丈河，以通南北商旅。京畿十六縣内，兩縣瀕河，共七十二里，均之諸縣，縣護四里有奇，各令開濠，深廣丈餘，於南岸埋鹿角。内又團結班直諸班人兵，外則隨寨軍兵百姓丁壯等，以備緩急之舉，各有條序。乙巳，上表，奏入，不報，再上疏。不報，再上疏。不報，再上疏。詔命遣官迎奉六宫往金陵。公復上疏。公防秋守禦悉備，宫室宗廟省府臺部並見營葺，規模宏麗，不減全盛時。以東門乃回鑾迎奉之地，首加增修。所分領人馬及閱習戰車，招集人兵，足以禦敵。

十月戊午，復上疏。公前後申明，多降特旨，事由三省樞密院，則沮抑之。至是，公條具五事。聞有詔車駕還闕，公上表。繼拜詔將還闕，公喜甚，再上表。公自留鑰甫半載，威譽四馳，遠近歸心，招致賊衆。如王再興兵五萬，李貴兵幾二萬人，往來淮上；王善兵號七十萬，騎護萬乘，寇濮州；楊進自號没角牛，兵三十餘萬，並王大郎等諸頭項人馬百餘萬衆，所至侵掠。公徧遣人，喻以禍福招來之。群盜素知公，悉聽命，相繼至。進尤所敬慕，願効死，軍聲甚振。公諭曰：「軍中老弱婦女，久被驅鹵，吾不忍其無辜，宜盡釋之。」進等奉命，諸軍所放幾萬人。善寇濮州，直欲來據京城。公單騎往造其巢，一見執其手，仰天號泣曰：「朝廷當危難時，無一人出爲時用，使當時有如公輩，豈復有今日患！」善感泣曰：「敢不効力！」諸將謂公此行不返，及歸，迎於郊。公曰：「事畢矣。」善有帶甲解甲之請，幕下未有處。公據案命筆，書「從便」二字。越三日來降，止以五百甲騎隨，餘皆解甲。既至，左右止之曰：「此留守司門，擅入者斬。」善乃下馬趨入，拜於庭。公繼以禮接之，曰：「軍禮不得不如此。」乃延之飲，許以節使。臨行，請公到寨撫諸軍將。有請勿行者，公獨信之篤。入其寨，第賞有差。

時岳飛偶犯，有司欲正典刑，公一見奇之，曰：「此將材也。」留軍前。適羽報敵犯汜水，遣飛爲踏白使，以五百騎授之。公語曰：「吾釋汝罪，今當爲我立功。」且戒無輕鬭。飛稟命即行。凱還，補爲統領，後遷統制【一】。自是軍聲大振。公誅鋤强梗，撫民居，經制財用，各有條緒。凡兩河、京東西州郡文移往來求軍需者，則撤在京所有，隨多寡應之，欲其同心濟難，不以彼此爲間。

時行在所遣中使傳宣撫問，上表謝。繼聞車駕南幸，公復奏疏。批答曰：「朕惟上都據四方之中，開基歷十世之久。祖宗創業，置諸奠枕之安；城社奔流，勢若建瓴之順。兹請特巡之制，姑爲近甸之行，思宏濟乎艱難，致殫勞於櫛沐。每念本根之重，嘗思監守之懷，迄綏靖於侯邦，即趨歸於觀闕。任卿司守，屬在王畿，共傾戴后之誠，來効回鑾之請，睠言忠藎，良劇嘆嘉。」公奉御筆，聞京師有稱御前收買珠玉人，紛擾民間，或至强市，即時立賞委緝捕人收捉，及出榜告報都人。上表謝。

十二月甲子，邊寨駐於大河之北，大會酋長，引兵至河上，稍稍南渡，西犯汜水，北侵胙城。敵人雖知公名，不敢輕入，亦時擁衆以擾瀕河州縣。滑州以南沿河諸寨，欲並兵方戰，斷河梁，申乞授師。議者曰：「賊鋒未易當，不若堅守自固。」公笑曰：「去冬城潰，正坐此耳。厥鑒不遠，尚可襲乎？」命統制劉衍趨滑，劉遠走鄭，各提兵二萬、戰車二百乘，以分衝突之勢，且戒諸將不得輕動，極力保護河梁，以俟大兵過河，毋致臨期誤事。敵聞之，夜斷河梁而遁，所獲甚衆。

【一】後遷統制　「統」原作「總」，據《宋史》卷三六五《岳飛傳》改。

二年正月壬辰，復自鄭入，直抵白沙鎮，距京三四十里，都人恐甚。敵先堅壁不動，僚屬請問議守禦之策。公方延賓圍棋，笑語如無事時，衆莫敢言。退而分布部伍，撤弔橋，披甲登城，都人愈恐。公始知之，戒諸將曰：「何事自爾張皇？」命諸軍將士解甲歸寨，曰：「劉衍等在外，必能爲我禦敵。」選精鋭數千以益之，戒曰：「宜繞出敵後，設伏歸路【二】，毋輕出戰，伺其至，則縱兵夾擊。」且諭僚屬曰：「上元密邇，盍奉舊法以迎之。」命榜諸市，張燈五日，暫弛夜禁，往來軍馬不異平日。敵游騎至城下，疑不敢入，人亦不知所懼。衍與敵遇，大戰敗之。收復延津、胙城、河陰，至滑州，尚有屯兵州之西三十里，衍分兵夜擣之，大捷，悉得其輜重。甫及收燈五夕，捷書鼎至，衆始知元夕正王師接戰於版橋之時。公謂僚屬曰：「吾知劉衍必勝，百姓可使由之，不可使知之，若得豫聞。徒擾擾敗吾事。」丁未，公復上疏。公再上表。

二月丙辰，敵騎再犯西京，公遣統御官李景良、閻中立，統領郭俊民等，領兵萬餘趨鄭，遇敵大戰，爲敵所乘，中立死之，俊民降敵，景良以無功南遁。公捕得之，謂曰：「一勝一負，兵家之常，不勝而歸，罪亦可恕，私自逃遁，是無我也。」命斬之。管軍閻勍、統制官藍整等，咸爲景良乞貸，責以後効。公姑收繫之，後竟斬首以徇。繼俊民與敵將史官人，燕人何仲祖、王義等，以數百騎直抵八角鎮，與都巡檢丁進遇。進擒之，生致麾下。

初，欲持書誘公。公毅然曰：「郭俊民，吾統兵官也。失利就死，尚可爲忠義鬼，後

【二】設伏歸路　「歸」原闕，據庚辰本、《宗忠簡公墓志銘》補。

有知者，不失血食。今全軀苟活，反爲敵人持書以脅中原，有何面目見人乎？」命斬之。謂官人曰：「京城不守，主上巡幸，領重兵在近甸，命我守此，有死而已。何不以死敵我，而反以兒女語脇我耶？」亦命斬之。顧謂仲祖曰：「爾本吾宋人，脅從而來，豈出得已。」命釋縛，犒以酒肉，縱之。

戊午，劉衍領兵凱還，入自鄭門。公勞問士卒，第賞奏功，散犒金帛有差。敵知衍班師，甲子，復入滑。報至，公謂諸將曰：「滑當衝要，必爭之地也。有變則京師不可守，不欲再煩諸將，可爲我守城，當親提兵取之。」内儒將張撝越衆曰：「撝當効力。」公甚喜。選兵五千付之，特加賞勞士卒，忻然而行。公戒撝曰：「若衆寡不敵，毋輕戰，以需援師。」公親餞於郊。撝兼程至滑。己巳，撝身率將士，與敵遇。敵騎十倍於撝，將士請曰：「衆寡不敵，宜少避其鋒，以求援兵。」撝曰：「退而偷生，何面目見宗公乎？」鏖戰至暮，殺傷相當，敵爲少却。援不至，撝爲所害。公聞報，遣統領官王宣領五千騎援之，且戒之曰：「敵惟恃衆，當設奇以取勝。」宣以辛未至滑城，與敵大戰於北門，士卒爭奮。敵忽退兵河上，宣曰：「敵必夜渡河上。」收兵不追，敵果夜渡，及半，以千人進擊之，斬首數百級，殺傷甚衆。報至，公即令宣權知滑州，且令載撝喪還京。公爲服緦麻，哭於佛寺，出俸飯僧，哀慟感人，復詣其家，優厚撫恤。至死事之家，遣官問勞，出錢帛給之。人咸曰：「死亦榮矣。」條奏功績，且乞撝卹典甚厚。上嘉納之。壬申，有詔以諸處人馬，雖假勤王之名，實爲聚寇之患。

丁丑，詔進朝奉大夫、資政殿學士。訓詞曰：「先京師而後諸夏，布政有倫；得猛士以守四方，用人爲重。迺眷帝王之宅，數驚塞北之塵。御名首簡循良，俾司浩穰，迄臻綏靖，宜有褒嘉。具位澤，材稟沉雄，器涵渾厚，仕宦至晚而鼎貴，功業遇事而遂彰。肆朕省方，俾爾留鑰。蕭何鎮守，克寬西顧之憂；畢公保釐，終底東郊之治。載疇偉績，特峻徽章，陞秘殿之華資，進文階之一等。並昭異數，庸奏膚功。瞻望國門，未泯蔥蔥之佳氣；巡行淮甸，豈能鬱鬱而久居。惟既乃心，以固吾圉。」公辭免。批答曰：「無德不報，實賞典之所先；有功見知，迺衆情之共悦。矧玉麟之重寄，屬荷橐之名臣，於義當褒，欲辭焉可？卿慷慨而有大志，鎮靜而好遠謀，縱横康世之圖，談笑適時之略。肆朕省方於淮甸，倚卿居守於汲都。更歷春冬，帖安京輔，屹若長城之固，晏然奠枕之寧。雖蕭何之撫關中，寇恂之守河内，以卿比迹，於古有光。特陞秘閣之峻資，仍進文階之崇秩，並昭異數，丕表茂功，何必封章，以避休命，深嘉沖節，難徇雅懷。宜亟欽承，庸昭眷遇。」公上表謝。壬午，詔賜對衣金帶。上表謝。

三月乙酉，公復上疏。不報。有王策者，本契丹酋豪，善用兵，有籌略。敵委任甚專，嘗從千餘騎往來河上，措置邊事。公密令統制官王師正擒之，生致麾下。公釋縛解衣，坐之堂上，與之飲食，從容與語曰：「契丹本我宋兄弟之國，今女眞辱吾主，又滅而國，汝何不悟？義當協謀，以刷社稷之恥，他日復修舊好。我亦何忍殺汝？」策感泣曰：「策至庭下，自意必死。今蒙再生之恩，且聞公之意，使策曉悟，敢不盡死節以報！」已而使就館舍，待之如禮。公時呼與語，因問虛實，盡得其謀。公大舉之計遂決。召諸將謂曰：「汝等有忠義之心，樂相歸附，當思我宋二百年涵養之恩。今二聖遠在沙漠，君父巡幸未返，能同心協謀，剿滅狂類，期還二聖，以立大功乎？當立請回鑾，與諸君親行。主上雖封侯建節，肯以充賞。」言訖，泣下。諸將亦掩泣，同聲應曰：「今四方義士，雲集京師，幾二百萬人，所齎糧可給半載。亦嘗密遣人直抵兩河探伺，聞所陷州縣每處不過數百人，餘皆脅從，令衣塞服，此輩日望王師來。某等願即日渡河，以盡死節。」公慰撫之，且曰：「進取老少，可於逐寨邊處踏逐未復業田畝，權借耕植，各有自齎牛具種糧，無者官給。」人皆樂從，京城內外所屯兵百八十萬人，兵革之盛，前此未有。敵人數不利，至是畏威，所屯兵悉退去，中外帖然。己亥，公復上疏。壬寅，詔賜湯藥及傳宣撫問，上表謝。乙巳，再上表。

四月甲寅，磁州統制官趙世隆、世興兄弟，以兵三千來歸，人以爲疑。公曰：「世隆，本吾一校耳，必無他，有所訴也。」翊日，拜於庭。公面語之曰：「前日殺守臣者誰？」世隆曰：「事非得已，衆以無糧，欲殺斯人以止亂耳。」公笑曰：「河北陷没，而吾宋法令上下之分亦陷没耶？」顧左右拽出斬之。衆兵露刃立庭下，世興佩刀侍側，左右莫不寒心。

世隆既執，公徐謂世興曰：「汝兄犯法當誅，固應無憾。汝能奮志立功，足以雪恥矣。」世興叩頭請罪，曰：「公之號令如此！水火畢入。」會滑州報敵騎有屯城下者，公謂世興曰：「試爲我取滑州。」世興忻然受命，出告諸部曲曰：「吾兄擅殺守臣，已正典刑。吾屬元帥釋而不問，使我輩共取滑州，以贖前過。」衆亦鼓舞請行。公遺以金椀、戰袍、銀鎗等物，部屬之賜有差。世興辭以出，以戊午日至滑。掩敵不備，獲級數百，得州以歸。公厚賜之。

丁進故巨寇，有嘯聚數十萬衆。其初降也，人情鼎沸，謂其非眞。管軍閭勍等以甲士陰衛。公曰：「不然，正當披心腹待之，雖木石可使感動，況人乎？」及進至，公慰勞撫存甚至，呼進首領數人飲食之，待之如故吏，進等感甚。翼日，請公詣寨，公許之不疑。進等益懷感畏。後進黨有陰結以亂京師者，進自簡殺之；有相率逃遁者，自追治之。馬臯者，進之次也。每命出戰，必先登。一日，自陣中傷還見公，方問勞撫存之，而羽報又急。公曰：「誰可代汝行者？」臯曰：「非臯不可。」乃裹瘡而前。數日後捷到，仍擒一酋長而歸。由公平日賞罰明、號令信，開心見誠，故人樂爲用命也。

趙海亦賊之雄者。屯板橋於路，設橋以阻行者。閭勍芻者八人過海營，海怒曰：「我畏閭太尉耶？」悉臠之。覘者以聞。公呼海，海以甲士五百人從。公方迎客，遽語之曰：「殺芻者誰？」海辭曰：「無之。」出報牒讀示，海具服，命械繫獄。客曰：「奈甲士何？姑徐之。」公笑曰：「諸公怯耶？治海者某，諸公何預？」諭次將曰：「領衆還營。趙海已械送所司，告偏裨善護卒伍。」明日誅海，聞者股慄。

楊進者，舊屯駐城南。王大郎者，衆亦千餘，皆山東游手，先楊進來降，屯於城北。二人平日氣不相下，一旦，各領千餘衆，相拒於天津橋，京城人頗恐，有告。公命筆以片紙批令二魁曰：「爲國之心，固如是耶？當戰陣立功時，勝負自見！」二人慙沮而退。公當危疑，處之裕如如此。

己未，公復上表。當是時，契丹九州人日有歸中國者，曰：「公之威名，外疆敬服。」每有擒獲來者，公遣契丹、漢兒引邊坐側，推誠與語。曰：「契丹與大宋修盟好舊矣。今女眞小國，既滅天祚，又侵凌中國，契丹臣民宜與我共奮忠義，殺滅仇方，以刷君父之恥【三】。吾心即汝心也，我不忍殺汝。」即釋之，仍給資糧使去。及令持公據爲照，曰：「契丹、漢兒，自與我宋盟約幾百年，實兄弟之國。頃緣權臣奸議，遂結金人，壞亂耶律天祚之後。今將欲發大兵，過河盡行勦除，又恐倉卒之際【四】，不暇辨理，枉有殺戮。已約大軍期應契丹、漢兒，特給公據，仰各收執，以爲信驗。」又各令持數百本，歸散國人。後有自燕來者云：「契丹、漢兒，皆願得公據，以俟王師。」又爲榜文散示陷没州縣。曰：「訪聞邊寨中，多是我國積善良民，偶失備禦，被驅虜，髡頭絞髮，裝著塞服，侵犯州縣。其赤心忠孝，思念生處父母血屬，但無路自新，實可憐憫。當所遣大兵前去，恐倉卒之間，

【三】以刷君父之恥　「君」原作「伊」，據庚辰本、文津閣本、四忠集本、四公文集本改。

【四】又恐倉卒之際　「恐」原作「敵」，據庚辰本、文津閣本、四忠集本、四公文集本改。

不暇辨别，枉有殺戮。汝等若不忘生長墳墓鄉井，痛心悔禍，可以相助，回戈掩殺外人，永爲我宋太平赤子，耕養自如，各請炤知。」又給公據，付被鹵之人曰：「訪聞邊寨中，多是我國良民，被鹵入敵。想其本心忠義，實可憫憐。今被遣大兵前去，恐倉卒難以辨别，枉有殺戮。除已出榜曉諭外，今出公據，付被鹵之人收執炤會，大軍到日執呈，免致誤被殺戮。」以措置因依具疏奏。又奏乞差崔興知西京，專一保護陵寢，太尉閭勍充保護陵寢使。己巳，復上疏。公以他日迎取二聖還京，修治隆德宫，惟淵聖皇帝未有莅止之所，改修寶籙宫。丁丑，上疏。

五月甲申，再上改修寶籙宫之奏，未報。己丑，再奏，不報。再奏。范少尹等到闕，上撫勞之，賜予有差。詔答曰：「舜巡四岳，當歸格藝祖之文；周撫萬邦，存王歸在豐之訓。庸如帝王之執範，咸以都邑爲本根。朕遭時多艱，思世大治，永懷撥亂之策，不憚省方之勞。俟敉寧之有期，即旋復之何晚？夙夜軫慮，寢食不忘。雖王者以天下爲家，曾靡常於臨幸；而臣子視君猶父，得無鬱於瞻思！卿留居千里之畿，拱護九重之闕，合數十百函之奏，傾億千萬衆之心。渴聞嗚蹕之音，虔舉回鑾之請，備觀忠藎，深可歎嘉！」公與諸將議六月起師，及結連諸忠義山水寨人兵，約日進發。再奏，不報。一時權臣忌公成功，從中沮之。公嘆曰：「吾志不克伸矣！」積憂成疾，疽發於背。諸將問疾，排闥而入。公矍然起，曰：「吾固無恙，止以二聖蒙塵之久，憂憤成疾爾。而能爲我殲滅同仇，以成主上恢復之志，雖死無恨！」衆皆墮淚，同聲應曰：「敢不盡力！」諸將退，公復嘆曰：「吾度不起此疾。古云：『出師未捷身先死，長使英雄淚滿襟。』」翼日，公薨，實七月十二日也。是日，風雨晦冥。公臨啟手足，連呼「過河」者三，無一語及家事。

先乞休。訓詞曰：「忠於許國，允資剸劇之才；老矣告勞，宜遂歸休之志。眷言哲人，爰錫綸章。宗澤器識恢宏，性資方正，事達古今之要，才兼文武之全。逮予纂圖，俾守留鑰，恩威並施，夙夜惟勤。生靈賴芘以保釐，寇盜望風而披靡。方資謀畫，遽以疾聞，力貢忱辭，懇求謝事。念宣力之勤瘁，宜錫命以褒嘉。歲五百而生賢，克濟艱難之業；禮七十而致仕，益高知止之風。乃命進階，以昭貴老；尚期勿藥，以介壽康。可特命朝散大夫，依舊資政殿學士，賜如故。」繼上遺表。時已有旨除公門下侍郎、御營副使，依舊京城留守，至是贈觀文殿學士、通議大夫致仕。其詞曰：「氣勁而謀深，識高而慮遠，懷尊主庇民之志，有愛國忘家之心。逮朕省方，擢司留鑰，言多底績，勇於敢爲。折衝樽俎之間，制敵股掌之上。三軍服其紀律，百姓安於教條。方籍壯猷，以復大業，比觀奏牘，遽爾告終。未究雄圖，但聞遺愛，載用嘆嘉！李廣云亡，史有成蹊之喻；羊公已逝，時興墮淚之思。陞觀殿之華資，進文階之峻秩，特隆異數，併示眷懷。英烈如存，尚克歆享。」

公尹京未久，而威行恩洽，流亡復業，商賈輻輳，人有長城之賴。公薨之日，都人爲之號慟，朝野無賢愚相弔出涕，數日閒去者十五六。識者憂之，相與請於朝，言公之子潁常居戎幕，得士卒心，願加獎拔，以繼父功。時朝廷已用杜充爲留守，遂以穎直秘閣，充留守判官。穎以杜充頗失人心，諸將多不安，稍稍引去，且充酷而無謀，屢爭不從，穎曰：「勢所不加，事必危殆。」力丐終喪，得請，扶護歸京口，與夫人陳氏合葬於京峴山。

公爲人端方質直，平居不妄笑語。律己甚嚴，苟悖於禮，雖毫髮不犯，義所當爲，鼎鑊在前不恤。中間坐閑屢年，杜門卻掃，賦詩自娱。或清坐終日，啜菽飲水，淡如也。晚年尊顯，禄餼稍厚，而自奉甚薄，所衣不過綈紵，經歲無所更製。親族故舊窶而無告者，多依公以活，養孤遺幾百人，故家無留儲。其爲文不事雕琢，渾然天成，豐約中度。於書無所不讀，尤邃於《左氏》，有文集藏於家。後穎乞謚於朝曰：「契勘先臣父澤知磁州日，主上在潛藩，以使事過郡，父力陳敵情叵測，因留不行。逮主上開元帥府，父實副之。敵合數國大入，二聖北狩，父上章乞早登寶位，以定民志，至於再三，批答具存。又抗章以生靈徯望，天意有在，懇切推戴。至除京城留守，敵騎屢擁大兵過河，意欲深入，命將出師，特挫敵鋒，遂至遠遁，逾年不敢南向。秉志盡節，勤勞有爲，天下共知，無待縷陳。當是時，重以二聖遠在沙漠，主上巡幸淮甸，日夕憂勤。會集師旅，聲勢大振。自請身先士卒，收復兩河，尅日指期，冀成中興之功，憂鬱成疾，遽先朝露。竊緣父平日但秉孤忠，上酬知遇，不能阿附權臣，坐此痛遭阻抑，一時褒封，反不逮尋常恩數。伏念父頃司留鑰，而主上駐蹕淮甸，頗獲奠枕。及父棄世之後，敵騎長驅，遽自江淮直至二浙。以此較之，當日爲國屏翰不爲無功。又念父忝預大元帥府僚屬，遭遇推戴之功，非特生前爲權臣所沮，不得盡其所長，至於身後亦無恤典，使天下之士無以激勸。欲望特賜敷奏，矜念父勳績，優賜褒贈，以慰忠義之魂。」奉聖旨，與賜謚。禮部太常寺擬謚「忠簡」。按謚法曰：危身奉上曰忠，正直無邪曰簡，告辭。公一子穎，官終兵部郎中。五孫：嗣益，朝奉郎、通判福州，卒於官；次嗣尹，朝奉大夫、通判慶州，死於家；次嗣旦，承議郎、浙東監司幹官【五】，卒於家；次嗣良，承議郎、知汀州；次嗣安，文林郎、充沿海制置司幹官。曾孫合十八人：長普，迪功郎、邵武軍大寧縣尉，卒於家；餘未仕。

壻左承議郎、知婺州金華余翺狀，顯謨閣學士曾楙銘公墓云。

【五】浙東監司　「浙東」原作「所乘」，據庚辰本、《宗忠簡公墓志銘》改。

◉万俟卨撰

皇太后回鑾事實

儲玲玲　整理

點校説明

《皇太后回鑾事實》一卷，万俟卨撰。万俟卨（一〇八三—一一五七），字元忠，一作元中，開封陽武縣（今河南原陽）人。政和二年（一一一二）登上舍第，授相州、順昌府教授。紹興中，累官右正言、御史中丞兼侍讀。因岳飛遇之不以禮而憾之，承秦檜意構陷岳飛父子成獄。迎徽宗梓宫還，拜中大夫、參知政事，充金國報謝使。後因奏事忤檜意謫居歸州，移沅州。二十五年（一一五五）召還，除參知政事，尋拜右僕射，同中書門下平章事。卒謚忠靖。《宋史》卷四七四有傳。

紹興十二年，宣和太后自金回鑾，本書係紀事獻頌。雖滿篇貢諛之詞，但仍頗具史料價值。《宋史·万俟卨傳》記「（紹興）二十五年，召還……纂次《太后回鑾事實》」。《建炎以來繫年要録》卷一百七十五記：「（紹興二十六年冬十月）丙戌，尚書右僕射万俟卨上《皇太后回鑾事實》。」《宋史·藝文志》記「万俟卨《皇太后回銮事实》十卷」。今僅存一卷，已非完帙。此次整理以清抄本《碧溪叢書》爲底本，校以《三朝北盟會編》（上海古籍出版社影印本）、《宋史》等相關史料。

臣聞聖人之理天下也，必以至德要道爲先。惟其體純孝之性於自然，謹欽愛之誠而不匱，烝烝翼翼，造次靡違，則上可格於神明，下可以刑於海寓。天之丕應也，如形聲之相隨；事有至難也，若符契之必合。瑞慶大來，光映史册矣。恭惟皇帝陛下御名。法姚虞之盡善盡美【一】，邁湯后之克寬克仁。爰自即位以來，慨念慈闈，夐有封疆之阻，未明而興，當食以歎，履至尊之祚，有萬乘之貴，而未嘗一日以爲歡也。大謀長算，時出宸慮，講信修睦，斷以不疑，不憚謙辭厚幣之勞，以冀承顔問膳之樂。聘使交馳，閲十六載矣。至於恭上册寶，以伸南陔之思；宏建殿宇，以崇長樂之奉。自鑾輿器用之屬，與左右供奉之人，前期趣辦，罔不畢具。然後申遣信使，益加勤請。天啓鄰國之意，一如聖心，騶馭旋歸，丕受四海九州之養，閎休茂烈，焜燿今古，載籍傳聞，未之有也。繄聖孝之至，格於神明，上帝降臨，默垂孚佑，克濟登兹。於皇懿哉！顧念太史之官以論撰爲職，國有大慶，所當備書。矧嘗下明詔，俾之繕藁，而因仍積歲，曠弗置員，紬繹之功，蔑焉莫著。臣屬奉訓言，典領司事，遂與修撰臣允忠等博求本末，趣就編摩，累月之間，條章粗立。凡宣諭大臣之聖語，堅明和好之遠圖，肇正鴻名，導迎翟輅，典章之盛，容衛之美，褒榮之及三世，顯

校勘記

【一】法姚虞之盡善盡美　「法」字原脱，據《三朝北盟會編》卷二二三補。

寵之被一門，歲時用度之品目，姻族資蔭之等差，下逮参裁禮制之官，服勞閨閤之吏，增秩受賜，各以類陳。而前後臣僚揄揚抃蹈之辭，亦無不具載。起自建炎丁未迎請之初，訖於紹興壬戌還御慈寧之始，以年月次之，分爲十册。稽探事實，畧已詳盡，輒諏日拜章塵於御府。昔鄭國城潁之詩，固非全美；而唐室元和之頌，或有飾詞。比之聖朝，誠不可竝世而語。惟是張官置局，徒費廩食，而潤色非工，不可以仰副隆指。進退慚惕，若無所容。然竊謂慈寧上壽，及此良月，宗社保磐石之安，陛下擁如川之福，怡色愉聲，奉承太母，冬温夏清，彌億萬年。喜氣溢乎九重，歡謡洽乎四海，則是書之作，推本陛下孝治之乎，以廸今日之懿。自我作古，貽之方來，甚盛德之舉，不其偉歟！臣等區區草木之微，得託名篇帙，附天地以不朽，實千載一時之榮遇。惟陛下矜其淺陋而賜採擇焉。臣不勝幸甚。紹興二十六年冬十月十八日，左宣奉大夫、守尚書右僕射、中書門下平章事兼提舉實録院、詳定一司勑令、陽武郡開國侯、食邑一千九百户、實封七百户，臣万俟卨謹序。

建炎元年五月一日，上即位於南京，實宣和皇后從狩之年也。聖心懷思，遣使不絶於道，至紹興之六年，凡十載間【二】無慮數十輩。自七年正月二十五日，何蘚還，安問踵至，三月九日，車駕幸建康。十一日，行宫内殿進呈吏部尚書孫近等奏，奉旨：講究宣和皇后合行推崇典禮，宣和皇后尊號曰皇太后。詔曰：推立愛之道，蓋本於事親；昭欽奉之誠，莫先於隆禮。爰正母儀之位，以形孝治之風。宣和皇后静順承天，柔明育德，肅雝

【二】凡十載　「凡十」原作「十九」，據《三朝北盟會編》改。

慶衍，是生眇沖，陰教表乎六宮，美化行乎四海。閔予小子，逢此百罹，乃骨肉之至親，偕父兄而時邁。十年地阻，懷《陟岵》、《凱風》之思；萬里使還，奉上皇、寧德之諱。興言痛慘，增慕劬勞。顧家難以何堪，惟母慈之是恃。念從狩襄城之野，遠播徽音；將迎還長樂之宫，永依善訓。屬當在疚，亟議推崇。日用三牲，期致天下之養；母臨萬寓，且極域中之尊。延望慈闈，恭加徽號，宣和皇后宜尊爲皇太后，仍令所司擇日奉上册寶，應合行典禮，令禮官討論以聞。王倫等還，越四日，有旨復以倫爲徽猷閣學士、借龍圖閣學士、樞密都承旨再使，高公繪以左武大夫、借拱衛大夫、忠州防禦使副之。紹興八年正月十四日，臣鼎等奏曰：士大夫多言中原有可圖之勢，宜便進兵，恐他時不便，議論謂朝廷失此機會，乞召請大將，更問以此事。上曰：不須恤此，今日事勢，須當議和，兩宫與皇太后皆未還，若不與和，則無可還之理。尚書省言：大金軍前差福州管内觀察使、太原府少尹、河東北路制置都總管烏陵思謀，中散大夫、太常少卿、騎都尉石慶充前來奉使【三】。詔吏部員外郎范同借太常少卿充接伴使，武功大夫、高州刺史、帶御器械劉光遠借吉州團練使副之，吏部侍郎魏矼充館伴使，右武大夫、榮州防禦使、知閤門事兼客省四方館使藍公佐借慶遠軍承宣使副之。二十五日，三省進呈虜使將入界，差官接伴館伴。上曰：「館待之禮，宜稍優厚，若事有商量，早遂休兵，免使赤子肝腦塗地。此朕之本意也。」詔太常少卿吴表臣借中大夫、吏部郎中充館伴使，王倫往來就館議事。接伴使范同等申虜使已到

【三】騎都尉石慶充前來奉使　「充」原作「克」，據下文及《三朝北盟會編》卷一二二改。

常州。上曰：「太后春秋已高，朕晨夕思念，欲早相見，所以不憚屈己。冀和議之成者爲此。」樞密使秦檜曰：「陛下不憚屈己，講和夷狄，爲人君之孝也。群臣見人主卑屈，懷不憤之心，此人臣之忠也。君臣之用心兩得之矣。」上曰：「雖然如此，有備無患，縱使和議已成，亦不可弛兵備。」臣鼎曰：「假使虜人與我河南之地，亦須嚴備江南。」參知政事劉大中曰：「和與戰，自不相妨者，專事和好而忘戰守，則墮虜計中矣。」後殿引見大金人使烏陵思謀、石慶等見，上首令王倫傳諭思謀等，問太后淵聖聖體安畢，良久，思謀奏云：「三十年舊人，別無孝順，只望和議早成。」上令王倫引思謀、慶，令稍近前，去御座咫尺，復令諭思謀曰：「既是舊人，望留意。」以王倫爲端明殿學士、同僉書樞密院事，仍賜同進士出身充迎請使；　藍公佐爲宣州觀察使、借保信軍節度使、提舉萬壽觀副使。上曰：「行在所便，當營建宮殿以俟太后之還。」宰臣等進表，上皇太后宮殿名。臣檜等言：德之大者，必盡方物之報以稱其禮；　孝之至者，必得四表之心以寧其親。天祚文武之隆，世基任姒之聖，仰摹大紫，前考異宮，宜昭揭於鴻名，以答揚於流澤。竊以東朝置衛，遠存長樂之宏規；　中禁承顏，近著聖慈之茂實。皆以體皇居於宸極，據壯勢於坤靈。廣一人欽愛之風，極萬世尊榮之奉。載新令典，久屬聖時。恭惟皇帝陛下，達孝通於神明，要道刑于海宇。恢復大業，對越祖宗在天之靈；　仰慕小心，躬蹈帝王高世之行。人與能而樂戴，天復命以中興。上惟履武之祥，實啓生商之慶。方且致天下之養，用寅奉於母儀；

成路寢之安，祇日嚴於子道。臣等率籲衆志，懇請一詞，敢稽合於前聞，願崇施於遠古。叶情文而並舉，焕典册以增華。輦道中通，朝夕宴兩宫之樂；佩環入覲，時節奉萬年之觴。永垂裕於無疆，益儲休於有羡。請建皇太后宫殿，以「慈寧」爲名。謹奉表以聞。禮部太常寺言：奉上皇太后册寶，册文曰：嗣皇帝臣廟諱。謹稽首拜言曰：臣聞自昔受命而帝者，基德發祥，必推本其所自出。瑞乙生商，履武造周，聲之雅頌，薦之郊廟，以章神物錫符之休，以開萬葉紹統之慶。於皇盛炳，其不可誣已。天祚聖母，系隆我家，誕毓菲冲，嗣守大器，永爲劬勞。詒翼委祉於我一人，俾克祇德以奉宗廟，輯寧四方，用弘濟於艱難，澤厚流光，與覆載並德。將竭四海之奉，美萬物之報無足稱者。粤若稽盛節，尊鴻名，參天貳地，以崇施罔極。率籲衆志，忻合一詞，懇懇惓惓，不勝大願。謹遣太傅奉玉册金寶，上尊號曰皇太后。恭惟皇太后柔閑淵懿，體備坤順，清淨淡泊，用合道冲。自天生德，而保阿之訓丕勤；動容中禮，而佩珩之度可則。佑我文考，假於有家。有《葛覃》恭儉之風，有《卷耳》憂勤之志。章明陰教，叶内治之助；峻避私恩，抑外家之寵。至於德隆行尊，淑聞濬發，九嬪師之，六合化之，天下誦之，上帝臨之，有赫厥靈，集大命于眇躬。予末小子，懼德弗類，無以答揚宏休，惟順天經，叙民彝，通神明，美教化，實本於孝。夙夜業業，盡欽愛以事親，期於上下明察，合三才之義，中外和平，得萬國之歡。蓋庶幾焉。嗚呼！禮莫嚴於報本，唯聖人爲能官備而事時；孝莫大於尊親，唯天子爲能以天下養。

予小子非曰能之，惟我聖母莫盛之禮，惟稱敘膺受典册，導迎休命，還御慈寧。母儀家邦，於萬斯年，受福無疆，博受持載，燕及群生，予小子永有依賴。宰執賀表曰：稽考典章，備嚴法駕。望祥雲而遠想，曷勝欽愛之誠；御蘭殿以親臨，幸展追崇之禮。慶事躬行於禁掖，驩聲自洽於寰區。臣等誠懽誠忭，稽首頓首。恭惟皇太后殿下輔佐宸闈，訓齊壼則，吉夢夙占於日照，真人果應於虹流。時值艱難，久暌溫清，度龍沙而修聘，迎鸞輅以言還。鴻名推講於前期，物采畢陳於今日。組璣佩玉，螭劍範金。披繅籍之英華，壘篆章而精密。東朝端受，增重坤儀，彤管用光，久符基化。惟慈顏之悦豫，知聖孝之昭乎。臣等仰贊中興，榮觀聖旨。彌文具備，已議禮於曲臺；列辟交欣，喜趨朝於長樂。謹奉表稱賀以聞。詔端明殿學士、簽書樞密院事何鑄充大金報謝使，曹勛以密州觀察使副之。召勛至内殿，委以所請事宜。宣諭曰：汝若見虜主，第云父母眷屬，久蒙安存，恩德所及，至深至厚。然歷時已久，霜露之感，在人子何以安處？亡者未有葬藏之期，存者已逼桑榆之景，兄弟聚族，所存無幾，今荷基緒居人上，每歲時節，風雨晴晦，常北首流涕。若於此時，蒙大國垂憐，使父兄子母如初，則此皆知所自，傳之子孫，千萬世所不忘，豈不美乎！若只令居上國，一老人耳，在本國所繫甚重。尔以此意盡言之，當有相應。至是何鑄抵金國，虜主於春水門開先殿，勛具陳上所宣諭及祈請之辭，虜主惻然。是晚，耶律昭文、楊仲修到館，傳詔云，早來使人上殿，所請宜允，仍令出回書相示，有還太母之語。尚書省奏大金已差使副扈送皇太后一行前來，詔魏良臣充接伴使，藍公佐副之。禮部太常寺言：奉迎皇太后還宮，實爲大慶，合拜表稱賀。表曰，伏以恭迓慈闈，喜言旋於北道；肅迎綵仗，獲就養於東朝。廟諱。誠懽誠忭，頓首頓首。恭惟皇太后殿下，位尊母儀，德隆坤載，六騩在御，將承長樂之顔；四海均驩，永被思齊之化。謹遣左中大夫、參知政事、同提舉詳定一司勅令奉迎，扈從禮儀使王次翁捧表奉迎以聞。詔令：今月二十一日，詣臨平鎮奉迎，車駕至臨平鎮，奉迎皇太后。皇帝入幄朝見，宰臣、文武百官班幄外起居。上初見慈容，情深感極，淚濕龍綃，軍衛歡呼，聲震天地。父老童稚，攜持夾道擁觀，以手加額，咸歎曰：不圖復見聖神母子之重驩如此也。二十三日，車駕還自臨平鎮。皇太后還慈寧殿。宰臣文武百官表曰：萬里回鑾，慶母儀之正位；九重視膳，知子道之攸行。運屬昌辰，事超往牒，臣等誠懽誠忭，頓首頓首。恭惟皇太后殿下，篤生上聖，克濟多艱，惟事有至難，在小人而則恐；然誠無不動，宜上帝之是依。爰迓壽康，歸安福祉，用是擊鮮而釃酒，蓋將含飴以弄孫。臣等畧愧佐王，孝資錫類，昔望殊方之信，遥阻山河；今趨長樂之宫，喜傳鍾鼓。謹奉表稱賀以聞。又表曰：東朝旋軫，式偕萬國之驩；南面承顔，斯表一人之慶。惟時盛事，允軼前聞，臣等誠懽誠忭，頓首頓首。恭惟皇帝陛下，光紹丕圖，再恢中寓。神武蓋本不殺，天下無以解憂，良由聖德之孚，坐致天心之祐。眷茲來復，固異鄭伯之如初；曾是艱難，遠陋漢唐之不見。大欲既得，衆美俱歸。臣等幸際昌期，繆聯榮序。早知薄后之長者，實興漢家；顧邀文母之徽音，更延周歷。謹奉表稱賀以聞。臣僚上言：竊惟皇太后北征，淹留沙漠者十有六年，尚賴陛下聖明，虛心屈己，上天悔禍，和好克成，歸我太后。此誠國家莫大之慶，社稷無疆之福。乞令詞臣作爲歌詩，勒之金石，奏之郊廟，揚厲無前之偉績，垂之無窮。獻皇太后回鑾賦頌千餘人，内文理可采者，幾四百人。詔推恩有差，而大理正吴㮚頌爲之冠。其辭曰：皇帝踐祚，十有六載，歲在壬戌，金人遣使奉皇太后以歸。仲秋丙寅，龍馭及疆，越戊辰，事聞於上，乃備法駕，嚴仗衛，奉迎於東朝。宸心喜極，見諸天表，戴髮含齒之流，踴躍抃蹈，罔不交賀，和氣歡聲，洋溢蒼旻。嬪嬙賀於宮，宰衡庶尹賀於朝，商賈工技賀於肆，黄童白叟賀於野，咸以手加額曰：於戲盛哉！開闢以來所未有也！仰惟太母北徙，歷時滋久，遐瞻沙漠，如隔霄漢。一旦敵人悔禍，寅奉以還。吾皇帝得以周旋左右，侍膳長樂，奉千歲之觴，盡天下之養，伴虞舜之孝思獲舒，周文之問安獲展【四】。奉承宗廟社稷，萬世無疆惟休【五】，一人兆姓，非莫大之慶耶？臣仰觀主上握乾符，恢皇綱。遭時中微，有如綿帙，宸心祗懼，克肖天德，仁蘇群黎，風清六合。迎親之思，不忘宵旰。然而周夜思慮，幾年於兹，孝悌之至，通於神明，格天以道，動敵以誠，曰戰曰和，隨機而應。先加以威，幾破敵人之膽；終守以信，潛消敵人之詐。雖明魏絳和戎之利，然其來侵也必摧其鋒；深鄙漢皇無親之言，故其尋盟也必從其請。此無他，孝足以格穹昊，誠足以動夷虜。聖心先定，惟斷以成。用是龍馭南

【四】周文之問安獲展　「展」字原脱，據《三朝北盟會編》卷二二三補。

【五】萬世無疆惟休　「惟」，《三朝北盟會編》卷二二三作「之」。

歸，歡動宫掖，慶瑞大來，殊尤卓絶。臣竊謂隆古帝王有盛德事必見於歌詩。下至有唐肅宗清姦臣，且有元結之頌；憲宗平淮西，且有柳宗元之雅。使一時豐功偉績照映萬世，赫赫如前日事。以今大慶較其重輕，固已萬萬疇昔，其可無文字以述盛美乎？一介安庸，固不能髣髴日月末光，然覩慶事，寧敢緘默？謹洗心滌慮，爲之頌曰：於皇睿明，運符中興。綿于肅清，乾夷坤寧。孝思兢兢，三聖效靈。惟我文母，遠征朔土。蒼旻眷顧，顯持陰護。爰居爰處，儲祥降祉。睿明紹休，匪豫匪遊。人謀鬼謀，迎親是求。夜靡安寐，晝靡安食。宸心切至，迎親是議。皇帝曰咨，命爾輔臣。朕有大計，儲思惟親。輔臣稽首，對揚聖志。惟斷乃成，願破群異。皇穹隆赫，鑒兹至德。風行萬國，聳動蠻貊。誕揚天聲，四征弗克。敵人震驚，稽顙尋盟。遣使旁午，願旋鑾輅。稽攷曠古，目未曾覩。帝曰休哉，大慶鼎來。喧傳九垓，疾如驚雷。乃嚴法駕，乃飾次舍。千輿萬馬，出疆以迓。文母在遠，雷剥日舒。六龍駕輦，陟巘嵩呼。濟彼洪流，天吴翼舟。微波聿收，瑞氣横秋。文母遄歸，千官儀儀。歡聲載馳，霆震風飛。鑾輿至止，幅幁咸喜。丕昭盛美，實天所啓。有漢高祖，安忍無親，興言分羹，實忝前聞。有唐德宗，求之莫獲。莫享天心，實有慚德。惟我皇上，聖孝絶倫。念兹在兹，虞舜周文。偉哉鴻休，超卓殊尤。二聖重歡，壽與天侔。慶飛於天，恩淪於淵。二聖重歡，億萬斯年。究觀古昔，發揮偉績。有頌有詩，以詔無極。瞻兹日月，寧容圖繪。小臣獻頌，樂府是配。上深喜之，詔進官一等。制曰：朕惟王道隆而頌聲作【六】，蓋將告諸神明而不媿，豈徒中外相應以義理之文而爲觀美哉！漢宣雖興協律之事，至王褒侈辭亦莫敢當也。其賢於武帝遠矣。比者東朝旋軫，尔援大喜而獻焉，材藻甚麗，然朕取漢宣則虛美薰心，固在所畏，特喜尔能得思齊推本，進一官勉行所學。

【六】朕惟王道隆而頌聲作　「王」字原模糊不清，據《三朝北盟會編》卷二二三釐清。

翰墨志

⊙趙構撰

儲玲玲整理

點校説明

《翰墨志》亦名《評書》、《高宗翰墨志》、《思陵翰墨志》，一卷，舊題宋高宗皇帝趙構御撰。趙構（一一〇七—一一八七）字德基，徽宗第九子。宣和初封康王。靖康二年（一一二七），金兵虜徽、欽二宗北去，趙構即位於南京應天府（今河南商丘）。拒李綱等抗金主張，後退揚州，奔江南，遂建行都於臨安，史稱南宋。相秦檜、殺岳飛，坐失戰機，割地稱臣，乞和於金。紹興三十二年（一一六二），讓位孝宗，稱太上皇，淳熙十四年卒。見《宋史·高宗紀》。構性怯懦，好書法。本書非一時一地寫就，實係他人輯集趙構晚年論書文字及一些法书題跋而成。以宋周必大著述多處引用，可知本書刊行於淳熙年間。其論書法、鑒賞硯墨，多有獨到見解。

本次整理以《百川學海》本爲底本，《四庫全書》（文淵閣）本爲校本，并參校了其他相關資料。

余自魏晉以来至六朝筆法，無不臨摹。或蕭散，或枯瘦，或遒勁而不回，或秀異而特立。衆體備於筆下，意簡猶存於取捨。至若《禊帖》，則測之益深，擬之益嚴。姿態横生，莫造其原。詳觀點畫以至成誦，不少去懷也。法書中，唐人硬黄自可喜，若其餘，紙扎俱不精，乃託名取售。然右軍在時，已苦小兒輩亂真，況流傳歷代之久，贗本雜出，固不一幅。鑒定者不具眼目，所以去真益遠，惟識者久於其道，當能辨也。

余每得右軍或數行，或數字，手之不置。初若食蜜，喉間少甘則已，末則如食橄欖，真味久愈在也，故尤不忘於心手。頃自束髮即喜攬筆作字，雖屢易典刑，而心所嗜者固有在矣。凡五十年間非大利害相妨，未始一日捨筆墨，故晚年得趣，横斜平直，隨意所適，至作尺餘大字，肆筆皆成，每不介意。至或膚腴瘦硬，山林丘壑之氣，則酒後頗有佳處。古人豈難到也。

衛夫人名鑠，字茂漪，晉汝陰太守李矩妻。善鍾法，能正書入妙，王逸少師之。杜甫謂「學書初學衛夫人，但恨無過王右軍」也。

校勘記

端璞出下巖，色紫如猪肝，密理堅緻。潴水發墨，呵之即澤，研試則如磨玉而無聲，此上品也。中、下品則皆砂壤相雜，不惟肌理既麄，復燥而色赤，如後歷新坑，皆不可用，製作既俗，又滑不留墨。且石之有眼，余亦不取。大抵瑕翳於石有嫌，況病眼、假眼，韻度尤不足觀。故所藏皆一段紫玉，略無點綴。

本朝士人自國初至今，殊乏以字畫名世。縱有，不過一二數，誠非有唐之比。然一祖八宗皆喜翰墨，特書大書，飛帛分隸，加賜以下多矣。余四十年間，每作字，因欲鼓動士類爲一代操觚之盛。以六朝居江左皆南中士夫，而書名顯著非一，豈謂今非昔比，視書漠然，略不爲意。果時移事異，習尚亦與之汙隆，不可力回也。

詳書謂羊欣書如婢作夫人，舉止羞澁，不堪位置，而世言米芾喜効其體。蓋米法欹側，頗協不堪位置之意。聞薛紹彭嘗戲米曰：「公効羊欣，而評者以婢比欣，公豈俗所謂重儓者耶？」

本朝承五季之後，無復字畫可稱。至太宗皇帝始搜羅法書，備盡求訪。當時以李建中字形瘦健，姑得時譽，猶恨絶無秀異。至熙豐以後，蔡襄、李時雍體製方入格律，欲度驊騮，終以騣騣不爲絶賞。繼蘇、黄、米、薛，筆勢瀾翻，各有趣向。然家雞野鵠，識者自有優劣，猶勝泯然與草木俱腐者。

前人多能正書，然後草書，蓋二法不可不兼有。正則端雅莊重，結密得體，若大臣冠劍儼立廊廟；草則騰蛟起鳳，振迅筆力，穎脱豪舉，終不失真。所以齊高帝與王僧虔論書，謂「我書何如卿？」僧虔曰：「臣正書第一，草書第三；陛下草書第二，而正書第三。是臣無第二，陛下無第一。」帝大笑。故知學書者必知正、草二體，不當闕一。所以鍾、王輩皆以此榮名，不可不務也。

晉起太極殿，謝安欲使獻之題榜以爲萬代寶。當時名士已愛重若此。而唐人評獻之，謂雖有父風，殊非新巧，字勢踈瘦如枯木而無屈伸，若餓隸而無放縱，鄙之乃無佳處。豈唐人能書者衆，而好惡遂不同如是耶？

米芾得能書之名，似無負於海内。芾於真楷、篆、隸不甚工，惟於行、草，誠入能品。以芾收六朝翰墨副在筆端，故沉著痛快，如乘駿馬，進退裕如不煩鞭勒，無不當人意。然喜効其法者，不過得外貌，高視闊步，氣韻軒昂，殊未究其中本六朝妙處，醞釀風骨，自然超逸也。昔人謂支遁道人愛馬不韻。支曰：「貧道特愛其神駿耳。」余於芾字亦然。又芾之詩文，詩無蹈襲，出風煙之上，覺其詞翰同有凌雲之氣，覽者當自得。

世傳米芾有潔疾，初未詳其然，後得芾一帖云：「朝靴偶爲他人所持，心甚惡之，因屢洗，遂損不可穿。」以此得潔之理。靴且屢洗，餘可知矣。又芾方擇婿，會建康段拂，字去塵，芾釋之曰：「既拂矣，又去塵，真吾壻也。」以女妻之。又一帖云：「承借剩員，其人不名，自稱曰張大伯，是何老物，輒欲爲人父之兄？若爲大叔，猶之可也。」此豈以文滑稽者耶？

士人作字，有真、行、草、隸、篆五體，往往篆、隸各成一家；真、行、草自成一家者，以筆意本不同，每拘於點畫，無放意自得之蹟，故別爲户牖。若通其變，則五者皆在筆端，了無閡塞，惟在得其道而已。非風神穎悟，力學不倦，至有筆冢、研山者，似未易語此。

世有《絳帖》、《潭帖》、《臨江帖》，此三書，《絳》本已少；惟《潭帖》爲勝者以錢希白所臨本也，希白於字畫得佳處，故於二王帖尤邃，若《臨江》則失真遠矣。又《淳化帖》、《大觀帖》，當時以晉、唐善本及江南所收帖，擇善者刻之，悉出上聖規摹。故風骨意象皆存，在識者鑒裁而學者悟其趣爾。

士於書法，必先學正書者，以八法皆備，不相附麗。至側字亦可正讀，不渝本體，蓋隸之餘風，若楷法既到，則肆筆行、草間，自然於二法臻極，焕手妙體，了無缺軼。反是則流於塵俗，不入識者指目矣。吾於次叙得之，因筆其梗槩。

草書之法，昔人用以趣急速而務簡易，删難省煩，損複爲單，誠非蒼、史之蹟，但習書之餘，以精神之運，識思超妙，使點畫不失真爲尚。故梁武謂赴急書，不失蒼公鳥跡之意，顧豈皁吏所能爲也？又其叙草大略，雖趙壹非之，似未易重輕其體勢。兼昔人自製草書，筆悉用長毫以利縱捨之便，其爲得法，必至於此。

書學之弊，無如本朝，作字真記姓名爾。其點畫位置，殆無一毫名世。先皇帝尤喜書，致立學養士，惟得杜唐稽一人，餘皆體倣，了無神氣。因念東晉渡江後，猶有王、謝而下，朝士無不能書，以擅一時之譽，彬彬盛哉。至若紹興以来，雜書、游絲書惟錢塘吴説，篆法惟信州徐兢，亦皆碌碌，可嘆其弊也。

昔人論草書，謂張伯英以一筆書之，行斷則再連續，蟠屈拏攫，飛動自然，筋骨心手相應，所以率情運用，略無留礙。故譽者云：應指宣事，如矢發機，霆不暇激，電不及飛。皆造極而言創始之意也。後世或云「忙不及草」者，豈草之本旨哉？正須翰動若馳，落紙雲煙方佳耳。

士人於字法若少加臨池之勤，則點畫便有位置，無面牆信手之愧。前人作字煥然可觀者，以師古而無俗韻，其不學臆斷，悉掃去之，因念字之爲用大矣哉。於精筆佳紙，遺數十言，致意千里，孰不改觀存歎賞之心？以至竹、帛、金、石傳於後世，豈止不泯？又爲一代文物，亦猶今之視昔，可不務乎？偶試筆書以自識。

宋虞龢論文房之用，有吴興青石圓研，質滑而停墨，殊勝南方瓦石。今苕霅間不聞有此石硯，豈昔以爲珎，今或不然？或無好事者發之？抑端樸、徽硯既用，則此石爲世所略？

唐何延年謂右軍永和中與太原孫承公四十有一人修祓禊，擇毫製序，用蠶繭紙，鼠鬚筆，遒媚勁健，絶代更無，凡三百二十四字，有重者皆具别體，就中「之」字有二十許，變轉悉異，遂無同者，如有神助。及醒後，他日更書數百千本，終不及此。余謂「神助」及「醒後更書百千本無如者」，恐此言過矣。右軍他書豈減《禊帖》，但此帖字數比他書最多，若千丈文錦，卷舒展玩，無不滿人意，軫在心目不可忘。非若其他尺牘，數行數十字，如寸錦片玉，玩之易盡也。

本朝自建隆以後平定僭僞，其間法書名蹟皆歸祕府。先帝時又加採訪，賞以官聯金帛，至遣使詢訪，頗盡探討。命蔡京、梁師成、黄冕輩編類真贋，紙書縑素，備成卷秩，皆用皁鸞鵲木、錦褾褫、白玉珊瑚爲軸，祕在内府。用大觀、政和、宣和印章，其間一印以秦璽書法爲寶，後有内府印。標題品次，皆宸翰也。捨此褾軸，悉非珍藏。其次儲於外祕。余自渡江，無復鍾、王真跡，間有一二以重賞得之，褾軸字法亦顯然可驗。

智永禪師，逸少七代孫，克嗣家法。居永欣寺閣三十年。臨逸少真草《千文》，擇八佰本，散在浙東。後并《禊帖》傳。弟子辯才，唐太宗三召，恩賜甚厚，求《禊帖》終不與。善保家傳，抑可重也。余得其《千文》藏之。

楊凝式在五代最號能書，每不自檢束，號「楊風子」，人莫測也。其筆札豪放，傑出風塵之際，歷後唐、周、漢，卒能全身名。其知與字法亦俱高矣。在洛中往往有題記，平居好事者并壁匣寘坐右，以爲清玩。

余嘗謂：甚哉字法之微妙，功均造物，迹出窈冥，未易以點畫工便爲至極。蒼、史始意演幽，發爲聖跡，勢合卦象，德該神明，開闔形制，化成天下。至秦、漢而下諸人，悉胸次萬象，布置模範。想見神游八表，道冠一時。或帝子神孫，廊廟才器，稽古入妙，用智不分，經明行修，操尚高潔，故能發爲文字，照映編簡。至若虎視狼顧，龍駭獸犇，或草聖草賢，或絶倫絶世，冥合天矩，觸塗造極。非夫通儒上士詎可語此，豈小智自私、不學無識者可言也。

閒燕常談

◉董弅 撰

唐玲 整理

點校説明

《閒燕常談》一卷，董弅撰。董弅，字令升，號朋溪，東平（今屬山東）人，董逌之子。宣和中，官鎮江府學教授。紹興四年（一一三〇）三月，高宗命趙鼎舉薦人才，詔三省公共隨器任使。六年，試中書舍人。後累知衢、嚴、婺三州。紹興末，提舉洪州玉龍觀，以敷文閣待制卒。李心傳《建炎以來繫年要録》載其歷官始末頗詳。著有《紹興新定志》八卷、編有《嚴陵集》九卷、《侍兒小名録拾遺》一卷等，皆存。

陳振孫《直齋書録解題》云：「《閒燕常談》三卷，董弅令升撰。取『士相與談仁義於閒燕』之義。」《文獻通考》、《國史經籍志》因之，亦作三卷。然今所見者，聊聊數條，或原書已佚，後人擇其精要者編入各類叢書、類書。是書多載北宋末年軼事，褒貶分明，旨在宣揚仁義。如諷刺宰相何執中斂財、薛肇明媚事蔡京，又如表彰宗澤庇護百姓免遭徵斂牛黄之苦之類。

此次整理以《歷代小史》本爲底本，校以宛委山堂本《説郛》。另據《愛日齋叢抄》輯得佚文一條附於後。

張昌言初與种世衡善。及持父喪，世衡遺以汝州田十頃，辭弗受。使者在塗，而世衡卒，乃以還其子詁。詁遵父命不承，田遂蕪廢者三十年。元豐中，鄰人告官，移文二家，皆弗取。郡守劉斐言諸朝，願以田給州學，朝廷嘉之，卒還种氏。昌言名聞，位至給事中。夫世有爭鄰畔蹞步之田，至相紛競，甚者兄弟、宗族鬭訟諦不肯已，遂爲世讐者，亦聞种、張之事乎？

政和中，何執中爲首台，廣殖貲産，邸店之多，甲於京師。時有以舊印行吉觀國所試《爲君難》小經義，稱爲上皇御製者，人競傳誦。會大宴，伶官爲優戲，相謂曰：「官家萬幾之暇何所爲？」曰：「不過燕樂爾。」曰：「不然，亦如舉子作文義。」問：「何以知之？」遂舉《爲君難》義誦一過，乃以手加額，北鄉贊歎，説聖意匪獨俛同韋布之士，留神經術，仰見兢兢圖治【一】，不安持守之深意，天下幸甚。又問：「宰相退朝之暇何所爲？」曰：「亦作文義。」問：「何義？」曰：「《爲臣不易》義。」乃批其頰曰：「日掠百二十貫房錢，猶自不易裏！」蓋俚語以「貧窶」爲不易也。

紹興乙卯夏，大旱。車駕在臨安府，詔禁屠宰以禱雨。諫議大夫趙霈上言曰：「自

校勘記

【一】仰見兢兢圖治　「兢兢」原作「兢兢」，據文義改。

來斷屠，止禁豬羊而不及鵝鴨，請并禁止。」中書舍人胡寅曰：「一疏無二百言，而用字以十數，況諫議乃及此乎？聞虜中統兵者號龍虎大王，脱或入寇，宜以鵝鴨諫議拒之。」時人以爲名對。

《歸田録》載：梅聖俞受敕修《唐書》【二】，語其妻曰：「吾之修書，可謂胡孫入布袋矣。」妻應聲對曰：「君於仕宦，可謂鮎魚上竹竿耶？」聞者以爲善對。大觀中，薛肇明賀上皇御製詩有曰【三】：「歡聲似鳳來御詔，喜氣如雞去揭竿。」韓子蒼戲爲吏之曰【四】：「窘如老鼠入牛角，難似鮎魚上竹竿。」時謂的對，尤勝於梅。

李端行字聖達，毗陵人，崇寧間太學屢中魁選，聲名籍甚。大觀丁亥歲，與諸路貢士群試，李士英作魁，聖達第二，意不中之。嘗曰：「天下清氣無南北之異，但吴中清氣十分鍾於人，河朔清氣爲鵝梨占了八分。」以士英河内人故也。士英銜之。其後士英拜相，聖達方爲太傅，坐小累罷，坎壈失志而死。

薛肇明謹事蔡元長，至戒家人避其名。宣和末，有朝士新買一婢，頗熟事，因會客，命出侑尊。一客語及「京」字，婢遽請罰酒。問其故，曰：「犯太師諱。」一座駭愕。婢具述先在薛太尉家，每見與賓客會飲，有犯「京」字者，必舉罰。平日家人輩誤犯，必加叱詈。太尉脱或自犯，則自批其頰以示戒。

王將明作《賀復燕雲表》，以「昆夷維其喙矣」對「燕民悦則取之。」鄭達夫特爲領樞

【二】梅聖俞受敕修唐書　「聖」原作「舜」，據《歸田録》、《宋史》卷四三三《梅堯臣傳》改。

【三】薛肇明賀上皇御製詩有曰　「賀」原作「知」，據文義改。

【四】韓子蒼戲爲吏之曰　「蒼」原作「倉」。按韓駒，字子蒼。

密院事，亦用上句，而以「周公方且膺之」爲對，語王曰：「相公屬對甚的。」因舉己對曰：「此是當家者。」

王荆公在蔣山。一日，有傳東坡所作《表忠觀碑》至。介甫反覆讀數過，以示坐客，且云：「古有此體否？」葉致遠曰：「古無之，要是奇作。」蔡元慶曰：「直是録奏狀耳，何名奇作？」介甫笑曰：「諸公未之知爾，此司馬遷《三王世家》體【五】。」

章聖朝，馮守信爲步軍指揮使。遇郊禮，其弟欲以己子冒爲守信子，以助高蔭。守信不可，曰：「吾自行伍，蒙上拔擢至此，愧無以報稱，奈何欺君？」是歲，並其子不蔭，以明於弗無所愛。予近見士大夫仕至通顯，以兄弟之子冒己子而受高蔭者多矣，恬不爲非，人亦不以爲怪訝也。甚者以他人而爲己之有服親，以冒異姓恩澤者，聞守信之風，盍知愧乎？

杜祁公爲守兖州，石守道卒於郡。惡之者謂介僞死而北走胡，以詔覈實。祁公會僚屬語之，衆不敢當。時龔輔之爲掌書記，抗言曰：「介平生遒諒，有是耶？願以闔族保其必死。」祁公悚然，探懷中奏稿示之，曰：「老夫既保介矣。君年少，見義必爲，豈可量哉！」今世居下位而能執義抗言如輔之者，固難其人；而爲郡守奬人之言，以成就其美名如祁公者，未之見也。

張乖崖公常言見事有三難：能，一也；見而欲行，二也；當行必果，三也。前輩於

【五】此司馬遷三王世家體　「三王」原作「二五」，據《史記》改。

事精思如此，是所以大過人也。又云：「事無大小，皆須用智。智如水也，不流則腐。若凡一日不用智，臨大事之際，寧有智來？」予每佩服斯言。

歐陽文忠公謂謝希深曰：「吾平生作文章多在三上：馬上、枕上、厠上也。」蓋惟此可以屬思耳。

《因話録》載：韓僕射臯病小瘡，令醫傅膏藥，藥不濡。公問之，醫云：「天寒膏硬。」近歲，許沖元將知西京。有一屬稟事云：「某預錢若干，已有指揮，許將來春充預買錢。」沖元厲聲叱之曰：「許將如何作則故切。得預買錢？」其人始悟觸諱，踧踖謝過而退。又元厚之知杭州，一吏呈公事云：「合依元降指揮。」厚之徐拱手，緩聲曰：「元降何嘗指揮？」吏惶恐。厚之曰：「爾誤也。」不之罪。

錢中道帥太原，一日，武官謁見敘舊，累數百言而退。錢語坐客曰：「適來官人口不稱名，但稱『賤迹』不已，欲面折之，便是要人避己名也。」客問：「似乎門下有舊。」錢曰：「舊識其公。」客曰：「某亦識之，佳士也。」錢曰：「只那老賤迹。」一坐皆笑。

太宗朝，王濟主漳州龍溪簿。時福建諸郡輸鸛翎爲箭羽，既非常有之物，而官司督責甚急，民間苦之。濟輒以便宜喻郡民用鵝翎代之，因附驛以聞。詔可其請，施及旁郡，民咸德之。

宗汝霖澤【六】，政和初知萊州掖縣。時户部下提舉司科買牛黄以供在京惠民和劑局

【六】宗汝霖澤　「宗」原作「宋」，據《宋史》卷三六〇《宗澤傳》改。

合藥用，督責急如星火。州縣百姓競屠牛以取黄，既不登所科之數，則相與斂錢以賂上下胥吏丐免。汝霖獨以狀申提舉司，言：「牛遇歲疫，則多病有黄；今太平之久，和氣充塞，縣境牛皆充腯，無黄可取。」使者不能詰。一縣獲免，無不懽呼感戴者。

裴諝爲史思明所得，僞授御史中丞。時思明殘殺宗室，諝陰緩之，全活者數十百人。此事見《談賓録》。靖康之變，金人盡欲得京城宗室。有獻計者謂，宗正寺玉牒取有籍，可據以取則無遺矣。虜酋立命取籍。蒼黄間，玉牒所有吏已持至南薰門亭子矣。會虜使以事暫還，此夜惟監交物官數人在焉。户部邵澤民溥，其一也，遽索視之。每揭三二板，則掣取一板投之火爐中，歎曰：「力不能遍存之，得預名被爇者，可以免。」計一籍中，掣取而爇者亡慮十二三。俄頃，虜使至，吏舉籍以授之，遂按籍以取。凡京城宗室獲免者，皆澤民之力也，而人多不知。予因閲裴諝事，故志之。

京城既陷，虜遣使籍帑藏，至軍器庫點閲兵仗。時莫壽明以内相爲館伴，因白：「自念兩朝和好，當載戢干戈、載櫜弓矢。」虜使應聲曰：「我曹脚轉後不？」請云：「左屬櫜鞭、右執鞭弭，與君周旋。」

吕汲公在相位，其兄進伯自外郡代還，相與坐東府堂上。夫人自廊下降堦趨參，以二婢掖侍而前。進伯遽曰：「宰相夫人不須拜。」微仲解其意，叱二婢使去，夫人獨拜於赤日中，盡禮而退，進伯畧不顧勞。聞者歎服其家法之嚴。

何㮚當京城已陷，虜人入視帑藏倉庾。時有胡思者爲司農卿，其諸倉米麥數白㮚。既復，㮚送至廳事傍，遽屬言曰：「大卿切勿令亂量。」思應曰諾。至客次，方悟其戲。蓋語有「胡思亂量」也。時謂作宰相如此【七】，何以服百僚？

佚文

世傳歐陽公作《醉翁亭記》成，以示尹師魯，自謂古無此體。師魯曰：「古已有之。」公愕然。師魯起取《周易・雜卦》以示公，公無語。果如其説。（《愛日齋叢抄》卷四）

【七】時謂作宰相如此　「作」字原闕，據宛委山堂本《説郛》補。

◉董　弅撰

侍兒小名録拾遺

唐　玲　整理

點校説明

《侍兒小名録拾遺》一卷，董弅撰。董弅生平已見《閑燕常談》點校説明。《稗海》、《説郛》分别題作張邦幾、張邦畿撰，皆誤。考吴騫《拜經樓詩話》卷三云：「《文獻通考》載《侍兒小名録》一卷，續一卷，引陳氏《書録解題》曰：『序題朋溪居士而不著名氏，或云董彦遠家子弟所爲。』騫按彦遠名逌，朋溪居士蓋即其子弅也，字令升。朋溪在宜興縣東北五里，弅嘗僑居於此，自謂與溪爲朋，故號曰『朋溪』，孫覿爲之記，又建楚頌亭于溪側。《侍兒小名録》明人刻入《稗海》，題曰《侍兒小名録拾遺》共祇一卷，似已非董氏之舊。弅所著《閑燕常談》、《廣川家學》、《新定志》等書，並見于《書録解題》。獨此書《稗海》又妄題『張邦幾』，而次諸張邦基《墨莊漫録》之後。邦幾、邦基一人邪？兩人邪？錢希言戲引之又作『张邦畿』，愈傳而愈譌矣。傳疑爲六七百年，而今始得作者名氏，亦一快事！」《四庫提要》亦沿襲吴氏之説。

陳振孫爲宋人，其説「朋溪居士」似爲可靠。而所謂「張邦幾」、「張邦畿」者，實出自元、明以後人。又考孫覿《鴻慶居士集》卷二一《朋溪雙蓮記》：「徽猷閣待制董公令升，卜居宜興。縣治之北五里，面南山，俯流水，築室居焉，自號『朋谿』。」則知朋溪居士即董弅也。

是書序言：「少蓬洪公作《侍兒小名録》，好事者多傳焉。王性之《補録》一卷，意語盡矣。

余友温彦幾復得一卷以授余，曰：『他日觀書，有可采者，續録之。』乃作《拾遺》。」則知《拾遺》乃補三種《侍兒小名録》之缺，續録侍女小名及女子軼事，缺少條理，頗爲隨意。引書多自唐宋人别集、詩話、筆記。

是書未見單行本，見於《稗海》、《説郛》、《續百川學海》、《香艷叢書》、《叢書集成初編》等書。此次校點以《稗海》本爲底本，校以宛委山堂本《説郛》、《香艷叢書》本，並參校了所引原始文獻。

少蓬洪公作《侍兒小名録》，好事者多傳焉。王性之《補録》一卷，意語盡矣。余友温彦幾復得一卷以授余，曰：「他日觀書，有可採者，續録之。」乃作《拾遺》。

劉商少遊湘中，秋月方皎，忽見一晝水輿中有七八女子，瓌麗容止【一】，若爲呼盧戲。其具俱布希世之寶，前有紅蠟枝，擎以金盤。商駭訝未絶，聞舟中語曰：「紫陽真人，昨給劉商黄精二斤，乃玉帝所餌之餘，食之者爲地仙。」一女子曰：「此人不遠，可邀致之。」忽聞人呼商，遂即舟邊拜。一女子命侍兒楊孟珠斟一杯雲母漿，商取飲。一女子笑曰：「此人不固者，無丹元氣耳。」因曰：「慎自精修，去爾貪忍，靈餌漸近，天爵宜修。」復送之岸。商覘之，直至舜妃廟前，落帆入廟。黎明，廟中得巴牋詩句。後果得至人遺精服餌，後不知所在。《樹萱録》

寇萊公有妾曰蒨桃。公因會，贈歌姬以束綾，蒨桃作二詩呈公曰：「一曲清歌一束綾，美人猶自意嫌輕。不知織女螢窗下，幾度拋梭織得成。」「風勁衣單手屢呵，幽窗軋軋度寒梭。臘天日短不盈尺，何似妖姬一曲歌。」公和曰：「將相功名終若何，不堪急景似

校勘記

【一】瓌麗容止　「瓌」原作「環」，據《淵鑒類涵》改。

奔梭。人間萬事何須問，且向樽前聽艷歌。」《翰府名談》

東坡《寄柳子玉》云：「聞道床頭惟竹几，夫人應不解卿卿。」又《送竹几與謝秀才》云：「留我同行木上座，贈君無語竹夫人。」蓋俗謂竹几爲夫人也【二】。山谷云：「竹夫人涵涼寢竹器【三】，憩臂休膝，非夫人之職。而冬夏青青，竹之所長，故名曰青奴。」嘗作詩曰：「穠李四絃風掃席【四】，昭華三弄月侵床。我無紅袖堪娛夜，正要青奴一味涼。」穠李、昭華，貴人家兩女奴也。張文潛後作《竹夫人傳》。《王直方詩話》

周昭王二十四年，東甌獻二女，一曰延娟，一曰延娛【五】，此二人辯口麗辭，巧善歌笑，步塵上無跡【六】，行日中無影。及昭王遊於漢水，二女與王舟乘，擁夾王身，同溺於水。故江漢之人到今思之，立祠於江湄。數十年間，人於江漢之上，猶見王與二女乘舟戲於水際。

燕昭王二年，廣延國善舞者二人，一名旋娟，一名提漠，並玉質凝膚，體輕氣馥，綽約而窈窕，絶古無倫。其舞一名縈塵，次曰集羽，末曰旋懷。昭王知其神異，處於崇霞之臺。王好神仙之術，玄天之女，托形作此。昭王之末，莫知所在。

孫亮作琉璃屏風甚薄而瑩徹，每於月下清夜舒之。嘗與愛姬四人，皆振古絶色，一名朝姝【七】，二名麗居，三名洛珍，四名潔華。使四人坐屏風内而外望之，了如無隔，惟香氣不通於外。爲四人合四氣香，百浣不歇，名曰「百濯」【八】，或以人名香。每遊皆同輿席，

【二】蓋俗謂竹几爲夫人也　「爲」下，《詩話總龜》有「竹」字。

【三】竹夫人涵涼寢竹器　「寢」，《詩話總龜》作「寐」。

【四】穠李四絃風掃席　「掃」，《豫章黄先生文集》作「拂」。

【五】一曰延娛　「娛」原作「蟬」，據《拾遺記》改。

【六】步塵上無跡　「上」字原闕，據《拾遺記》補。

【七】一名朝姝　「姝」原作「妹」，據《拾遺補》改。

【八】名曰百濯　「百濯」下，《拾遺記》有「香」字，似是。

以前後爲次。所居室，名爲「思香媚寢」。已上王子年《拾遺記》

愛愛，姓楊氏，本錢唐倡家女，年十五，尚垂鬟，性善歌舞。幼學胡琴數曲，遂能緣其聲以通其調。泛舟西湖，採荷香。爲金陵少年張逞所調，遂相攜潛遁於京師。逞家雄於財，雅亦曉音律。歲時嬉遊，以犢車同載，故鑾輅之幸，琳館之闢，雖遠必先，雖喧必前，京都偉麗之觀，無不及也。踰二年，逞爲父捕去，不及與愛別。留於巷中，舍與予家相鄰。一日人傳逞死，或往慰問其所。愛愴然泣下，曰：「是必虛語。若果然，亦不願他從。故鄉道遠，出非以禮，必不能自還，當死此舍。」自爾素服蔬膳，日呱呱而泣，不復親近樂器。里之他婦欲往見之，即反關不納。好事有力者百計圖之，終不可及。愛姿體纖素艷發，不類人間人。後三年，念逞之勤，感疾而死。小婢子錦兒今尚在，出其繡手籍香囊纈履數物，香皆郁然而新。蘇子美《愛愛集》

晁無咎之貶玉山也，過彭門。而陳履常廢居里中，無咎出小鬟招奴，舞《梁州》以佐酒。履常作小闋《木蘭花》云：「娉娉褭褭，芍藥稍頭紅樣小【九】。舞袖低回【一〇】，心到郎邊客已知。金樽玉酒【一一】，勸我花前千萬壽【一二】。莫莫休休，白髮簪花我自羞！」無咎云：「人疑宋開府鐵心石腸，及爲《梅花賦》，清便艷發，殆不類其爲人。履常清通，雖鐵心石腸不至於開府，而此詞清便艷發，過於《梅花賦》矣。」無咎記李良四事

東坡《朝雲墓誌銘》云：「東坡先生侍妾曰朝雲，字子霞，姓王氏，錢塘人。敏而好

【九】芍藥稍頭紅樣小　「紅樣」，《淮海詞》作「紅玉」。

【一〇】舞袖低回　「低回」，《淮海詞》作「遲遲」。

【一一】金樽玉酒　《淮海詞》作「當筵舉酒」。

【一二】勸我花前千萬壽　「千萬壽」，《淮海詞》作「松柏壽」。

義，事先生二十有三年，忠敬若一。生子遁，未期而夭。」有戲贈朝雲詩云：「不學楊枝別樂天【一三】，恰如通德伴伶玄。伯仁絡秀不同老【一四】，天女維摩總解禪。經卷藥爐新活計，舞裙歌扇舊因緣【一五】。丹成逐我三山去，不作巫陽雲雨仙。」本集

漢武帝所幸宫人麗娟，年十四，玉膚柔軟，吹氣如蘭。娟身輕弱不欲衣，纓拂之，恐傷爲痕。每歌，李延年和之。於芝生殿旁，唱《回風》之曲，庭中樹爲之翻落【一六】。常致娟於琉璃帳，恐垢污體也。常以衣帶繫娟袂，閉於重幕中，恐隨風起。娟以琥珀佩置衣中，不使人知，乃言娟骨節自鳴，相與爲神怪也。《洞冥記》

隋煬帝宫妃吴絳仙【一七】，善畫長蛾眉，帝甚憐之。由是嬪御皆倣此，宫吏日供螺子黛五斛名「蛾緑」而進之。帝每倚簾顧之，移時不去，乃云：「古人言美色若可食，如絳仙者，可以療饑矣。」遂賜以合歡水果，絳仙以謝。帝立爲貴妃。後與妃同遊汴河，彩舟爲龍，張帆以錦，飾木剪花，日縱淫樂，遂廢國祚。《大業拾遺》

吕不韋，陽翟人也，家累千金，商賈於邯鄲。娶劉氏女，名曰諸姬，善舞。時秦昭王太子之孫子楚質於趙，見諸姬，心悦之，從不韋索之。不韋與之，時已懷妊兩月。及子楚立爲哀王，生始皇。始皇即不韋之遺體也。《史記》

周瑜初從孫策攻拔之時，獲喬公二女，皆國色也。策自納大喬，瑜納小喬。《江表傳》：策從容戲瑜曰：「喬公二女雖流離，得吾二人作婿，亦足爲歡。」《吴志》

【一三】不學楊枝別樂天　「學」，《蘇軾詩集》作「似」。

【一四】伯仁絡秀不同老　「伯仁」，《蘇軾詩集》作「阿奴」。

【一五】舞裙歌扇舊因緣　「裙」，《蘇軾詩集》作「衫」。

【一六】庭中樹爲之翻落　「樹」，《洞冥記》作「花」。

【一七】隋煬帝宫妃吴絳仙　「絳」原作「降」，據《大業拾遺記》改，下同。

秦穆公女名弄玉，善吹簫。與蕭史共登樓吹簫，作鳳凰音，感鳳凰從天而降。後升天矣。《帝王世紀》

越王勾踐陰謀吴，乃得國中苧蘿山鬻薪之女，曰西施，飾以羅縠，教以容步三年，使范蠡進於吴，夫差大悦。《吴越春秋》

國初，朝廷遣陶穀使江南，以假書爲名，實使覘之。丞國李獻以書抵韓熙載曰：「五柳公驕甚，其善待之。」穀至，則果如李所言。熙載謂所親曰：「陶秀實非端介者，其守可隳，當使諸君一笑。」因令宿，誒謄六朝書，半年乃畢。熙載使歌姬秦蒻蘭，衣弊衣爲驛卒女，穀見之而喜，遂犯慎獨之戒，作長短句贈之。明日，中主燕客，穀凜然不可犯。中主持觥立，使蒻蘭出，歌「續斷弦」之曲侑觴，穀大慙而罷。詞名《風光好》：「好因緣，惡因緣，秪得郵亭一夜眠，别神仙。　琵琶撥盡相思調，知音少，再把鸞膠續斷弦，是何年？」《冷齋夜話》

秦少游在蔡州，與營妓婁婉字東玉者甚密。贈之詞云「小樓連苑横空」，又云「玉佩丁東别後」者是也。又贈云「天外一鈎横月，帶三星」【一八】，謂心字也。《高齋詩話》

楊貴妃，小字玉環。《明皇雜録》

白公《杭州春》詩云：「柳色初藏蘇小家。」本朝賢良馬㮣，嘗夢一美人，謂之曰：「妾幼以姿色名冠天下，而身無所依，輒有小詞浼瀆。」其詞有「妾本錢唐江上住」之句。及後

【一八】又贈云　「贈」下，《苕溪漁隱叢話》引《高齋詩話》有「陶心儿詞」四字。

得錢唐幕官，而蘇小墓乃見公宇之後。《雲齋廣録》

真娘，吴中樂妓，墓在虎丘山路傍。白樂天、李商隱詩【一九】

唐元載末年納薛瑶英，處以金絲帳、卻塵褥，衣以龍純衣，一襲無一兩。載以瑶英體輕，不勝重衣，於異國求此服也。《詩話》

唐杜秋娘，金陵女子也。年十五，爲浙西觀察使李錡妾。嘗爲錡辭云：「勸君莫惜金縷衣，勸君須惜少年時【二〇】。有花堪折君須折，莫待花殘空折枝。」

長慶中，裴航游襄漢，與樊夫人同舟。樊贈詩云：「一飲瓊漿百感生，玄霜擣盡見雲英。藍橋便是神仙宅，何必區區上玉京。」航後經藍橋驛，遇仙女雲英，遂娶之。後俱得仙。並《傳奇》

五代時，有一僧號至聰禪師，祝融峰修行十年，自以爲戒行具足，無所誘掖也。夫何一日下山，於道傍見一美人，號紅蓮，一瞬而動，遂與合歡。至明，僧起沐浴，與婦人俱化。有頌曰：「有道山僧號至聰，十年不下祝融峰。腰間所積菩提水，瀉向紅蓮一葉中。」《古今詩話》

王魁遇桂英於萊州北市深巷，桂英酌酒，求詩於魁。魁時下第，桂英曰：「君但爲學，四時所須，我爲辦之。」由是魁朝去暮來。踰年有詔求賢，桂爲辦西遊之用。將行，往州北望海神廟，盟曰：「吾與桂英誓不相負，若生離異，神當殛之！」魁後唱第爲天下第

【一九】李商隱詩　「隱」字原脱，據《李義山詩集》卷下《和人題真娘墓》補。

【二〇】勸君須惜少年時　「須」原作「莫」，據《樂府詩集》改。

一。魁父約崔氏爲親，授徐州僉判。桂英不之知，乃喜曰：「徐去此不遠，當使人迎我矣。」遣僕持書。魁方坐廳決事，大怒，叱書不受。桂英曰：「魁負我如此，當以死報之！」揮刀自刎。魁在南都試院，有人自燭下出，乃桂英也。魁曰：「汝固無恙乎？」桂英曰：「君輕恩薄義，負誓渝盟，使我至此。」魁曰：「我之罪也。爲汝飯僧誦佛書，多焚紙錢，捨我可乎？」桂英曰：「得君之命即止，不知其他。」後魁竟死。《摭遺》

⊙沈某撰

鬼董

唐玲整理

點校説明

《鬼董》五卷，一般認爲孝宗、光宗時期太學生沈某撰。此説據書後泰定丙寅（一三二六）臨安錢孚跋云：「《鬼董》五卷，得之昆陵楊道芳家，此祇鈔本，後有小序，零落不能詳。其可考者，云『太學生沈』，又云：『孝、光時人，而關解元之所傳也。』」

《鬼董》又名《鬼董狐》，其名出自《世説新語·排調》：「干寶向劉真長敘其《搜神記》，劉曰：『卿可謂鬼之董狐。』」内容多載唐宋間神仙鬼怪、因果報應之事，充滿了濃厚的市井氣息。書中部分條目節引自《太平廣記》、《夷堅志》等書。

李劍國《宋元志怪傳奇敘録》載：「明李詡《戒庵老人漫筆》卷八《論十王薦亡之誕》云：『余得宋刻《鬼董》一書，中有論十王、薦亡兩條。』只是流傳不廣，陶宗儀《説郛》亦未採録。最初見於明《趙定宇書目》所載《稗統續編》目録，中有抄本《鬼董》。清錢謙益《絳雲樓書目》小説類、曹寅《楝亭書目》説部類亦有著録，均作《鬼董狐》。《楝亭書目》注云：『抄本。臨安錢甫跋尾，五卷一册。』以上皆不著撰人。」宋刻本已佚，今國家圖書館藏有孫江識清抄本，傅增湘曾據此抄本校跋《知不足齋叢書》本。此外，尚有文物出版社二〇一四年出版的整理本，頗有可議之處。

此次整理以《知不足齋叢書》本爲底本，校以傅增湘校跋本。

卷一

洛陽人牟穎，少年時因醉誤出郊野，夜半方醒，息於路傍。見一屍發露骸骨，穎甚傷念之。達曙，躬自掩埋。其夕，夢一少年可二十已來，衣白練衣，仗一劍，拜穎曰「我彊寇耳，平生恣意殺害，作不平事。近與同輩爭，遂爲所害，埋於路傍，久經風雨，所以發露。蒙君復藏我，故來謝君。我生爲凶勇人，死亦爲凶勇鬼，若能容我棲托，但君每夜微奠祭我，常應君指使。我既得托於君，不至飢渴，定得令君所求徇意也。」穎夢中許之，及覺，乃試設祭饗，暗以祀禱祈。夜又夢，曰：「我已托君矣。君每欲使我，即呼『赤丁子』一聲，輕言其事，我必應聲而至也。」穎遂每潛告，令竊盜。盜人之財物，無不應聲遂意，後致富有金寶。一日，穎見鄰家婦有美色，愛之，乃呼赤丁子令竊焉。鄰婦至夜半忽自外踰牆而至，穎驚起，款曲問其所由來。婦曰：「我本無心，忽夜被一人擒我至君處，忽如夢覺，我亦不知是何怪也。不知何計，卻得還家？」悲泣不已。穎甚憫之，潛留數日。其婦家人求訪極切，至於告官。穎知之，乃與婦人詐爲謀：令婦人出別墅，卻自歸，言不知被何妖攝去，今卻得回。婦人至家後，每三夜或五夜，依前被一人取至穎家，不至曉即送歸【一】，經一年矣，家人皆不覺。婦人深怪穎有此妖術，後因至切，問於穎曰：「若不白

校勘記

【一】不至曉即送歸　「即」字，傅校作「却」字，疑是。

我，我必自發此事。」潁遂具述其實，鄰婦遂告於家人，共圖此患。家人乃密請一道流，潔淨作禁法以伺之。赤丁子方夜至其門，見符籙甚多，卻反，白於潁曰：「彼以正法拒我，但力微耳。與君力爭，當惡取此婦人，此來必須不放回也。」言訖復去。須臾，鄰家飄風驟起，一室俱黑色【二】，但是符籙禁法之物一時如掃，復失婦人。至曙，其夫遂告官，同來潁宅擒捉。潁乃攜此婦人竟逃，不知去所。

章翰少時有志氣，長安交游豪俠，宅新書坊。有愛妾曰裴六郎者，容範曠代，宅於崇仁，翰常悦之。居無何，翰有故，游近畿，數月方回。及至，妾已病死，翰甚悼之。既而日暮，因宿其舍，尚未葬，殯於堂奥。既無家室，翰曰：「平生之愛，存没何間！」獨宿繐帳中。夜半，後庭月皓然，翰悲歎不寐，忽見門屏間有一物，傾首而窺，進退逡巡。入庭中，長丈許，著豹皮褌，鋸牙披髪，更有三鬼繼進，乃拽朱索，舞於月下，相與言曰：「牀上貴人，奈何？」又曰：「寢矣。」便升階入殯所，拆發舁櫬於月中，破而取其尸，臠割股體，環坐共食之，血流於庭，衣服狼籍。翰恐懼，且痛之，自分曰：「向叫我作貴人，我今擊之，必無苦。」遂潛取帳外竿，忽於暗中擲出，大叫擊鬼，鬼大駭走。翰乘勢逐之西北隅，踰垣而去。有一鬼最後，不得上，翰擊中流血，乃得去。家人聞變亂，起來救之，翰具道其事。將收餘骸，及至堂，殯所儼然如故，而噉處亦無所見，翰恍惚以爲夢中。驗其牆有血，其上有迹，竟不知其然。後數年，翰貴達。

【二】一室俱黑　「室」，傅校作「宅」。

章仇兼瓊鎮蜀日，佛寺設大會，百戲在庭。有十歲童兒舞於竿杪，忽有一物，狀如雕鶚，掠之而去，郡衆大駭，因罷樂。後數日，其父母見在高塔之上，梯而取之。兒神形如癡，久之方語，云見如壁畫飛天夜叉者，將入塔中去，飼果實、飲食之味，亦不知其所自。旬日方精神如初。

有吴生者，江南人，嘗游會稽，娶一劉氏爲妾。後數年，吴生宰縣於鴈門郡，與劉氏偕之官。劉氏初以柔婉聞，凡數年，其後忽獷烈，自持不可禁，往往有逆意者即發怒。毆其婢僕，或齧其肌血且甚，而怒不可解。吴生始知劉氏悍戾，心稍外之。嘗一日，吴與鴈門部將數輩獵於野，獲狐兔甚多，致庖舍下。明日吴生出，劉氏即潛入庖舍，取狐兔生啗之且盡。吴生歸，因問狐兔所在，而劉氏俛然不語。吴生怒，訊其婢，婢曰劉氏食之盡矣。生始疑劉氏爲他怪。旬餘，有縣吏以一鹿獻，吴生命致於庭。已而吴生紿言將遠適，既出門，即匿身，潛而伺之。見劉氏散髮袒肱，目眥盡裂，狀貌頓異。立庭中，左手執鹿，右手拔其脾而食之。吴生大懼，仆地不能起。久之，乃召吏卒十數輩，持兵仗而入。劉氏見吴生來，盡去襦袠，挺然立庭，目若電光，齒如戟刀，筋骨盤蹙，肉盡青色。吏卒俱戰慄不敢近。食頃，忽東向而走，其勢甚疾，竟不知所在。

韋自東者，義烈之士也。嘗游太白山，棲止段公莊，段亦素知其壯勇者。一日，與自東眺望山谷，見一徑甚微，若舊有行跡。自東問主人曰：「此何詣也？」段曰：「昔有二

【三】數有妖魔入洞　「數」上，傳校增「而」字。

僧居此山頂，殿宇宏壯，林泉甚佳，蓋唐開元中，萬回師弟子之所建也。似驅役鬼工，非人力所能及。或聞樵者説，其僧爲怪物所食，今絶跡二三年矣。又聞人説，有一怪物在於此山，亦無人敢窺焉。」自東怒曰：「余操心在平侵暴，怪物何類，而敢噬人？今日必挈其首致於門下！」段曰：「暴虎馮河，死而無悔。」自東不顧，仗劍奮衣而往，勢不可遏。段悄然曰：「韋生當其咎耳。」自東捫蘿躡石，至於精舍，悄寂無人。覩二僧房，大敞其户，屐錫俱在，衾枕儼然，而塵埃凝積其上。又見佛堂内細草茸茸，似有巨物偃寢其處。四壁多掛野彘、玄熊之類，或庖炙之餘，鍋竈柴薪。自東乃知樵者之言不謬耳。度其怪未至，遂拔柏樹大如碗，去枝葉爲大杖，扃其户，以石佛拒之。是夜，月白如晝。夜未分，怪物挈鹿而至，怒其扃鐍，大叫，以首觸户，折其石佛而踣於地。自東以柏樹撾其腦，再舉而斃之。拽之入室，又闔其扉。頃之，復有怪物繼至，似怒前歸者不接己，亦哮吼，觸其扉，復踣於户閾，又撾之，亦斃。自東知雌雄已殞，應無儔類，遂掩關烹鹿而食。及明，斷二首，挈餘鹿示段。段大駭曰：「真周處之儔矣！」乃烹鹿飲酒盡歡。遠近觀者如堵。有道士出於儔人中，揖自東曰：「某有衷懇，欲告於長者，可乎？」自東曰：「某一生急人之急，何爲不可！」道士曰：「棲心道門，懇志靈藥，非一朝一夕耳。三二年前，神仙爲吾配合龍虎丹一爐，據其洞修之有日矣。今靈藥將成，數有妖魔入洞【三】，就爐擊觸，藥幾飛散。思得剛烈之士，仗劍衛之。靈藥儻成，當有分惠。未知能一行否耳？」自東踊躍曰：「乃平生所願也。」遂仗劍從道士而去。躋險躡峻，當太白之高峰，將半，有一石洞，可百餘步，即道士燒丹之室，唯弟子一人。道士約曰：「明晨五更初，請君子仗劍當洞門而立，見有怪物，但以劍擊之。」自東曰：「謹奉教。」乃立燭於洞門外伺之。俄頃，果有巨虺長數丈，金口雪牙，毒氣氤鬱，將欲入洞。自東以劍擊之，似中其首，頃間若輕霧而化去。食頃，又有一女子，顔色絶麗，執芰荷之花，緩步而至。自東又以劍拂之，若雲氣而滅。食頃將曙，有道士乘雲駕鶴，導從甚嚴，勞自東曰：「妖魔已盡，吾弟子丹將成矣，吾當來爲證也。」盤旋候明而入，語自東曰：「喜汝道士丹成，今有詩一首，汝可繼和。」詩曰：「三秋稽顙叩真靈，龍虎交時金液成。絳雪既凝身可度，蓬壺頂上彩雲生。」自東詳詩意，曰：「此道士之師。」遂釋劍而禮之。俄而突入，藥鼎爆烈，更無遺在。道士慟哭，自東悔恨自咎而已。二人因以泉滌其鼎器而飲之。自東後更有少容，而適南岳，莫知所止。今段怪物骷髏見在【四】，道士亦莫知所之。

鉅鹿有王氏女，美容儀而家貧，同郡凌生納爲妾。凌妻極妬，嘗俟凌出，使婢縛王擲深谷中。王偶脱而逸去，入他郡爲女道士。作《妾薄命歎》千餘言。一夕見夢於凌，語所苦，且以詩授凌。凌覺，而得其詩於褥前。後凌妻死，王乃得復返。予聞其事甚怪，惜不見其詩。客近有傳示予者，因録之：「罥罥尋坦路，淒風響枯枝。路本羊腸形，折轉多他岐。誤識爲直道，偶陷深蒺藜。密林蔽寒月，清光透妾肌。野鴉徹夜啼，矇鵖笑自悲。

【四】今段怪物骷髏見在　「段」下，《太平廣記》有「莊尚有」三字，是。

雄狐繞妾號，鼫鼠相追隨。獨近虎狼窟，唼吐安可期。妾心豈不懼，仰賴穹蒼垂。少年學彈箏，善鼓《陽春》詞。長年學吹笙，一吹雙鳳儀。中年罹家禍，衆口生嫌疑。主君不及察，逐妾江之碕。昔嘗致幽調，酣歡頗見奇。今忽厲顏色，中道成睽離。群寵好肉食，妾獨甘苦薺。群寵好羅綺，妾獨披素絲。群寵好外交，妾獨嚴門楣。人情惡異己，璠璵摘瑕玼。主君豈不明，妾心洞無欺。彼忍弄盃毒，危機轉斯須。不解覆盃情，謂我爭妍媸。捐棄長三年，剖心無所施。呼天天不言，呼地地不知。獨呼父與母，何用生我爲。羸羸湓草宿，父母呼孶孶。攜手問苦樂，白髮雙涕洟。訓妾母改心，掣手忽失之。村雞已罷韻，林杪流朝曦。凝霜厚膚寸，輾轉寒且飢。飢尚乏糠粃，寒苦滅然萁。振衣恣所適，偶入班姬祠。配享古烈婦，異代同貞姿。吞聲禱元玟，□□相委蛇。老尼推眹兆，端貞諒所宜。神明保終竟，致志毋自衰。出門顧孤影，棣棣何所訾。寒波印宿眸，獨步清淮湄。偶逢驪山嫗，左右兩相鬖。長跽叩休咎，爲我問靈蓍。白茅藉沙上，展册尋良規。上卦乃山嶽，下卦乃澤陂。義文命爲損，剛柔彖爲時。周孔祈神教，示妾懲窒辭。左贈雙瑶簪，右贈雙瓊芝。元醞瀉腰壺，煙霞滿雙卮。一吸洗塵骨，再吸清宿脾。稽首願爲徒，冉冉不能追。極目望空際，俯首致遐思。兀然迷去住，深雲忽四馳。濛濛宿霧生，霏霏雨雪滋。踽踽不自憐，行行何所咨。遥遥玉宇寒，念念懸雙眉。浮浮覆載間，鬱鬱何能支。慷慨復自寬，靜一貴所持。凌晨拾杜若，薄暮搴江蘺。入溪攬蘼芷，陟山采辛夷。滋菊以充佩，幽蘭以薦縭。薰蕙紉高髻，芳蓀結輕綦。芙蓉製裳裙，周旋亦襳襹。臨泉更洗心，湛湛無塵私。願登主君門，含血愬所罹。鄰母憫我冤，爲妾啼橫頤。勸汝須鄭重，枉自獲忸怩。群寵方冶容，寧堪衆嚅唲。引領望危閣，霄漢千重基。十二玉欄杆，飛翬敞桷榱。佳氣鬱繚繞，雙雙峙文鵷。可仰不可即，斂抱空漣洏。宫牆不得入，況望薦黍粢。衣冠不得睹，況望執盃匜。聲響不得聞，況望徵熊羆。仿佛適四野，雊雉飛雄雌。嗷嗷亂烏鵲，狉狉狂鹿麋。緑煙走夜燐，明滅多妖魑。妾心不比石，石破心不劙。妾心不比鐵，鐵蝕心不移。氣噓作長虹，虹消心不劘。淚落凝碧血，血盡心不漓。一心徑方寸，宇宙爲四維。四維今忽張，妾身獨蹈危。人生同百骸，苦樂何倍蓰。誰家擣衣裳，刀尺聞時規。誰家贊中饋，滫瀡鳴金匙。誰家慶兒女，調笑聲嘻嘻。妾長抱窮愁，手足空纍纍。韞伏回文巧，悽悽終對誰。中宵坐長歎，寒露滋淋漓。嘹嚦孤雁聲，聲聲怨離披。聽聽裂肝腸，懊惱成真癡。知生有願果，知彫有碧椅。知方不知圓，大塊徒容伊。自恨恨無聊，抉面如刀劙。軀殼何所用，不如委幽逵。抱石臨深淵，馮夷拒且嗤。攀柯欲雉經，繘斷如人推。持刀忍自剚，刀折空復噫。人求生不得，我求死無資。天地誰云寬，無所容四肢。誰云日月明，往來不照私。雨露未沾潤，誰云澤浩瀰。黄壤委何日，墨墨徒行尸。撫膺發浩歎，仰首見南箕。箕畔列牛女，望望亦何其。天上懸幽恨，人間徒自痍。不寐對明蟾，吟哦薄命詩。字字皆自咎，句句皆自卑。篇篇相思淚，耿耿矢神祇。結束明依歸，處女乃吾師【五】。危坐候大所，素楮

【五】處女乃吾師　「處」，傅校作「庶」。

鋪平墀。纖纖出玉臂，刺血忍號譆。搦管書血字，體勢追樊姬。大義關綱常，國家根平治。不比《長門賦》，首尾祈歡怡。持展跪天讀，神鬼皆於戲。讀罷卷作封，殷勤孰爲貽。嘤嘤留好音，翼短無所裨。斂衽復吟哦，天風爲我吹。百蟲爲我奔，群芳爲我萎。花落春復華，人老無回曦。抱膝一假寐，夢入主君帷。宛爾素昔容，申申弄長髭。拜起泣且訴，問對良孜孜。主君頓然悟，引手强攜提。遂避忽振覺，依然身在兹。形影自相吊，懵懵如蹲鴟。枵然魄與魂，骨立如枯榴。盤盤習故武，兩腓如柔螭。施歸復偃卧，殘骸如囊皮。默默忽回想，人壽無百期。五内忌百感，傷衷不可醫。梳洗整容態，亦自時礪砥。春襭忘憂花，百草時葳蕤。滴露揉麯糵，醖釀成珍醨。和以愛河水，漉以慈竹籭。貯以偕老觥，泛泛浮緑蟻。寄言獻主君，斥之爲村醨。長夜不自愛，摘蒲出瀾漪。結爲合歡扇，奇奇價不貲。寄言獻主君，拋擲供晨炊。初秋履峻石，石中含瑞琦。礱成雙連環，光爛羞琉璃。寄言獻主君，遥途阻逶迤。冬經不斷縷，端緒華纓緌【六】。緯以歲寒綫，製成同心褵。寄言獻主君，願言充纓緌。棄棄不復視，況望收窮羸。達心竟無由，進退惟險陂。安能坐待斃，四海聊猶夷。須女整飆馭，元女揚參旗。□女擎雲蓋，華女執霞麾。弄玉秉長策，青女妙執綏。白虎服右驂，左驂乃蒼螭。前驅奮丹鳥，後擁蛇與龜。靈旛雙招摇，發軔何躨跜。駕言適東瀛，仙姝對奕棋。中有古麻姑，挾我坐以嬉。一枰未勝負，已爛樵斧柯。回輪急西

【六】端緒華纓緌　「纓緌」原闕，今據傳校補。

向，息駕昆侖岬。言登閬風苑【七】，瑶臺皓參差。上坐西王母，温慰亦熙熙。顧呼董雙成，命取素所司。七弦妾對拊，哀音動寒飈。王母不忍聽，泣魄雙交梨。謝歸轉夙駕，丹丘遐且巇。靈妃署南宇，驚問來何遲。褏出古書册，云是《曹娥碑》。始稱節不變，終稱行無虧。檢卷對清誨，飛駕臨元池。北隅苦風色，姑射膚凝脂。攜我展畫玩，宛似秦山庢。卻憶秦山陰，雙鶴虚茅茨。收淚何所往，直到銀河坻。玉女正擲梭，鼓臂不知疲。離恨雖不言，宿淚雙凝頤。顧妾停機杼，指心盟不移。再拜領瓊華，復度白銀漪。題曰廣寒都，宫殿相連瀰。纖阿步鐵板，望舒笑喔咿。羽衣霓裳曲，再奏舞傲傲。姮娥憐妾誠，賜我不死劑。苾苾一刀圭，試嘗甘如飴。無路獻主君，長生敢自蘄。樂極罷觀聽，憶我塤與篪。乘風忽返駕，復履舊園籬。鄰母共相勞，周游諒多禧。顔色羡美好，靈慧失前蚩。聞之頗自慶，整衣獻所齎。到門門不開，拒我聲訑訑。衆犬吠狺狺，群寵隔門闚。依依門外柳，青青牆上苔。摇摇路傍竹，灼灼籬邊葵。采采雙鴛鴦，池塘戲深蘼。相對皆有情，無情獨戾䆮。長號欲奮去，此情終繫縻。薄鳩安鵲巢，屜魚潛鳧茈。彼升此顧沈，物理亦繆紕。古來妾薄命，顛連妾敢辭。主君明且哲，酌水分澠淄。妾味誠不凡，主君當自諳。但願主君心，權衡析毫釐。但願主君身，康寧延福禔。但願主君家，内外敦倫彝。主君衣衾温，妾寒亦自悽。主君常醉飽，妾餒如噬腼。此心質神天，威光赫祁祁。雷霆司忠孝，善人終見毗。忠孝妾有違，龍火尸壇遺。妾情早鑒亮，妙運成和比。唯妾素所恥，巧媚如狐

【七】言登閬風苑　「言」字原闕，今據傅校補。

狸。長舌如鴂鴃，哺啜如鸊鵜。不意今之人，愛此如鶺鴒。徵舒以爲賢，虞姬逐鞭笞。西施侍枕席，共姜流三峗。世路此常態，端貞宜取疵。神明三尺臨，聽愬應訑訑。曾聞尹吉甫，疑蜂殺其兒。投杼踰危牆，曾母豈不慈。楚平放澤畔，容色成黑黧。汨羅終自沈，潔白隨流澌。近世岳將軍，一家遭斧鈹。父子君臣尚如此，賤妾之命如銖錙。又聞二叔煽流言，周公避東陲。三田生内睽，靈荆且自萎。張陳刎頸交，一旦身摧泜。王導痛伯仁，負之撫骸骴。兄弟朋友多若是，賤妾之軀如蛶蚔。五倫自古不除讒，此心但保無傾欹。一朝明再聞貝錦章，嫉讒投豺猗。莊姜不自惜，悲歌送戴嬀。有懷不敢盡，主君須細窺。初稟足倐短，妾心，萬死纏葛藟。太極象元爐，陰陽運神錘。默鍛人與物，雜然各相麗。讒人當自怟。忽憶終南山，秀拔無九嶷。上多靈異草，毛女群相僖。辟世三千年，長髮飄鬖髽。願追與之遊，微情尚罥羈。雙鵲忽遶鳴，顧袂垂蟢蜘。右耳聞天鐘，和薰瞤兩頄。撥火火屢笑，龜夢協休禕。情曲幸剖白，寵愛非所跂。望門泣謝主君義，《黄庭》一卷爲鎡錤。茹英披葉伴毛女，靈漿不竭玻瓈甀。馭風逐侶恣遨遊，羅浮匡廬返峨嵋。人遭逆境須自得，堅白從來誰磷緇。飄然長嘯去復去，清泉白石容乎而？」

新昌令妻亡，倩女工作凶服。中有一婦人，婉麗殊絶，縣令悦而留之，甚見寵愛。後數月，一旦慘悴，言之悽咽。令怪而詰之，曰：「本夫將至，身方遠適，所以悲耳。」令曰：「我在此，誰如我何？第自飲食，無苦也。」後數日求去，止之，不可留，乃以銀盂一枚爲別，謂令曰：「他日相思，以此爲念。」令贈羅四匹。去後恒思之，持銀盂不釋手，每返公衙，即置公衙案上。先是縣某尉者已罷任還鄉，其妻柩尚在縣，遠來迎柩，乃投刺謁令。尉見銀盂，數竊視之。令問其故，對曰：「此是妻棺中物，不知何得至此？」令嗟歎良久，因具言始末，兼論婦人形狀聲音【八】，及留盂贈羅之事。尉憤赧良久，乃使人開棺，見婦人抱羅而卧。尉怒甚，積薪焚之，沈其骨於江。

張師厚，太原人，娶同郡崔氏懿娘爲妻，琴瑟甚諧。生一子，甫期而卒，懿娘念之，因感疾而亦卒。師厚乃更娶白莊劉氏，劉已嫁喪夫，再醮師厚，性實殘刻而妒急，師厚嬖而畏之。爲所禁制，如處女不得浪出。師厚於故妻墓未能忘情，時一往。劉怨且怒，乘間挾健婦往，擊碎其祠堂，又迫師厚發取其骨投之江。師厚歸，夜垂涕屏處。劉怒詬曰：「吾故夫美而俊，簪纓家也。爾何物，鷃弁，爲人奴，乃污瀆我？爾猶悼亡，我獨不念舊耶？」遂大慟，俄而疾作，故夫憑焉，叫呼怒罵，以其背盟而醮也。師厚呼法者張雲老治之，懿娘亦現形於旁，曰：「余實崔氏【九】，爾强以余歸，又棄言焉【一〇】，又毁余祠，沈余骨，胡寧忍之？余不爾貸也！」師厚百拜祈哀乃没，劉亦蘇。秋夕，劉强師厚出游，猶有所畏，呼雲老與之偕。白晝飲酣，艤舟龍灣。劉方曼聲而歌，波心忽砉然而分，一丈夫緑袍乘馬出自水底，劉掩面曰：「法師救我，故夫來矣。」緑袍舒臂丈餘，挽劉入水，雲老法無所施，徒呼「篙師赴救」，及得之岸旁，氣已絶矣。師厚方驚慟，俄黑霧起於船中，有人

【八】兼論婦人形狀聲音　「音」，傅校「旨」。

【九】余實崔氏　「實」原作「安」，據傅校改。

【一〇】又棄言焉　「又」，傅校作「今」。

蓬首被血而立，懿娘也。雲老拔劍跬步而前，劍墜於水，雲老徒手搏之，誤中師厚。相紛拏久之，傔人入視，則師厚殞於拳下矣。時群奴皆目見之，故雲老止坐黥流云。

《夷堅丁志》載太原意娘，正此一事，但以意娘爲王氏，師厚爲從善，又不及劉氏事。案此新奇而怪，全在再娶一節，而洪公不詳知，故復載之，以補《夷堅》之闕。

校勘記

卷二

秦熺之客洛人周浩，卜居西湖，鄰邸有白衣少婦來寓，艷冶而慧。始見猶自匿，稍久，目成心通。叩諸鄰，鄰曰：「汴人李氏，夫死，服將除，方謀再行。」浩厚致媒幣室之，婦能先事中浩意，相得甚歡。歲餘，觀濤於江，見雙鬟女，美出妻右，心慕之。茶肆姥曰：「此女居六和塔，父母亡矣，獨與姨處，方願以樂藝自鬻。」浩捐金數千，方獲焉。始至其家，妻妾順比如篪塤。後忽忿爭，浩諭不可解，至相毆擊，兩怒方厲，黑烟蓬勃出自吻，蔽屋如墨，奇響一聲，烟銷室空，二艷俱失。遣人訪其姨，蕩然砂磧也。浩怪愕，不敢居其居，從傳法寺假僧房徙焉。元日四鼓，欲之秦氏賀，甫出門，陰氣砉然，籠燭隨滅，妻不知從何來，怒罵曰：「無行棄我逃釋，謂終不能近汝耶？」浩罔然不省其妖，隨謝之。婦曰：「我已徙居入城矣。」偕至小宅中，歡飲共宿，明日乃得之望仙橋下，半卧水中，喘息僅屬。掖歸，療治數日乃愈。浩益恐，遷館於秦氏。一夕坐書室，有穴窗者，叱之，隨聲自隙入，妾也。鉛丹不施，雙鬟紛披，而態度愈明艷。倚浩嬌怨曰：「主母妒悍，正藉君主張，乃懦不能令，使我至此。且彼非人，乃死老魅，君何爲惑之？」浩亦迷罔不省，留共寢。妾挽出游，偕飲中瓦酒家，聞寺鐘而寤，身乃在後圃池中，污泥滿耳鼻。秦氏呼一道士制之，不驗。乃使四卒夜番守之。浩雖不得出，而二女間夜至，或憑浩言，云云叫呼。熺厭之，使他客送往建康。道遇時中，時中曰：「是水族之怪也。鱉爲白衣，穴西湖。獺爲少女，窟於江。弗速拯，將死於溺矣。」爲檄江湖神，俾縶二物，曰：「法不許殺也。」初，周浩在西京，困不自聊。有洛瀕一作瀨老翁夜聞洛中溺鬼相謂：翌日欲取白衣士自代，其衣下穿而姓周。翁旦而待。日中而浩至，姓狀、衣袂如鬼語，力挽駐之乃脱，至此又復遇水魅云。

或曰：「人靈於萬物，人不能神，禽獸昆蟲惡能神？又惡能魅？人凡言魅者，其寓歟？」余曰：「凡人形盡則死，死爲鬼，鬼而能有知者，不待聖與智，彼其形亡而神存故也。至神則能神神，又能神形。自神而形，謂之通；自形而神，謂之定。定則慧，通則空矣。空則彌漫八極，而無所不至，故能運天地、化萬物，生亦神、死亦神。生有不神者，自窒之也，實其所以空者，而無以受故也。惟萬物則不然，故死不能神。而生或神，死不神者，氣偏、業縈、理悖，無以神神也。生或神者，壽也。今夫人大齊不踰百，而物不殄不死，不死則或靈矣。世有爲長生術者，言理則未窮，言性則未盡，言覺則非正，久而仙，能化、能幻、能前知。物之魅者，久也，老壽也，猶人之仙也，然亦豈數數然見哉。夫物之魅人者，必以淫，淫者，其自魅也久矣，已魅而物之魅類至矣，何寓言之有！」

臨安府胥時安禮性陰賊險猾，因與傳法寺僧有故怨。安禮夜出，察邏卒至寺傍，僧方炊餅餌爲斛供，烟氣湧起，遽突闢入，誣以遺火，悉捕知事僧寘獄，將加重刑。有大璫鄰居，不平之，宣言欲入奏，乃得釋，然猶有被杖者，僧不勝痛憤而死。未幾，安禮在使廳，指畫文書，忽仆地殞，七竅皆流血。安禮家金帛山積，粉黛列屋，平時惟以刻虐中尹意，比其死也，復以子代從事。或勸其子：「爾父多冤陷，盍稍爲冥福？且彼積錢甚富，用之卒未既也。」子曰：「彼爲時安禮，我爲時某。曩世，時安禮負時某財，今積以償，鐵枷鐵棓，聽安禮自受之，時某無預也。」聞者爲之一笑。

善應尼，余往在鹽官看姊見之，狀貌寢陋，意憒然村嫗耳。洎時出危言，迺有脱洒起人意者，頗疑之，亦未信其能定慧也。後攜數百錢券來，托以市米。余曰：「米非余事，亦非爾事也。」應曰：「誠然，我未知君爾。」持去，屬之魯文之。歲在戊子，哭魯憲於嘉禾。晚行其園中，小菴有出揖者，應也曰：「曩歲糶資在是，今欲買牒與侍童，待之既累日矣。」冬杪，聞魯氏婢有盜帑帛者，妄連其童，尉捕之。應曰：「童何知？我乃得盜狀：盜天地之和，盜日月之明，盜衣食於桑、麻、穀、粟，盜資用於水、火、木、金、土，盜骨肉精血於父母。人孰非盜，而獨此婢耶？」尉曰：「然則，若所自有者何也？」應曰：「性也。吾與官同，亦與群卒同，亦與盜婢同。知本有之性，則前所謂盜者，亦皆吾性之有，而非真盜矣。」群卒不解其言，謂侮己，怒虐之甚苦，至焚艾火熏灼。應曰：「此非我也，我出空劫前，入空劫後，諸佛慧眼且不能窺，而況汝曹邪！」卒暴不得施，乃解縱之。明年三月旦日，侍童夜叩魯僉門，曰：「吾師亡矣。」魯視之，儼然坐脱，猶意其故設意爲之，移寘他榻，坐愈堅强，面淡紅色。翌日闍維，舍利洋溢，烟所洎林莽，皆垂五色雜珠有光，始知其有隱德云。

嘉定戊寅冬，廣西諸司奏知欽州林千之食人事。始千之得末疾，有道人教以童男女肉强人筋骨，遂捕境内男女十二三歲，腊而食之，謂之地雞、地鴨。其家小婢妾被食甚衆，又以厚賄使卒掠人。虚市間民稍知之，皆深閉不敢出，卒無以應命。乃走其鄰横州，伏莽中掠過者。横州民呼爲紅衣人，意其盜也。告州捕得，卒言其情。監司上諸朝，既而獄久不決，又使大理評事孫涇往全州置獄勘之，遷延歲餘。千之竟從輕典，僅追毁除籍，配吉陽牢城而已。既而言者論涇罪，涇罷去。

嘉定癸未秋，余在郡治客次中，與嘉興趙丞、德清劉簿偕坐。劉言德清先某宰，以最入監左帑，疽發背之左，其鄉貴使瘍醫治之，既愈矣。未幾，復發於右，召醫，十往返，不肯來。鄉貴强之，醫不得已，乃言曰：「某間左藏召，始勇欲往，晝假寐，夢兩吏呼至幽府，金紫人坐堂上，厲聲曰：『某人治德清，故出大辟，使逸天罰，案罪當以疽死，爾前爲傅藥愈之，已違天意。今勿復往，往則罪且併及。』」亡何，左藏果殂。嗚呼！故出且爾，故入當奈何？蒞官行法，其可一毫容心哉！趙丞亦言：「某官寓湖之空相寺，其人以嚴暴自喜。得疾，卧榻上，作呼囚聲，而自膺之。又云訊若干，則號呼痛楚，兩股杖痕如織，日日如是，而不得速死，後不知如何。」姓名昔具聞之，而今忘矣。

秦檜專柄時，雅州守奉生日物甚富，爲椽燭百餘範，精金爲之心，而外灌花蠟，他物稱是。使衙前某與卒十輩持走都下。至鄂州之三山，遇暴雨，休於道傍草舍。主人，書生也，窶甚，方冬猶絺葛，卧牛衣中，蹙然曰：「雨甚，日向暮，屋漏不可居，恐敗官物，去此荒徑里許，客舍甚整，盍往憩？」衆俾導以往，至則果有民居焉。其人姓魚氏，見客喜出迎，燂湯治飯，問所以來。婦側聞之，摘語其夫：「此持太師壽禮，必厚賫，可圖也。」夫曰：「吾寧能敵十夫哉？」婦解囊示之，蓋婦能貨藥，常爲淫尼蕩女輩殺子【一】，故蓄毒甚多。遂取殺鼠藥和諸毒併寘酒中，而飲之。中夜藥發，皆昏然不知人，獨衙前者飲少，不能毒。魚運斤擊之，十卒併命。他物悉藏瘞，獨不知燭中有金，不甚惜，姑置榻下。會生納婦，以兩炬與之。生持歸，堅不可燃，刮視而金見，遂數數乞燭於魚。魚疑焉，取餘燭視之，始大悔懼。夜誘書生夫婦，殺之。徙居漢陽，爲米商。小人驟得志，買婢以居。妻曰：「致爾富，我之謀也。今疏我耶？我且告之。」魚内不樂，又家持珠花與倡。倡始疑其惷而富，及得花葉，下有雅守姓名，以示他客。客告倡持告之郡，遂夫婦皆磔於市。

檜方盛，四方賂獻山積，金不足道；又必窮索異寶，皆尚方所無。若雅守之金燭，又不足爲遼東豕，直芹萍耳。

女伶陳嘉慶居後市街之東，夜獨寢，夢有人黑而長，緇衣素裳，俯瞰其榻，曰：「元司法有約，不可不往。」嘉慶欲呼母與婢，而聲不得出，乃應之曰：「今已午夜矣，無人荷轎，

【一】常爲淫尼蕩女輩殺子　「子」，傅校作「鼠」。

不可去也。我未省識元司法，縱可去，亦不汝從。汝來不由户，豈非鬼乎？」其人曰：「肩輿在門外矣。夜深不須治鉛黛，睡妝故自佳。」以手中扇揮之，嘉慶覺身不自制，從牖中出。至門，果有肩輿，二人負之，乘空行至清冷橋下。見一士出迎，升樓，皙而多髯，疏俊人也，留飲款昵。既曉，復以轎送之歸。既寤，以語其母，猶謂偶然。明日他客來，方舉杯，忽冥然坐寐，其鼾如雷，呼挽皆不醒，客怒而去。逮曉乃寤，則夢遊也，自是每夕皆然。嘗從元司法求釵珥、香扇之類，皆在枕傍。嘉慶視元頗當其意，亦樂之。謂姥：「豈真有是人，能此於夢乎？彼非無資者，倘能身相從，賢於夢魂遠矣！」姥求之清冷橋，果有赴調元司法，肖貌皆如女所言。屏人密問之，謝無有。又數月，嘉慶不復夢，視元則已歸。他日遇諸塗，則目逆而笑。不知元生以術致之耶，抑偶然也？

紹興初，北客陳監倉寓邵武軍，筓女曰淑，美而慧，富子劉生欲娶之。劉父母以陳窶而挾官，恐侵其資，不許。陳亡，女不能自存，嫁同巷民黄生。黄母以罪繫，家罄於吏，炊弗屬，使淑質衣於市。過劉氏肆，劉子見之，喜呼入飲之，還其衣，予之千錢。他日復來，又益予之，寖挑謔及亂。淑歸，視夫如讎，夫疑焉。偵而知其數過劉也，僞弗聞者，使淑厚要於劉，獲既審其實，然後詬淑曰【二】：「我雖極貧，義不食汚，當執汝詣郡。婦姦，法不得用蔭免也。」淑恨怒，飲夫醉，殺而析其骸，寘甕中。鄰有聞者，捕淑赴官。劉生知女爲己累，夜逸，邏者得之，黥隸澧州。淑坐殺夫支解，入不道，以淩遲論。刑有日矣，獄卒謝

【二】然後詬淑曰　「後」，傅校作「夜」。

德悦其貌，夜率同牢卒負而出諸垣，與俱竄至興國某山李氏邸舍中。李盗槖也，察其必竊而逃者，率家人持兵，紿以追至。德恐，穴壁遁去，淑爲李生所得，詭言江州籍妓，不堪官役，故從尉曹射士。李妻悍，不以歸，寘諸酒肆中。李蓄毒、殺人、掠財，淑久亦益習爲之。謝德既脱去，爲醫，褐衣以藥游荆鄂，又三四年而返。由故道，飲李氏酒肆。李生已忘其爲德，而淑懷德恩未替也。瞰無人焉，急走，謂德：「僞醉卧於此，我復從君去。」德如其言。夜淑堇酒，飲李及兩童婢，皆僵仆。呼德使就殺之，席捲肆中所有，與德西上適襄陽。李氏家人來，見屍縱横，獨意李生視盗侶不謹，爲所怒戕，不知淑實爲之也。先是劉生既配流於澧，以賄免，不敢歸，往襄陽依其舅崔觀察。崔亦盗巨擘，以俠雄一方，暮年革故態，多爲邸店自給。有邸在闤闠中，使劉生主之。德來，適入其舍，劉大驚，密以叩淑，淑率言之。劉欲執告德，而恐淑并誅，乃僞善視之。月餘，攜德出城飲，以鐵擊其腦，推置檀溪中，復納淑而室之。亡何，劉父嘗得放停牒，呼使歸。崔以一赤馬、一奴送劉，至興國，遣舅家奴去，乃迎淑，翦其髪，衣以緇衣，賂尼寺而匿之。劉未至興國十里，夜宿袁八店。袁窺見槖中物，殺之。劉父以子失歸期，走價質之崔。崔曰：「某日遣行，既累月矣。」劉父驚疑，自走襄陽訪之。崔之妻，其妹也，姑諱日設齋尼寺中，挽使偕行。劉父見淑，大驚曰：「是吾鄉殺夫者，當極刑！累吾子，使黥。今胡爲在是，其可乎【三】！」乃械以陳邑，淑竟論死。嘻！異哉。

【三】其可乎　「可」下，傳校增「使逸」二字。

襄陽主簿張有新娶妻，美而妒。有疾，將如廁，而難獨行，欲與侍婢俱，妻不可。有至廁，於垣穴中見人背坐，色黑且壯，有以爲役夫，不之怪也。頃之，此人回顧，深目巨鼻，虎口烏爪，謂有：「盍與予鞋？」有驚，未及應。怪自穴引手直取其鞋，口咀之，鞋中血見，如食肉狀，遂盡之。有恐，奔告其妻，且尤之曰：「我如廁須一婢相送，爾適固拒，果遇妖怪。」婦猶不信，乃同觀之。有坐廁，怪又見，奪餘一鞋咀之。妻恐，扶有還。他日，有至後院，怪又見，語有：「吾歸爾鞋。」因投其鞋。有懼，不敢拾，因倉皇返舍，以怖成痼疾而卒。

高密王尃，少美丰彩。嘗日晚倚門，見一婦人從西來將入郭，姿色殊絶，年可十八九。明日出門，又見之，如此數四，日暮輒來。王戲問之曰：「家在何處，暮來此？」女笑曰：「兒家近在南崗，有事須至郭耳。」王試挑之，女遂欣然，因留宿，甚相親狎，明旦辭去。數夜輒一來，後乃夜夜來宿。王謂女曰：「家既近，許相過否？」答曰：「家甚陋，不堪延客，且與亡兄遺女同居，不能無嫌疑耳。」王遂信之，寵念轉密。左右一婢亦有美貌，常以自隨其後，雖在晝日亦復不去。王問曰：「兄女得無相望乎？」答曰：「何須强預他事如此！」後一夜來，色甚不悦，啼泣而已。王問之，曰：「兒本前高密令女，卒殯於此。今家迎喪，明日當去。」王既愛念，不復嫌忌，乃便悲惋。問明日當至何時，曰：「日暮耳。」明日臨别，女以一金縷玉杯及玉環一雙留贈，王以繡衣答之，揮淚而别。王於南崗視之，果有迎喪，發櫬，女顔色不變，粉黛如故。見繡衣一篋在棺中，而失其所佩玉環及金杯。家人方覺有異，王乃前具陳之，兼示之玉環與杯，皆捧之悲泣。曰：「女先嫁爲任氏妻，任無行見薄，父母憐念，呼令歸而死。」因問曰：「兒女是誰？」曰：「家中二郎女，十歲病死，亦殯其傍。」婢亦帳中木人也，其貌正與從者相似。王乃臨柩悲泣而别，左右皆傷感。後念之，遂恍惚成疾，久乃方愈，然每思輒忘寢食也。

沈翁者，天目人，名竇家，饒於財，有邸舍數間，納四方過旅。大雪中，一人衣青褐衣投宿，曰：「吾前途值盜，囊資皆罄盡，幸翁憐之。」翁具飯，酌之酒，且曰：「天雨雪，君衣薄甚，得無寒乎？」更爲具衣，然火。明日客辭行，復與錢數貫，客曰：「蒙翁厚德，無以報。觀翁色若有不豫然者，其曷故哉？」翁曰：「某老年惟一女，今爲祟侵，卧床榻耳。遍謁高巫，皆不能禁，故常憂戚。」客曰：「此吾素所習也。」乃爲之結壇，禹步，驅其祟，女疾遂愈。翁感其意，留一日乃去。他日客復來，則戎裝乘馬，持銀笴槍，從卒負胡床、叵羅，威容甚武。曰：「吾有職於嶽，爲統兵助法，將從爲天心法者捕鬼。翁遇吾厚，故欲翁知之。」竇拜起，烟霧蓊然而失，淳熙間事。

中瓦術者楊二官人，遊群璫門，依之爲課息，故以貲稱。一日，有紫袍者以千錢求筮，曰：「吾妹隸慈福宫，所儲不下萬緡，欲祈某璫取之，筮吉凶云何？」楊曰：「卦得《同人》之九三，其象健，以明有人同焉。然『伏戎於莽』，財雖有之，而必以詐乃可得也。」自是屢不一占，占必千錢。間與楊共飲，嬉游相樂。又數日，言：「吾妹已出宮，囊中所攜金珠過萬，君語無毫髮差，可謂通神！」遺以錢幣三千，曰：「是猶未足爲君謝也。」居一二日，復邀出飲，語之曰：「吾妹欲求偶，彼囊中雖富，而年過四十，慮娶者難之。妹欲自見君，以媒爲托。」楊忻然許之。明日晡後，兩傔以金合至【四】，其中皆名鯖、異饌、佳果，及鬃器、金卮，信如禁中物。婦人乘肩舁，金翠耀目，紫袍踵其後。楊呼妻女延之，盡出其家白金觴斝相酬酢。夜漸向闌，啓黄封酒，婦自歌以飲，楊及其家，下至女奴，皆徧酌之。酒下咽，楊見其妻昏然而蹶。須臾，舉室闌干僵仆，方趨掖之，而己亦然。紫袍先命其妹升車，取布囊，盡掩席間所有，及其妻女首飾，計所直已千餘緡。笑謂楊曰：「以詐得財，信而有證。然以相予之厚【五】，樓上箱篋皆不發取，君自善視之。」方是時，楊心目了然，獨口不能言，身不能運耳。明日，藥氣既消，皆無恙。楊平時以智巧自負，慮貽笑群貂，不敢聲於賊曹，密與求盜輩跡，其人不復再見。

【四】兩傔以金合至　「金」，傅校作「朱」。

【五】然以相予之厚　「予」，傅校作「與」。

卷三

吴江縣之北，聚落曰衡浦。民白晝見黄衣卒來逮捕，曰：「官唤汝，治殺人事。」民自念未嘗殺人，拒之，不可；禱之，不聽。遽前捽其胸，回視，身仆牀上，方知已死，乃哀叩之問：「何事？」卒曰：「丈人訟汝殺妻，冥府不可欺，宜以實對。」洎至官曹，髯官據案坐，皂衣隸雁鶩行立【一】，呼民來前，取婦翁訟牘示之。民不識字，吏爲之讀，言：「嘗殺三妻，最後者，己女也。」民曰：「三妻誠有之，然死非殺也。」官曰：「果何如當直言，此非讕漫所也。」民言：「長者以瘵亡，次以蠱脹亡，三當丁亥水災，廬舍漂没，無所得食，死於餒耳。」民有子，六七歲母亡，復繼死【二】。官又問：「汝子何由死？」民曰：「亦以飢疾，問可知也。」吏引三妻洎子至官，三問之，如民言，乃大怒，曰：「老物以死誣人，當反坐！」索大械拲婦翁，兩鬼曳往獄中，遣民歸。過廡下，有青衣人坐誦經，呼曰：「若憶我乎？」民識其比鄰錢道人，以焚死矣。視其臏足有焦灼痕，而其傍金幣山積。錢曰：「平生誦《金剛般若經》，藉經力不墮惡道，然口其文而心有他屬，又不解義趣，故雖富足而不能超昇。」民曰：「若然，何爲死於火？」錢曰：「方春溉田，必取淤泥糞之，殺蠃蚌多矣，不能無及此乎？豈特以火死，今猶兩股日被焚灼，但藉經，故痛似可忍，又須臾即休。不

校勘記

【一】皂衣隸雁鶩行立　「隸」，傅校作「吏」。

【二】復繼死　「復」，傅校作「後」。

然，殺生以一償一，業果不可量也！」又轉曲廊，列巨釜煮湯，沸湧數尺。卒漉取析骸鋪板木上，水噀皆起成人，可認者三四人，皆里屠也。相對號泣，言：「殺業不可追悔，盍語各家爲造經像？」又少進，空庭中縶者甚衆，鄰有兼併善訟伯里者，亦在縶中。與語，莫不應，形狀亦不大了了。疑而叩諸吏，吏曰：「是未死，獨一魂先縶此，他日壽盡，乃案罪耳。」出門聞哭聲，蓋已死再宿，心尚暖，故未之斂，猛即其屍遂活。

蘇文忠公言：儋耳處子死，所見皆儋耳鬼。今此民亦徒見吴江近里死者，豈一方各有治鬼事者耶？自民之生已二三年，鄰之縶者尚存，其豪狡如故。

紹定己丑三月二十八日，臨安天慶館客道士青陽某坐逝，丹稜人。常默坐雲堂，不肯出醮祭，亦不歷闤闠中。先一日，語所善者曰：「明日午時，天大雷風，汝觀中驚出一佛。」其人笑曰：「汝道士，乃談佛乎？」至期，果澍雨、大震電，視青陽已坐脱矣。手持一紙卷，有偈曰：「雷聲霹靂，撒手便行。蹤跡混融，萬法皆空。」黄冠能坐脱，不惟未嘗見之，亦前未之聞也。

廬山歸宗寺往年有偉丈夫，脩目美髯，語音如鐘，白氅烏帽。謂主客僧曰：「販米來此，觸熱不可歸，欲借一函席度夏。」僧拒之，曰：「僧俗不錯居，況寺亦無閒屋，叢林事矩矱，不與房居等也。空山荒寂，客安寧此哉【三】？」客曰：「我非求安者。於選佛場側得數尺地，可閲《華嚴》足矣。梵宇如許，不能容一老優婆塞耶？」僧不得拒，以白主僧。主

【三】客安寧此哉　「安寧」，傅校作「寧安」。

僧異其人，許之。客坐夏九十日，清苦過諸比丘，日誦《華嚴》一卷。安居竟，乃辭去。語主僧曰：「吾家廣德軍西門外，姓張氏，家足穀，他日或廩不繼，幸使一化主來。」來歲，寺以歉不入，如其言訪之，行西門外，覓富人張氏，了不可得。寄錫光孝寺，叩主僧。主僧噫嘻曰：「豈非吾郡張王乎？」偕入寺，視後殿偶像，信向客也，焫薌祝之，而夜夢王來【四】，授以治眼方，曰：「吾郡人且苦目疾，師宜留此，以藥施人，勿取直，人自當歲有所酬。」既而滿郡皆目眚，廣德人恃王爲命，日禱祠下。王復夢之曰：「光孝廬山僧施藥甚神，無以吾爲也。」人就僧乞藥，應手如掃，爭願奉施，僧得錢數百萬以歸。自是歸宗歲遣化廣德，而施者不厭也。寺刻木像王於僧堂之左，以五戒蒞香火，日易《華嚴》一卷。余所識禪僧行楷偏參至歸宗，見寺僧有口吻歃不正者，意其風淫，欲予之藥。僧曰：「非疾【五】。往未削髮時，蒞事張王祠，嘗適市，得彘肉，不能忍饞，歸易《華嚴》，即罔不自知。去臥寮中，見李太尉持撾立其側，自知犯王所禁，心歉焉。神舉手一指，口隨指傾側。今弗之療，以識吾過。」

李太尉者，吾鄉里人，死水而能神，相傳事張王。張王所至，塑之祠下，今封爲威濟侯云。

廬山天池峰絶高，曼殊室利菩薩道場也。夜夜有聖燈來供之。楷禪登山，夜見一燈，自淮山飛來，須臾變而爲七，七變而爲四十九，又爲百千萬億不可説，彌山徧谷。已乃聯

【四】而夜夢王來　「而」下，傅校增「退」字，屬上亦通。

【五】非疾　「疾」下，傅校增「也」字。

比相屬，有如繡毬者、數珠者、華蓋者、香爐者。一官人，號木强，詆之曰：「此妖耳。不然，則木石光焰能飛集吾手，乃信其神。」言未脱口，一燈飛來左肱上，紅焰赫然而不熱。摘取之，封寘香奩中。明日啓視，止木葉一片耳。淮山蓋四祖、五祖道場，亦夜有燈垂塔前松楸上，天池燈間亦飛渡江供之。予叩之友禪人，其説不異。

嗣清禪師，上饒人，水菴一糙之子，知見明白，叢林歸重，平生無貴賤皆平揖之。不蓄衣囊，不食常住，不侑客食，不過中食，不衣羅紈，不與人談世諦。當諸老向盡，獨荷擔大法。安參政帥湖南，迎致大潙山。舊主者積錢七百萬，清盡散之。游僧及近山窮民，知事僧群諫，師曰：「斂之於彼，歸之於彼，奚爲不可？佛法中，僧乃當蓄財耶？」有夢覺堂者，安公鄉人，自蜀來見，幕客及子侄交譽之。安公不勝衆論，使覺來爲代。師出，寓邸舍，覺遣侍者以狀邀飯。師書其尾曰：「已非潙山僧，不喫潙山飯。不過兩旬餘，岳州卻相見。」不盈月，副寺與勤舊僧爭忿，蹴其脇，立死，行者殺火工，斷其首而逸，覺以累入獄。時安公已去，漕使攝郡事，素惡覺，不待獄，竟編置於岳陽，如師言。其他預記者甚衆，師不自神也。年八十餘，順世於育王，設利如金色珠【六】，彌滿林谷，異香經月不散【七】。

寶慶丁亥七月十一夜四更，大風起西南，雨如注，屋瓦皆飛。一時頃，風從東北回射，天地震摇，平地水長數尺，百年之木發拔無遺，民居不以高下，毁八九，死於水中者不可勝

【六】設利如金色珠　「設」，傳校作「舍」。

【七】異香經月不散　「經」，傳校作「竟」。

計，岸滸屍如積。是年既無年，餓死者益多。明年春大疫，比屋相枕藉。嘉興、平江、安吉三郡尤甚。被其毒，户減十五六。烹魚者率從腹中得人指髮。群從往平江，買鯉於市，剖之，得人耳，猶懸金璫。富民子見流民餓婦龐白皙【八】，持粟數斗，畀其夫而納之。食以粥，兩日而後能視。夜見天神叱之曰：「此婦當殍死，奈何强食之？不速遣女，貽汝家禍！」富子不忍。翌日，神復見，怒曰：「弗去，將併疫矣！」俄而，婦病亟，屏之出門，即死。

魯鋒制幹以事如杭都，晝卧客舍，回視壁有罅騞然開，闖而視之，人居也。堊壁朱户，美婦褰簾出，與客語，如素識，以真珠花畀之，曰：「持此歸，謹藏之，他時相遇，合徵此爲信。」魯愕然，復視壁無纖隙，花故在手，乃一旱蓮草，已枯萎矣。還家即病，病中視草，復爲珠花，病急猶不忍釋手，遂殂。將魯垂死而妄見耶，抑有奇鬼攝之，惜無人問其所遇詳究者。

雪城之南諸野寺，千金無爲最雄盛，有房居僧幾二百人，良田千餘頃，相傳王衍捨宅。余嘗爲諸僧言：「王衍，琅琊人，乃今沂州，去雪數千里。衍平生歷官亦不到江南，不應有宅於此。且衍亡晉而毁節於趙，正使其人尚在，乃義士所唾，真猶不足貴；况必不然，無妄攀援，貽識者笑。」群僧多不悦余之言。戊子冬，毁於大火。雨中烈焰自浴室起，瞬息灰燼，尺木不存。先是，有人夢入寺，見兩廡皆大鬼，深目巨喙，甲而豹襜，各執其物，如

【八】富民子見流民餓婦龐白皙　「龐」，傅校作「且」。

有所伺。老僧金襴、僧伽梨自殿飛空去，鬼皆合掌加額。一神紅袍金冠從外來，丱女持絳旛從其後，神以鞭指呼群鬼繞寺而旋。或牽赤騾至，神乘以行，鬼譟而從之。其人寤，譟聲猶在耳也。凡寺居僧無有持戒律【九】，愈富則愈造惡業，蓋聖僧去之，神乃加爇焉。

里有屠牛者，以賤得牛，喜甚。醉歸臥，使婦飼牛，牛仰視曰：「欲殺我當亟殺，何以食爲？」婦驚而屠至，以牛言告。屠即牛而默然，怒婦紿而批其頰。婦復往罵牛曰：「坐汝故而被笞，汝適言而今默，何也？」牛曰：「吾，汝翁也，坐屠牛故，爲牛以受屠。吾兒業於是，婦與孫食焉，聞吾言，或能廢屠，是我奪吾兒及婦孫食焉，故寧死不言。」婦曰：「若然，何爲爲我言？」曰：「使汝知，必報耳。」婦畏屠悍，終不敢復向屠道牛語【一〇】，夜遂殺牛。婦不肯食牛肉，其夫復問其故，具以告語傳之屠，屠猶不爲改。

屠之頑無足道也，牛易世矣，猶爲子孫計耶？嗚呼！虐取之、掊斂之、深藏之、今之牛比屋也，操是一念以往，豈特一爲牛而已哉！

老子見推於仲尼，蓋亦聖人也。其道本以清淨無爲爲宗，衣冠喪祭與齊民同。老子之子曰宗，蓋有妻妾矣，而又嘗仕周，其在四民之中，亦士耳，特所尚者不同，非於儒之外別有教也。秦漢之言神仙者，其繁如蝟毛，未嘗稱老子，況於三清、十極之説哉！祭醮符籙始於張陵，成於寇謙之，惡其無所本，始迺自托於老子，以神其書，實於老子不相干。《老子》書言有道之國「其鬼不神」，其肯設爲三官九府，仙官將吏以罔民耶？　蔿亡一門，

【九】凡寺居僧無有持戒律　「寺」原作「星」，據傅校改。

【一〇】終不敢復向屠道牛語　「向」，傅校作「爲」。

不在洞元、洞神、洞真之科，最爲後出，模寫釋氏而不克肖。以佛本不言薦亡，後人設爲之，已自背本教，道士見其利入之厚，因而傚焉，蓋又張、寇二師所不道也。

余姻家魯提刑捐館，其子德清知縣繼亡，子舍先作黄籙醮，招蜀人苟生爲高功。苟非黄冠，特以法自名，一凡民也。召魂之夕，旛重垂至地，奏章時，鶴二十餘盤旋壇上，衆駭焉。已醮，提刑冢嗣餘杭宰夢其父來，如平生，而面愠色。拱立叩所以，良久曰：「我死，家乃遽無長幼序耶？子先而父後，禮歟？」驚而寤，省所夢，泣曰：「必爲黄籙故也。」亟營之，復以命苟，鶴來尤多。

余嘗觀丁謂、陳彭年輩爲天書事，每一行禮，必以鶴。奏成，至數千鶴。東封時，無日無之，故人呼謂「鶴相」。謂必能妖術，不然，其徒中亦當有善此者。至王老仔、林靈素輩，真挾左道，不足怪也。余家藏道家法書甚多，有所謂墜旛咒訣，蓋亦幻惑。魯君之夢，特其心不自安爲之耳。

崇寧末年，大閹郝隨之女爲鬼所魅。始見偉男子如將家，自稱舍人，來相挑謔。遂迷罔失常，號呼笑歌，聲及廣陌，或奮梃欲出，十餘人不能制。隨召京師名道士治之。一夕失女，偏城内外杳不可尋。月餘，忽在閨中，灑然無恙。問所見，女曰：始吾家呼法師來，舍人曰：「吾力出漢天師上，是何爲者？」既而見神兵四合，乃嘯呼其徒，至者千餘人，亦皆衽金執鋭，列陣相望。聞呼其名，蓋多近時戰死將校及赴市强囚也。鬼有韓將軍者，前白舍人曰：「彼軍雖不吾敵，然舍人本爲行樂計，是家一不得志必再，天下之言法者，何可勝計，舍人寧能盡勝之？ 奈何以此爲戰地耶？ 舍人當先以夫人歸，我力戰，必勝而後反，彼軍縱有脱者，已不知夫人處矣。」舍人撫其背曰：「得良偶，君之功也！」舍人先與女馳去，韓軍於郝之門，神兵憚韓在後，果不敢追。舍人偕女入一廢祠，旋化爲城郭，臺觀池籞，侈麗不可名。 韓將軍以捷歸，獻俘受賞，如人間軍禮。居數日，舍人曰：「吾得美妻，不可不與姻鄰爲禮【一一】，合肆筵召客。」客至數人，有緑袍年少，方二十餘，美風度，遷坐近女，諦視之曰：「郝太尉女耶？」中貴人傚宫禁塗澤，固加於市人一等矣。中飲，舉酒酌舍人，大言曰：「吾與公爲兄弟，休戚無一不同，今暫易室，可乎？」舍人艴然曰：「吾與公爲兄弟，世乃有以婦爲戲者耶？」緑袍曰：「吾誠欲之，何戲之有？ 不吾與，即力爭耳。」推案而起，寶玉杯盤皆碎於地【一二】，舍人奮然逐之，緑袍戟手去。居一二日，聞金鼓聲遍山谷，甲騎數千譟於城下，舍人帥師御之，交綏而退。緑袍爲七寨環城，矢石下如雨。 韓將軍晝夜拒戰，互有勝負，如是者十餘日。舍人軍事良苦，無得歡悰，韓將軍曰：「賊糧且絶，不能久，請深壁毋戰，俟其飢疲而擊之，我以奇兵邀其後，蔑不勝矣。」會諜報德安公、祆廟石王等助賊兵，而資以糧，兵來晝夜不絶。舍人謂女曰：「吾將家兵關西，復來戰此，自邠州靈應以西，皆吾與也，欲偕行，恐飛戈流矢不可測，汝還郝氏，澄心正念，求能楞嚴神咒者而學之，百鬼不敢近。不然，瞰吾去，或能禍汝。」乃自燔其

【一一】不可不與姻鄰　「姻」，傳校作「婚」。

【一二】寶玉杯盤皆碎於地　「盤」，傳校作「盂」。

營，潰圍出，送女至閩而去。」女既得反，遂爲比丘尼，不知此曹鬼耶，神耶【一三】？殊未可測也。

【一三】神耶　「耶」字原無，今據傅校補。

卷四

處士盧仲海與從叔纘客于吴。夜就主人飲，歡甚，大醉，群賓皆散，而纘大吐，甚困，更深無救者，獨仲海侍之。仲海性孝友，悉篋中藥物以護之。半夜纘亡，仲海悲惶，伺其心尚暖。計無所出，忽思《禮》有招魂望反之文。又先是，有方士説招魂之驗，乃大呼纘名，連聲不息，忽蘇而能言，曰：「賴爾救我。」即問其狀，答曰：「我向被數吏引，言郎中遣邀，問其名，乃稱尹。逡巡至宅，門闕甚峻，車馬極盛，引入，尹迎勞曰：『飲適奉迎耳。』乃延入竹亭，亭中皆朱紫。相揖而坐，左右進酒，杯盤羅列，妓樂雲集，我意且洽，都不思行李之事。中宴忽聞爾唤聲，衆樂齊奏，心神已眩，爵行無數，我殆忘之。俄頃，又聞爾唤聲且悲，我心惻然，如是數四，請辭。主人苦留，我告以家中有急，主人暫放我來，當或繼授我職事。我向已虚諾，及到此，方知是死。若不呼我，都忘身在此，我殆去也，宛然如夢。今但畏再命，爲之奈何？」仲海曰：「情之至隱，復何可行，前事既驗，當復執意耳。」因焚香誦咒以備之。言語之際，忽然又殁。仲海又呼之，聲且哀厲急切，直至欲明方蘇，曰：「還賴爾唤聲，我向復飲至酣暢，坐寮徑醉，主人方敕文牒，授我職。聞爾唤聲哀厲，依前惻怛，主人訝我不怡，我又暫乞歸再三，主人笑曰：『大奇。』遂放我來，今去留未訣【一】。雞鳴將興，陰陽向息，又聞鬼神不越疆，吾與爾逃之，可乎？」仲海曰：「上計也。」即具舟，倍道併行而愈。

太原王垂與盧收友善，嘗乘舟商於淮浙。至石門驛旁，見一婦人立樹下，容色殊麗，負一錦囊，乃弭棹伺之。婦人果問曰：「船何適，可容寄載否？妾夫病在嘉興，今欲看之，足痛不能行。」二人曰諾，遂攜囊而上，居船之首。垂善鼓琴，以琴挑之，婦人粲然，既而稍親合【二】。其語諧慧，辨不可言，是夕與垂會船前，收竊歎慕。夜深，收探囊中物視之，滿囊骷髏耳。收大駭，知是鬼矣，而無因達垂。既而天明，婦人暫登厓，收告垂，大懾曰【三】：「計將安出？」收曰：「宜伏簀下。」如其言。頃間婦人來，問王垂安在，收紿之曰：「適上岸矣。」婦人乃委收而追垂。於是棄囊於岸，併棹倍行，數十里外，不見來。夜藏船闊處。半夜，婦人直至船中，婦人頭白，面有血腥，穢不可言。乃拽垂頭咬垂。二人因大呼，衆船皆助【四】，遂失婦人所在【五】。明日，得紙梳一枚於席上。垂數月而卒。

張忠定公詠性好學佛，守蜀成都日，早起誦《金剛經》一週【六】，乃出理事，暮則靜習禪，凡蜀僧有戒行、能講誦者，皆賓致之。一日，過淨惠寺，焚香罷，適新造釋迦佛像出，金色，珠滿佛身及華座，璀璨奪目，取已復生，不可勝計。忠定亦得數百顆以歸，爲之作贊，文甚偉麗。處州鮑粹然知府家香木觀音像，傳世已久。一日，供旛上有浮動而光明者，察之，五色珠也。發龕，則山巖淨瓶，華臺之上，纍纍相屬，大者如芡，細者如粟，匀圓可愛。

【一】今去留未訣　「訣」，傅校作「決」。
【二】既而稍親合　「合」，傅校作「洽」。
【三】大懾曰　「大」上，傅校增「垂」字。
【四】衆船皆助　「皆」下，傅校增「來」字。
【五】遂失婦人所在　「遂」原作「逐」，據《太平廣記》改。「失婦人所在」，傅校作「婦人忽失所在」，亦通。
【六】早起誦金剛經一週　「週」，傅校作「過」。

忠定篤志學佛，忠誼動天壤，宜見此瑞。鮑不甚留意内學，豈菩薩以此警之耶【七】？鮑公死，侍姬散，有崔氏者爲余道之。

朝天門綵帛鋪傅生，春日獨遊，見長橋坐，而卜者方倦行，戲即之，以五行問。其人曰：「君命絶不佳，必以刑死，他未暇言。今當憂官事，事絶近。」傅不樂，起度橋，未至圯下，回顧已無見矣，心惡之。入清波門，踐果核而跌，觸貴家罍墮地，擔者云云。傅方被酒，反詈之，併及其主，執赴官，得杖以歸。數日，夜聞扣門聲甚武，僕不肯啓。扣門者曰：「我有藥，欲爲三官人療瘡，汝不入言，欲困乃主耶？」僕言之，傅命之入，乃前日橋上卜者也。將一藥置几上【八】，曰：「以傅瘡即瘥。」傅顧謝間忽失之，視藥乃狗糞耳，遂絶痛不可忍。卜之曰：「魈爲祟，祭禜久乃愈。」傅駭豎子，不能家，家寖衰，住於四聖延祥觀【九】。今不知何如。

都民質庫樊生與其徒李游湖上某寺閣，得女子履【一〇】，絶弓小，中有片紙，曰：「妾擇對者也。有姻議者，可訪王老娘問之。」樊生少年心方蕩，得之若狂，莫知其何人。他時過昇陽宫庫前，聞兩嫗踵其後相語笑，多道王老娘，伺其入茶肆，亦往焉。兩嫗謂瀹茶僕曰：「王老娘在乎？」曰：「在。」「爲我道欲見。」僕自後呼一嫗出，四五十矣。兩嫗迎，語之曰：「陶小娘子遣我問親事何如？」王曰：「未得當人意者，且彼自以鞋約：得鞋者諧之。」樊大喜，伺兩嫗去，獨呼飲王嫗，言：「鞋乃我得之，陶今安在？嫗果能副吾

【七】豈菩薩以此警之耶　「以」上，傅校增「故」字。

【八】將一藥置几上　「將」，傅校作「持」。

【九】住於四聖延祥觀　「住」字原無，今據傅校補。

【一〇】得女子履　「履」，傅校作「屨」。

事否？」嫗吒曰：「天合也。彼生二十有二年矣，張郡王之嬖也，郡王死時，方十七八，出求偶已四年矣，無當其意者，故不嫁至今，奩中所有萬緡。君少年而家富，契彼所欲，然必令一見乃可。」約以明日會某氏酒肆中。樊生如期往顧之，嫗走而先，四夫舁一轎，一女奴從其後【一一】，褰簾出揖，粲然麗人，目所未見。飲至暮【一二】，語寖褻狎，嫗以他故出，女遂與樊亂，不肯復去。樊生父甚嚴，以野合不敢攜女歸，有貯貨屋在後市街，女已知之，自呼車與女奴偕往。樊生不獲已，乃從之，相挽登樓坐。舁夫於門守舍，傭見其人衣紙衣，驚呼失聲，四夫皆没。樊生坐樓上，不知也。中夜，樊歸，傭途送之道所見，猶不之信。旦日，傭燂湯登樓，視婢乃一枯骸，女在牀，自腰以下中斷而異處，亟走報樊父。父往驗之，則蕩然空室，無復存者。鬼乃入其家，即子舍塗抹，出拜舅姑，上續命物，真若新婦。樊惟一子，憂之，訪善法者，或言賣爊羸張生考召有驗，呼治之，女子無畏色，出語曰：「我良家子，方有姻議，而彼遽姦污我於酒肆中【一三】，若謂此，誰之罪？今不居此，將安歸？」張爲之勸解久之，乃曰：「去易耳，然吾終不置此人。」遂爲旋風而滅。月餘，樊與李遊嘉會門外，李以酒忤省史趙生【一四】，趙生欲苦之，樊與併遁，不敢由故道，乃登慈雲嶺，繞入錢湖門中。嶺雨暴至，舍小人家，主人母白服出迎，曰：「顧六妻也，夫死未盈月。」日暝雨甚，主人母以榻處二客，曰：「昇陽宫前酒，唯飲王老娘，今急乃投我。」李謂樊曰：「彼何自知之，得非亦鬼乎？」懼不敢寐。中夜聞扣門聲，呼顧六甚急，二生窺見

【一一】一女奴從其後　「一」，傅校作「丱」。

【一二】飲至暮　「暮」，傅校作「冥」。

【一三】而彼遽姦污我於酒肆中　「彼」，傅校作「生」。

【一四】李以酒忤省史趙生　「史」，傅校作「吏」。

皂衣卒自靈床上曳老叟去，回語嫗：「善視二客，勿使去。」樊、李益恐，相攜自後户而逸。望荒邱中，燈燭森列，緑袍人據案決事，鬼吏擁顧六翁媪在旁，又有麗女，鬼卒守之，腰腹中絶，以綫縫綴，而不甚相屬，蓋陶小娘子也。二生疾走里餘，聞宿舂聲，人家燈光自隙出，投之，扣主人姓名，曰：「雍三，鬻餻者，方擣粉耳。」爲言所遇之怪，雍笑而不答。喘未定，四夫輿陶小娘子【一五】，并王老娘、顧六等坌集，樊、李奮臂肆擊，力不勝而仆，群鬼將甘心焉。俄而殿前司某統制趨衙，從卒百許人呵殿至，群鬼皆捨去。統制聞草中呻吟，命下視之，見樊、李已昏不知人，數卒挾扶就湯肆噀治。門開，呼徼者遂之歸。異時訪鬼所起，則陶小娘子信張氏之嬖，以外淫爲主所殺，中腰一劍而斷，王老娘居新門外，亦以姦被戕，顧六翁嫗、雍三皆嶺邊新瘞者也。此度是紹興末年事，余近聞之。

《夷堅癸志》載祖趙堅以法治魈，言物之無情者，不能爲精，皆妖憑之，故久於魈者，其魁配爲某精，若帚杵之類。此理良是，蓋子野對石言之遺意也。

有富民妾，孕不成子，每産皆多怪禽異物，狀不肖人類，間一似人，則角其首，翼其腋，或身無膚，其家大怪之。雖禱禬不輟，然不識其由。有遊僧過門，嘖曰：「是家多妖，能信我，當相爲除之。」主人問焉，僧曰：「而家産則得怪物，孕則得異夢乎？」因指石斫獅子，曰：「此其鬽也。」爲之誦咒，呼工鑿目斬趾而去。後遂安妥，連得丈夫子。予謂石無知不能神，是亦有憑焉爾。

【一五】四夫輿陶小娘子　「輿」，傅校作「與」。

知見所不及，當以佛言爲信，佛所不道，決無是也。佛言：琰魔羅，蓋主捺落迦者，止一琰魔羅王耳，「閻羅」蓋「琰魔羅」之訛也。餘十八王見於《阿含》等經，名皆梵語。王主一獄，乃閻羅僚屬，義不得差肩，十王之説，不知起於何時？佛所舉三千大千世界，素訶其一，今所居贍部，特素訶之一洲，極東南際於一世界，不啻於太倉之稊米，泰山直微塵耳。閻羅蓋指一素訶世界言之，其統攝大矣，泰山奈何亦以王號與之敵禮哉？轉輪王王四天下，蓋人而幾于天者，亦非主冥道，乃槩列於十王，其餘名號如宋帝、五官之類，皆無所稽據。又七七日而所歷者七王，自小祥以後二年，乃僅經二王，抑何疏密之懸絶耶？當是僧徒爲此以惑愚民耳。

杭有楊嫗，信庸僧寄庫之説，月爲一竹簍，寓寘金銀而焚之【一六】，付判官掌之。判官者，取十二支之肖似爲姓，如寅生則黄判官，丑爲田，未爲朱，亥爲袁，卯爲柳，戌爲成之類。所謂十王者，亦歲有賂。久而嫗死，女夢其來如平生，衣飾十倍。生時自言：「我富不可勝計，但積資而無人守之，當多爲明器惠我。」與女遊大官府，望殿上十人環坐，儀衛尊嚴，曰：「此十王也。我以生前功德，故能出入其後宫。」又曰：「近以萬緡買宅，行將遷矣。」女請觀之，則以女未當死，不可往【一七】，遂寤。識者多不然之。余曰：無怪世界依妄而立，本所無而想之，立見於前矣。彼嫗平生持妄心，死宜妄見，女習其母之妄，一念適與妄會耳。十王寄庫之有無，則不待智者而後知。

【一六】寓寘金銀而焚之　「銀」，傅校作「錢」。

【一七】不可往　「往」，傅校作「觀」。

幹者沈遲十歲兒忽不見，後兩日，聞船板下有聲，發視之，兒在焉。昏不能語，湯熨半日，乃能道所見：兩鬼青巾黄袍，導使游戲，將擁寘水中。忽有白衣人長身多髯，與鬼鬪而勝之，負以入舟，乃得免。方是時，舟板櫛比牢密，又加鎖焉，不知兒何以能入也。

裝潢陸明之子，年十八九，見人家焚楮泉祭殤鬼【一八】，過其旁，即覺罔罔不自制。當前一持蓋者，自腰以上可辨，時回顧與語。遂踵之以行，歷邨墅，十餘日夜行不輟，亦不覺飢渴。其家散求之數日，或言其在三十里外，得之於橋上，猶行不已，人來益多，持蓋者乃没。

予族人侍其父飲別墅，忽有黄衣卒拱而趨，引之入池水中，幾溺。適有見者，救之得免。方其入水時，視猶陸也。三人者，僅脱鬼手耳。

杭優眼大郎病，夢人持文衾覆之，自首至足，束而加縻，力拒不可，魘而寤。病日甚【一九】，遂死。死數日，見夢於其家，曰：「前夢文衾爲大不祥，今生爲貓，黄質而黑章，在沙皮巷某人家。」子往視而俯泣，白所以，欲買歸，貓主不肯。或名呼之，則仰視而俯膺。

南上庫妓魁李都惜妹宜姊，十四歲死，乳媪夢其來，泣訴曰：「不幸夭，又不得復爲人，今在竹柵酒肆中。生好華，今亦衣斑也。幸憐我，爲營佛果。」未之信。其明日，女兒復夢。試求之，則前夕貍奴生數子，果有斑者。以千錢贖之，仍招律師施三聚戒，戒終而

【一八】見人家焚楮泉　「楮泉」，傅校作「紙帛」。

【一九】病日甚　「甚」，傅校作「劇」。

貓死。他日，乳媪復夢曰：「今幸得爲人，生王氏。然以宿業未脱倡類也。」

都民鄭生居中瓦南，爲京果肆。次子娶婦，三日大合客。客有見燭光上人物長數寸者十餘輩，負一小棺回旋而行，指以示人。人皆見之，莫不愕然，獨鄭老無覩也。須臾滅没，乃有白蝶數十繞屋而飛，鄭老不樂，罷酒，意非吉證。又兩日，呼道士設醮禳之。畢事，焚楮泉，回風飄，火著屋楣上，烈焰隨起。相對賣綫家植兩竿於門，不知火從何來，對然如炬，遂延燒百餘家，鄭老以焚死。

嘉定戊寅春，余在都，友人林亨之之婦翁承務邱君爲余言：越有陳生，邱爲隱其名。外謹而内宕，好挑謔良家女婦，尤爲矗行諸尼所奔。一尼嘗孕，生男，抱之水中而殺之。未幾，陳生病沈困，見壁隙中有自外入者，猴而人衣，曰：「幽府逮汝。」陳生曰：「符安在？」猴曰：「安用符？不符，豈不可追汝乎？」陳罵曰：「幽明一理，果追我，安得無驗？他鬼假托求食耳。且陰府何至乏人，而使猴？」猴呼土地神與竈神：「某案急速，故不暇符，今此人不吾信，爾二人偕送至關可乎？」二神曰：「諾。」猴升榻，捽陳生魂自臍中出，二人輔行，中途而反，陳獨與猴入大城官府中。殿上垂簾，帟幕皆黑質而白繡，由左廡過小廳事，朱緑數人，聚坐如人間。都廳呼陳生曰：「爾平生淫罪如沙塵，又污比丘尼。彼尼雖非淨行，然號則不可。又因以殺子，今將何辭？」陳以旁無左驗，力諱曰：「無有。」官曰：「此非若人間，可以口舌漫爛也！」命吏曳入一小室，吏曰：「爾諱晦，宜自視之。」陳生視室中，見尼娩於牀，推兒在壺中，婢酌水沃兒，自見其身以手指麾，使婢益水而力擠之，曰：「毋使兒有聲。」乃大震恐，叩頭謂吏曰：「服矣。」吏持生出，官命以狀對。忽有紫衣神僧振錫自空而下，坐者皆起合掌。僧曰：「陳某禄算皆未盡，又嘗倡率曝經會，薄有善業，姑遣還何如？」衆曰：「唯。」菩薩命僧呼陳生，戒之曰：「爾污尼殺子，惡隱世不知，宜自發露鏤版，書幽府所見，使來者知戒，汝罪亦滅矣。冥報正欲以警世，言天機不可泄者，妄也。」以錫擊其首，霍然而醒，汗流如洗，疾遂愈。逢人輒自狀其過，邱蓋親聞之，方將鋟木也。此僧具大慈悲，豈所謂地藏菩薩者耶？

卷五

温州人陳忘其名。知華亭縣，以裴端夫爲客。至之明日，午夜被酒，起坐紗幬中，庭下昏月朧朧，緑衣小童歷階而升，盡其等，展謁曰：「某官祗候。」端夫欲下牀攬衣，而其人已徑前矣。一緋衣、二緑衣皆幞頭秉簡，當階旅揖而去，不吐一辭。端夫雖驚畏，然念爲人師，且適抵此，奈何張鬼事？閟不言。明日方篝燈，童復來，云：「某官傳語，恐驚教授，不敢數進見，令小娘子來道萬福。」一丱女十餘歲，紅衣黄裳，珠琲滿頭，跪揖而去。自此朱緑者無復見，而童間攜女來戲劇。端夫問女何人，曰：「緋衣，爹爹；緑衣，叔叔也。媽媽、姐姐、養娘、妳妳輩三四十口，在宅堂後，避嫌不敢相見，都教傳語先生。」問何姓，何官？女曰：「奴奴小孩兒，都不理會得。」月餘，端夫猶不以語陳君。他日陳招飲，女將一數歲兒，翳身屏後，揶揄之，端夫顧笑。陳力扣詰，乃言其狀。陳怒，厲聲叱之，兒驚而啼。女頩怒曰【一】：「我去説與爹爹。」未終飲，報爨婢發狂疾，陳與端夫偕入視之，婢攜巨柴出，欲擊人，厲聲謂陳曰：「汝不憂官失妻死，乃猶木强耶？」言皆成文，陳使數卒力制之，以縣印遍印其身，將曉乃定。明日復憑他婢，婢若爲人所縛，縣立虚空中，不食者兩日。陳偏召持法者治之，略無驗。端夫爲焚香講解之，婢乃曰：「爲先生故且去，後

校勘記

【一】女頩怒曰　「頩」，傅校作「頩」。

駡我，血汝族！」陳以宅堂不可居，徙於倉中。未幾，内子卒焉，又月餘，陳竟以臺劾罷。將行，童持謁謁端夫，云：「某官辭。」朱緑衣復出揖，端夫欲延坐問，已無見矣。端夫恃爲鬼所敬，意必遠大，自華亭歸數年，乃客死京下。

端夫趣尚頗高，能爲詩，終於布衣，可惜也。端夫自作傳示余甚詳，今獨記其梗槩如此。

十四弦，胡樂也，江南舊無之。淳熙間，木工周寶以小商販易安豐場得其製於敵中【二】，始以獻群閹，遂盛行。寶有巧思，久商於淮，多與群盜壯士相識，後歸事閹尹林御藥，委以腹心。淳熙十四年秋，他閹介術者來，林御藥以親舊厮役命雜試之，言驗如指掌。至周寶曰：「此囚也，不踰歲當以刑死。」林御藥信之，呼寶來，語之曰：「我出入禁省，事當畏謹，設不幸而中，寧不累我？汝姑歸治素業，遲歲月復來。」寶含恨去。久佚不能復勞，又驟貧。鬱鬱繞西湖而行。過赤山，見軍人取質衣於肆，爲緡錢十餘，所欠者六錢，而肆主必欲得之，相詬駡。寶爲之解紛，視篋中纔餘五錢，爲代償，而主者又必欲得一錢，寶亦大恨怒。傍人相與歎訝，曰：「此所謂閔一郎也。其人以不誼致富，虐取一方人，恨不膾其肉。」寶失聲曰：「使在淮上，爲壯士所齏粉久矣。浙民懦，容養惡奴至此！」傍有人曰：「寧知此無壯士？」蓋所謂李勝。勝善騎射，軍中號「李旗兒」，方客殿司統制吴曦家，教其子弟弓馬。相率草飲，勝謂寶：「此家不可容，君盍往淮澨結壯士掠之？」寶心

【二】得其製於敵中　「敵」，傳校作「虜」。

躍如【三】，即日行渡江，自建康至廬，見陸才告之故。才曰：「此輦轂下也，其可哉？」寶論説不已。才計寶恨怒，恐他日敗，必污己，乃以二十券與之，好謂曰：「二十四郎獨可販藥耳，然當往見林姑丈問藥所自。」林姑丈者，安豐林青也，素爲盜橐，才實賣寶於青，而不肯明言之。寶至安豐，以事語青，青曰：「此有彭八、繆興國、王孝忠，皆健兒也。久不過北界，困悴無憀，我爲君率之以行。」既召之，三人皆曰：「非古三官人莫能集事【四】，我一夫耳，無以爲也。」又兩日，得古訓於北盧塘。訓曰：「千里行劫，勢無達理，又在京輦，真探虎穴，虎子不得，必碎於虎口矣【五】。」衆强之，訓拒益堅。興國與孝忠怒拔刀，曰：「始約爲兄弟，死生以之。今困於此，幸有機便，待此甦旦暮，兄復拒之，寧有兄弟情耶？我將自殺，以血濺兄長衣矣！」訓迫不得已，乃曰：「城内乎，城外乎？」寶曰：「城外也。」「去城幾何？」曰：「十里。」訓曰：「我聞赤山有攢宫，去此幾里乎？」曰：「亦十里。」「果爾，當以狀來。」寶書付之，乃皆南，訓與興國、孝忠自京口舟行，寶、林青、彭八自建康、宣城陸行，會於北關。寶先販藥時，嘗倩顧八船往來，多與之貲，使匿税。又時商客雜沓，顧八不以爲怪也，至是亦用之。謂曰：「我與數布客欲偕往淮南市藥，不欲晝行，夜分當集于舟，俟我來即疾出臨安界，必倍酬汝。」顧艤舟新橋以待。時十二月初，天大風雪，古訓先使寶扣赤山城西巡檢寨門，呼之曰：大理寺有所捕，事甚密，可以十卒待於門，不得妄出。事畢，當呼爾曹衛送入城。訓臂弓挾四矢，立閔氏門，寶以斧抉扉而入，訓

【三】寶心躍如　「心」下，傅校增「懼」字。

【四】非古三官人莫能集事　「事」，傅校作「畢」。

【五】必碎於虎口矣　「口」下，傅校增「明」字。

射著鄰户上，使有聲曰：「我步軍司人也，一軍苦統制虐，相率叛去，欲往浙東，無裹糧，匃於閔氏，事不預君，若有强起或喧呼者，我必盡屠之。」赤山之人素聞其統制虐，疑必軍變，勢不可敵，又素惡閔，皆閉户無出者。訓始與衆誓毋殺人，毋姦污女婦。既而林青縛閔生於木几上，寘刀其頸，累欲殺之，訓苦禁乃免。閔妻，中官養女，素號有色，寶欲淫之。訓怒，拔刀將斬寶，寶憚訓而退，閔驚懼如癡醉人。天將明，邏者見門扉不完，呼其僕，則僕縶於竈下，家人皆扃閉樓上，方股栗不能言，旋解縛。言於府，府以付使臣朱直卿。直卿與其儕言之總轄杭世亨，曰：「江南鼠偷，皆無禮淫殺，此必淮人也。」直卿視盜所遺，得斧刃，細竹縛爲火燧者半枚【六】，寘篋中，行以自隨。尹督之急，直卿惶惑無計。月餘，姻家蘇生邀與市飲【七】，請出其物觀之，因曰：「前往某家紙鋪中，見周寶買寓錢，遺細竹一束，正此類耶？今猶收得之。」命取諸其家，視燧所遺無異也。直卿固知寶有母寓鹽橋賣竹篦人家，僞爲林御藥人，往訪之。母以出，告上樓。俟飯頃【八】，母歸，而執之曰：「寶安在？」曰：「寶昨過臨平訪周來吉，計明旦當還邸。」蓋周與寶有外親，周有姻會，故寶過之，而寶之邸在武林門外之陳酒家也。直卿與其儕商略，即之臨平捕寶。未至二十里餘，寶適旋，縛以獻府，拷訊再三，始述其事。於是械寶於獄，遣直卿輩往安豐捕諸寇。閲月，而彭八、興國、孝忠皆就縛，既而寶等咸論棄市。術者之言，可謂精而審矣。獨古訓逸去，終莫能得。

【六】細竹縛爲火燧者半枚　「枚」，傅校作「束」。

【七】姻家蘇生邀與市飲　「與」，傅校作「於」。

【八】俟飯頃　「俟」上，傅校增「乃」字。

建康常夷字叔通，博覽經典，雅有文藝，性耿介清直【九】，以世業自高。家近清溪，嘗晝日獨坐，有黄衫小兒齎書直至閣前，曰：「朱秀才相聞。」夷未嘗識也，甚怪之。始發其書云：「吴郡秀才朱均白常高士。」書中悉非生人語，大抵家近在西岡，幸爲善鄰，思奉顔色。末有一詩具陳云：「平生遊城郭，殂殁委荒榛【一〇】。自我辭人世，不知秋與春。牛羊久來牧，松柏幾成薪。分絶車馬好，某隨狐兔群。何知清風至，君子幸爲鄰。烈烈盛名德，依依佇良賓。千年何旦暮，一至動人神。喬木如在望，通衢良易遵。高門儻無隔，何與析龍津。」其紙墨皆故弊。常夷以感契殊深，歎異久之，乃爲答書，殷勤切至，仍直剋期請與相見。既去，令隨視之，至舍西一里許，入古墳中。至期，夷爲具酒果。須臾聞扣門，小兒云：「朱秀才來謁。」夷束帶出迎，秀才著角巾、葛單衣，曳屣，可年三十許【一一】，風度閑和，雅有清致。與相勞苦，秀才曰：「僕梁朝時本州舉秀才高第，屬四方多難，遂無宦情，屏居求志，陳永定末，終此地。久處泉壤，常欽風味，幽明路絶，遂廢將迎。幸因良會，大君子不見嫌棄，得申鬱積，何樂如之！」夷答曰：「僕以暗劣，不意冥靈所在咫尺，久闕承稟，幸蒙殊顧，欣感實多。」因就坐，噉果飲酒，問其梁、陳間事，歷歷分明，自云朱异從子，説异事武帝，恩幸無匹。帝有織成金縷屏風、珊瑚鈿玉柄麈尾，林邑所獻七寶澡瓶、沈香鏤枕，皆帝所秘惜，嘗於承雲殿講竟，悉將以賜异。昭明太子薨時，有白霧四塞。葬時，玄鵠四雙【一二】，翔繞陵上，徘徊悲鳴，葬畢乃去。元帝一目失明，深忌諱之。爲湘

【九】性耿介清直　「介」，傅校作「正」。

【一〇】殂殁委荒榛　「殁」，傅校作「没」。

【一一】可年三十許　「三」，傅校作「五」。

【一二】玄鵠四雙　「玄」，原作「元」，據傅校改。

東王鎮荊州，嘗使博士講《論語》，至「子見瞽者必變色」，語不爲隱，帝大怒，乃酖殺之。又嘗破北虜，手斬一裨將。于謹破江陵，帝見害時，行刀者乃其子也。沈約母拜建昌太夫人，時帝使散騎侍郎就家讀策授印綬，自僕射何敬容已下數百人就門拜賀，宋、梁已來命婦未有其榮【一三】。庾肩吾少事陶先生，頗多藝術，嘗盛夏會客，向空大噓氣，盡成雪。又禁諸器物，悉住空中。簡文帝詔襄陽造鳳林寺，少利柱木未致【一四】，津吏於江東獲一樟木，正與諸柱相符。帝性至孝，居丁貴嬪喪，涕泣不絕，卧痛潰爛，面盡生瘡。侯景陷臺城，城中水米隔絕，武帝既敕進粥，宮中無米，於黃門布囊中齎得四升，食盡遂絕，所求不給而崩。景得梁人【一五】，爲長枷，悉納其頭【一六】，命軍士以三投矢亂射殺之，雖衣冠貴人亦無異也。陳武帝既殺王僧辯，天下大雨百餘日。又説陳武微時家甚貧，爲人傭保以自給。嘗盜取長城豪富包氏池中魚，擒得，以簷竿繫，甚困。即祚後，滅包氏。此皆史所脱遺，事類甚多，不可悉載。後數相來往，談宴賦詩，才甚清舉，遂成密交，夷家有吉凶，皆預報之。後夷病甚，秀才謂曰：「司命追君爲長史，吾亦預求察【一七】，此職甚重，尤難其選，冥中貴盛無比。生人會當有死，縱復强延數年，何似居此地？君當勿辭也。」夷遂欣然，不加藥療，數日而卒。

唐晅，晉昌人也。其姑適張恭，即安定張軌之後，隱居滑州衛南縣，人多重之。有子三人，俱進士擢第。女三人，長適辛氏，次適梁氏，小女，姑鍾愛，習以《詩》、《禮》，頗有令

【一三】宋梁已來　「已」，傳校作「以」。

【一四】少利柱木未致　「利」，《太平廣記》、傳校作「剎」。

【一五】景得梁人　「景」下，傳校增「所」字。

【一六】悉納其頭　「納」，原作「的」，據《太平廣記》改。

【一七】吾亦預求察　「求」，《太平廣記》作「巡」。

德。父亡，哀毁過禮，晅常慕之。及終制，乃娶焉，而留之衛南莊。晅以故入洛，累月不得歸。夜宿主人，夢其妻隔花泣，俄而窺井笑。及覺，心惡之。明日，就卜者問，曰：「隔花泣者，顔隨風而謝；窺井笑者，喜于泉路也。」居數日，果有凶信，晅悲慟倍常。後數歲，方得歸衛南，追其陳跡，感而賦詩曰：「寢室悲長簟，妝樓泣鏡臺。獨悲桃李節，不共夜泉開。魂兮若有感，髣髴夢中來。」又曰：「常時華堂静，笑語度更籌。夜䑼人事改【一八】，冥寞委荒邱。陽原歌《薤露》，陰壑棹藏舟【一九】。清夜妝臺月，空想畫眉愁。」是夕風露清虚，晅耿歎不寐，更深，悲吟前《悼亡詩》。忽聞暗中若泣聲，初遠漸近，晅驚惻，覺有異，乃祝之曰：「倘是十娘子之靈，何恡一言叙也？勿以幽冥隔礙宿昔之愛。」須臾聞言曰：「兒即張氏也。聞君悲吟相念，雖處陰冥，實所愴惻，媿君誠心，不以沈魂可棄，每所記念，是以此夕與君相聞。」晅驚歎，流涕嗚咽曰：「在心之事，卒難申叙，然須得一見顔色，不恨【二〇】。」張答曰：「隱顯道隔，相見殊難，亦慮君有疑心，妾非不欲盡也。」晅詞益懇，誓無疑貳。俄而聞唤羅敷，先出前拜，言：「娘子欲得暫相止【二一】，與七郎相見。」晅問羅敷曰：「我典汝與仙州康家，聞汝已於康家死矣，今何得在此？」答曰：「被娘子贖來，今看阿美。」阿美即晅之亡女也。晅又惻然。須臾命燈燭，立於阼階之北。晅趨前，泣而拜，妻答拜。晅乃執手，叙以平生。妻亦流涕謂晅曰：「陰陽道隔，與君久别，雖冥寞無據，至於相思，嘗不去心。今六合之日，冥官感君誠懇，放兒暫來，千年一遇，悲喜兼

【一八】夜䑼人事改　「夜䑼」，傅校作「恍惚」。

【一九】陰壑棹藏舟　「棹」，傅校作「掉」，《太平廣記》作「悼」。

【二〇】不恨　此句，《太平廣記》作「死不恨矣」。

【二一】娘子欲得暫相止　「得暫相止」，《太平廣記》作「叙夙昔正期」。

集。又美娘小【二二】，囑付無人，今夕何夕，再遂申款【二三】。」晅乃令家人列拜起居。徙燈入室，施布帷帳，不肯先坐，乃曰：「陰陽尊卑，以生人爲貴，君可先坐。」晅即如言。笑謂晅曰：「君情既不易平生，然聞已再婚，君新人在淮南，吾亦知甚平善。」因語：「人生脩短，固有定乎？」答曰：「必定矣。」又問：「佛與道孰是非？」答曰：「同源異派耳。別有太極仙品，總靈之司，出有入無之化，其道大哉！其餘一如人間所說，今不合具言，彼此爲累。」晅懼，不敢復問。因問欲何膳。答曰：「冥中珍羞亦備，惟無漿水粥，不可致耳。」晅即命備之。既至，索別器，攤之而食，向口如盡，及徹之，粥宛然。晅悉飯其從者，有老妳不肯同坐，妻曰：「倚是舊人，不同群小。」謂晅曰：「此是紫菊妳，豈不識耶？」晅方記念，別席飯之【二四】。其餘侍者，晅多不識，聞呼名字，乃是晅從京回日，多翦紙人奴婢，所題之名。問妻，妻曰：「皆君所與者。」乃知錢財奴婢，無不得也。妻曰：「往日嘗弄一金鈒鏤合子，藏於堂屋西北斗拱中無人知處。」晅取果得。又曰：「豈不欲見美娘乎？今已長成。」晅曰：「美娘亡時襁褓，地下豈受歲乎？」答曰：「無異也。」須臾美娘至，可五六歲，晅撫之而泣。妻曰：「莫抱驚兒。」羅敷卻抱，忽不見。晅命下簾帷，申繾綣，宛如生，但覺手足呼吸冷耳。又問：「冥中歸何處？」答曰：「在舅姑左右【二五】。」晅曰：「娘子神靈如是，何不還返生？」答曰：「人死之後，魂魄異處，皆有所録，杳不關形骸也。君何不驗夢中，安能記其身也？兒亡之後，都不記死時，亦不知殯葬之處。錢財

【二二】又美娘小　「娘」下，傅校增「又」字。

【二三】再遂申款　「申」，原作「年」，據《太平廣記》、傅校改。

【二四】別席飯之　「之」字原無，據傅校補。

【二五】在舅姑左右　「左」字原無，據傅校補。

奴婢，君與則知。至如形骸，實總不管。」既而綢繆。夜深，暅曰：「同穴不遠矣。」妻曰：「曾聞合葬之禮，蓋同形骸，至精神，實都不見，何煩此言也！」暅曰：「婦人没地下，亦有再適乎？」答曰：「死生同流，貞邪各異。且兒亡，堂上欲奪兒志，嫁與北庭鄭乾觀姪明遠，兒誓志確然，上下矜憫，得免。」暅聞憮然，感懷而贈詩曰：「嶧陽桐半死，延津劍一沈。如何宿昔内，空負百年心。」妻曰：「方見君情，輒欲留答，可乎？」暅曰：「曩日不屬文，何以爲詞？」妻曰：「文詞素慕，慮君嫌猜而不爲，此言志之事，今夕何害？」遂裂帶題詩曰：「不分殊幽顯，那堪異古今。陰陽途自隔，聚散兩難心。」又曰：「蘭堦兔月斜，銀燭半含花。自憐長夜客，泉路以爲家。」暅含涕吟諷，悲喜之間【二六】，不覺天明。須臾，聞扣門聲，言公婆使丹參傳語，令催新婦，恐天明冥司督責。妻泣而起，與暅訣别。暅脩啓狀以附之。整衣，聞香郁然，不與世同。問：「此香何方得？」答言：「韓壽餘香。兒來，堂上見賜。」暅執手曰：「何時再一見？」答曰：「四十年耳。」留一羅帛子，與暅收之爲念。暅答一金鈿合子。即曰：「前途日限，不可久留，自非四十年内【二七】，若於墓祭祀，都無益，必有相饗。但於月盡日黄昏時，於野田中，或於河畔，呼名字，兒盡得也。忽忽不果久語，願自愛。」言訖，登車前去，揚袂，久之方滅，舉家皆見。事在唐暅手記中。

廬陵有賈人田達誠，富於財，頗以周給爲務。治第新成，有夜扣門者，就視無人，如是再三。因呼問之：「爲人耶，鬼耶【二八】？」良久乃答曰【二九】：「實非人也。比居龍泉，

【二六】悲喜之間　此句上，傅校有「言及敘」三字。

【二七】自非四十年内　「年」，傅校作「外」；「内」，傅校作「無相見期」。

【二八】鬼耶　「耶」字原無，據《太平廣記》補。

【二九】良久乃答曰　「乃」，傅校無此字。

舍爲暴水所毁，求寄君家，治舍畢乃去耳。」達誠不許，曰：「人豈可與鬼同居耶？」對曰：「暫寄居耳，無害於君。且以君氣誼聞於鄉里，故告耳。」達誠許之。因曰：「當止我何所？」達誠曰：「惟有廳事耳。」即拜辭而去。數日復來，曰：「吾家已至廳事，亦無妨君賓客。然可嚴整家人慎火，萬一不意，或當云吾等所爲也。」達誠亦虚其廳以奉之。達誠嘗爲詩，鬼忽空中言曰：「君乃能詩邪？吾亦嘗好之，可唱和乎？」達誠即具酒，置紙筆於前，談論無所不至。衆目視之，酒與紙筆儼然不動，試暫回顧，則酒已盡、字已著紙矣。前後數十篇，皆有意義，筆跡勁健，作柳體。或問其姓字，曰：「吾倘言之，將不益於主人。可詩以寄言之。」乃賦詩云：「天然與我一靈通，還與人間事不同。要識吾家真姓字，天地南頭一點紅。」衆亦不諭也。一日復告曰：「吾有少子，婚樟樹神女，將以某日成禮，復欲借君後堂三日，以終君大惠，可乎？」達誠亦虚其堂，以幕圍之。三日，復謝曰：「吾事訖矣，還君此堂。主人之恩，可謂至矣，然君家老婢某，可笞一百也。」達誠辭謝，召婢笞數下，鬼曰：「使之知過，可止矣。」達誠徐問其婢，言曾穴幕竊視，見賓客男女，廚膳花燭，與人間不殊。後歲餘，乃辭謝而去。達誠以事至廣陵【三〇】，久之不歸，其家憂之。鬼復至，曰：「君家憂主人耶？吾將省之。」明日還，曰：「主人在揚子，甚無恙，行當歸矣。新納一妾，與之同寢，吾燒其帳後幅以戲之爾。」大笑而去。達城歸，家問其事皆同。後至龍泉，訪其居，亦竟不獲。

【三〇】達誠以事至廣陵　「事」，傳校作「吏」。

《鬼董》五卷，得之毘陵楊道芳家。此祇鈔本，後有小序，零落不能詳。其可考者云「太學生沈」，又云：「孝光時人，而關解元之所傳也。」喜其敘事整比，雖涉怪，而有據，故録置巾笥中，以貽同好。

泰定丙寅清明日臨安錢孚跋。

右《鬼董》五卷，不署撰人姓名。據泰定間錢孚跋語，似爲宋孝、光時沈某著。特傳之者，關漢卿耳。考第四卷有「嘉定戊寅予在都」之語，則其人寧宗時尚存。明蔣一葵《堯山堂外紀》竟以爲關撰者，誤矣。所紀多涉鬼神幻惑之事，宜爲儒者所譏，而勸懲之旨寓焉。予固不敢以無稽目之。復梓以傳，庶幾於世教有少補云。

乾隆丙午七月既望歙鮑廷博識於知不足齋。

暌車志

⊙郭　彖撰

張劍光　整理

點校説明

《睽車志》六卷，郭彖撰。郭彖字伯象，和州（今安徽和縣）人。生卒年不詳，約爲宋高宗、孝宗時人。登進士第，官知興國軍。本書卷六「紹興丁卯秋」條及《宋會要輯稿·選舉》，記録郭彖在高宗紹興十七年時曾官浙江某縣主簿，被漕檄考試括蒼縣。至孝宗淳熙間，由監左藏南庫任貢舉點檢試卷官。

《睽車志》是一本筆記體的志怪小説集。據張端義《貴耳集》記載，宋高宗喜愛「鬼神幻誕等書」，於是郭彖《睽車志》始出，指出此書似爲迎合宋高宗而作。書中故事發生的時間主要在建炎、紹興和乾道、淳熙時期，因此估計全書完成于孝宗年間。

《睽車志》專記作者耳聞目睹的神鬼異談，主要内容爲高宗、孝宗年間的見聞及鬼怪故事，亦有少部分爲北宋汴京的見聞。書中的故事一般都荒誕不經，但作者卻在其中表達出因果報應的思想，主要是勸人遷善改過，同時對時事亦常有針砭。全書語言描述比較簡潔，但一些故事情節有一定的新意，因此爲後代小説，如《初刻拍案驚奇》等採録。各條的末尾一般均注明來源，以表明故事的真實性。

本書《直齋書録解題》已有著録，作五卷。《宋史·藝文志》小説家類作一卷。今存較早的版本爲明《稗海》本，分爲五卷，續一卷，續卷題爲卷之六。此外，明《古今説海》收録此書，僅爲一卷。宛委山堂本、商務印書館《説郛》收録了此書數條。至清代，此書有《四庫全書》本、《龍威秘書》本等。上世紀初，上海進步書局據六卷本的《稗海》本進行了排印，後爲臺灣新興書局《筆記小説大觀叢刊》和江蘇廣陵古籍刻印社《筆記小説大觀》收録。商務印書館的《叢書集成》初編本，亦是據《稗海》本重新排印的。今人的整理本主要有上海古籍出版社《宋元筆記小説大觀》中的李夢生整理本，後此書又單獨出版。

本次整理，以《稗海》本爲底本，校以兩《説郛》本和《四庫全書》本。

目録

卷一

宣政間，長安人有牧牛於野者，數亡其牛。尋之，牛卧一處，薦草肥軟，方丈之内異於常草。自後每於其處尋，輒得之。一日大雪，視牛卧處獨不積，異而掘之，深二丈許，得石匣，刻曰：「開元祭地黄琮。」啓之，得琮形如今制，但白色美玉，而其中方寸許作新粟也。

大資鄭公億年説三事。

長安近城官道之側，有大古冢，以當行人常所往來，故獨久存不毁。建炎初，寇亂，有人發之，得古銅鐘鼎之屬甚多，驗款識，皆三代物。冢爲隧道窟室，土堅如石，周匝皆刻成人物侍衛之狀。其冠服，丈夫則幞頭，婦人則段紒衣，皆寬袖，頗類今制而小異，乃知數千載冠服已嘗如此【一】。

宣和間，林靈素希世寵倖，數召入禁中，賜坐便殿。一日，靈素倏起趨階下曰：「九華安妃且至，玉清上真也。」有頃，果中宫至，靈素再拜殿下。繼又曰：「神霄某夫人來。」已而，果有貴嬪繼至者。靈素曰：「在僊班中，與臣等列，禮不當拜。」長揖而坐。俄忽瞪視唶曰：「是間何乃有妖魅氣耶？」時露臺妓李師師者出入宫禁，言訖而師師至，靈素怒目攘袂亟起，取御爐火箸逐而擊之，内侍救護得免。靈素曰：「若殺此人，其屍無狐尾

校勘記

【一】數千載冠服已嘗如此　「冠」前宛委山堂本《説郛》卷一一八有一「前」字。

者，臣甘罔上之誅。」上笑而不從。

林靈素未遭遇時，落魄不檢。嘗從旗亭貰酒，久不歸直。其人督之，靈素計窘，即舉手自捫其面，則左頰已成枯骨髑髏，而餘半面如故。謂其人曰：「汝迫我不已，我且更捫右頰矣。」其人驚怖，竟爲折券。韓亞卿知丞說。

左賁字彦文，有道術，遊京師，依段氏，甚禮重之。段氏母病，賁爲拜章祈福，乙夜羽衣伏壇上，五鼓始蘇，愴然不懌久之。段氏甚懼，詰之，賁曰：「太夫人無苦，三日當愈，禄筭尚永。」段問：「先生何爲不懌？」賁曰：「適出金闕，忽遇先師，力見邀，已不可辭，後五日當去。賁本意且欲住世廣行利益，今志不遂之【二】，不樂耳。」既而段母如期而疾良已。越二日，賁竟卒【三】。段氏悲悼，具棺衾斂之。賁兄居洛，段命凶肆數人舁棺送之。既舉棺，辭不肯往，云：「棺必無屍。某等業此久矣，凡人之肥瘠大小，若死之久近，舉棺即知之。今此甚輕，是必假致它物，至彼或遭訊詰。」段與之約曰：「苟爲累，吾自當之。」既至，兄果疑，發視，衣衾而已。段言其故，乃悟其尸解。紫微王舍人稽中說二事。

孟通判者，密州人。丞郡青社，秩滿還里，素慕神僊長生之説。一日，有道者謁之，故絮藍縷，疥癩狼藉，謂孟曰：「以公好道，故來謁公。頃在青州印施《度人經》，我嘗受一軸，公頗憶否？」視文書御軸取觀，真囊所施也。又曰：「我能燒汞爲白金，願以相授。」孟曰：「某不願也。」乃曰：「必不欲，姑試一觀。」自於腰間取鑼數百，顧孟從者，令市汞

【二】今志不遂之　「之」，四庫本作「故」。

【三】賁竟卒　「竟」原作「事」，據四庫本改。

至，則以實鼎熾炭環之，解帶間劑投其中。有頃，取傾出，真白金也。它日又至，曰：「我來與公別。適得佳茗，願共嘗之。」探懷出建茶一塊，裹以壞布，蟣虱仆緣。孟有難色，辭以無茶具。道者取紙裹槌碎，顧爐中銀鐺，取水煮之，分注兩盞，揖孟舉啜。孟辭以太熱。久之，又言已冷，當留候再温飲之。道者愠曰：「果相惡耶？」取茗覆之，不揖而起，孟猶送之門，還見所覆茗地皆黄金，其盞及鐺茗所漬處表裏皆金，始知其異人，亟追訪之，已失所在。

儀真報恩長老子照言：紹興間，嘗與同輩三人行脚至湖南，經山谷間，迷惑失道。暮抵一古廢蘭若，相與投宿。牆屋頹圮，寂無人聲。一室掩户，若有人居中，惟土榻地爐，以灰掩微火。傍置一瓦缶，視之則煮芋也。諸僧正饑，食之甚美。已而視糊窗，乃淳化中故綾紙度牒。室中有數大甕，所貯或芋或栗或山蕷，了無鹽醯之屬。俄有一人荷插負芋栗自外歸，被髮，體皆黄毛，衣故敗僧衲，直入坐土榻，見客不交一談，與語亦不應答。夜既深，皆倚牆壁坐睡。暨天曉，已失其人所在，惟爐火旁置四瓦缶，其一已空，蓋其人食之而出，餘三缶皆芋栗，煮已糜熟，若以餉客者。三人食之而出，又行巖谷荆莽中二十餘里，乃得路邁【四】。

紹興二十八年，外舅楊紫微與陳申公俊卿同爲小著，省中共處一位，在國史局堂之西閣。其東閣則大著位也，時方虚其處。一日晨入省，則有老兵雉經於西閣，掛梁間，趣命

【四】乃得路邁　「邁」，四庫本作「遠」。

解之，已死。二公不欲遽入，乃暫徙東位。外舅謂同省諸公曰：「僭居此位，殊厚顔也。」俄報二公同除大著。事雖倉卒，而應兆如此。

趙汝言字允之，死已數年，有遺女住子。淳熙乙未之冬，住子暴疾，其兄謙之憐其孤幼，念之甚至。一夕夢至一所，高闕長廊，金碧輝煥，汝言在其間，方與一金紫老人對立而語。問老人爲誰，傍侍者曰：「凌待制也。」汝言援筆題詩於壁曰：「彈指紅塵二十年，歸來瀛海浩無邊。夢魂相遇因隨念，珍重前生兄弟緣。」老人繼題其後曰：「處世休論大小年，瀛關從此斷塵緣。芝階雲路逍遥處，羽蓋飛鯢不用鞭。」汝言復顧語曰：「住子已無恙，以兄念至，緣因念結，故得與兄暫相遇耳。」謙之方悟其已死，慟哭而覺。謙之自傳其事甚詳。

淳熙庚子八月十五日，平江常熟縣大火，屋居焚爇大半，灼爛死者十餘人。先一夕，許浦戍卒自府請冬衣還，頓止距縣一舍。戍將夢被追至一所，有冠服坐殿上，呼戍將至庭下，謂之曰：「明日常熟有變，毋得縱部下爲亂。」且令責軍令狀。既寤驚疑。及曉，令戍卒皆止未得進，獨從數卒先止郭外塔院，遲疑未敢入，俄而火作。方烈焰猛熾，若戍卒入邑，必因救火剽掠爲亂矣。神告何其昭昭也。

平江里俗舊傳讖記云：「潮過唯亭出狀元。」又云：「西山石移，狀元南歸。」淳熙庚子三月二十二日，吴縣穹隆山大石自麓移立山半，石所經草木皆壓藉，宛然行跡可驗。其秋八月十八日夜，海潮大至，過唯亭，環城而西。穹隆在城西，唯亭距城東北四十五里。明年省試，平江歲貢者盡下。唯黄由以國學解中選，未廷試，皆傳黄由魁天下。已而唱名，果然。由字子由，平江人，而用國學發薦，南歸之驗也。

承節郎孫俊民家於震澤，歲除夜，夢長大人，其高出屋，行通衢，一手持牛角，一手持鐵釘槌，睥睨其家，以牛角擬門上，欲釘之。夢中與之辨解，長人乃去，以其角釘對門姚氏家。其春，姚氏舉家病疫，死者數人。

湖妓楊韻手寫《法華經》，每執筆，必先齋素，盥沐更衣。後病死。死之夜，其母夢韻來别，云：「以經之力，今即往生烏程縣廳吏蔡家作女。」時蔡妻方娠，是夜夢有肩輿及門者，迎之，則韻也，云來寄宿，寤而生女。其母他日來視，女爲之啞然一笑，人咸異之。

龍舒人劉觀，任平江許浦監酒【五】。其子堯舉，字唐卿，因就嘉禾流寓試【六】，僦舟以行。舟人有女，堯舉調之。舟人防閑甚嚴，無由得間。既引試，舟人以其重扃棘闈，無它慮也，日出市貿易。而試題適唐卿私課【七】，既得意，出院甚早，比兩場皆然，遂與舟女得諧私約。觀夫婦一夕夢黄衣二人馳至，報榜云：「郎君首薦。」觀前欲視其榜，傍一人忽掣去云：「劉堯舉近作欺心事，天符殿一舉矣。」覺言其夢而協，頗驚異。俄而拆卷，堯舉以雜犯見黜，主文皆嘆惜其文。既歸，觀以夢語之，且詰其近作何事，匿不敢言。次舉果首薦於舒，然至今未第也。國傳姚行可説。

【五】任平江許浦監酒　「任」，商務印書館本、宛委山堂本《説郛》均作「仕」。

【六】因就嘉禾流寓試　「試」前宛委山堂本《説郛》有一「赴」字。

【七】而試題適唐卿私課　「適」，宛委山堂本《説郛》作「通」。

衢州江山毛知録，嘗夢入冥，吏引至一處，若官府，兩廡皆大屋，貯錢滿中，各以官爲標識。問之，曰：「此俸禄也。」毛視其俸，吏指一處積鏹五百餘千，曰：「此爾俸也。位至丞郡。」又見傍别積十二千，題曰饒州德興某人俸。毛後爲徽州録參，值方寇作，州倅逃去，毛攝倅兩月，而賊至遇害。德興某人者，後登第，授一尉，到官一月而卒。劉運使文伯説。

信州小兒醫蔡助教者，其鄰嘗遺火，隨即撲滅，事不聞官。它日，蔡與郡官偶語及。郡官曰：「是不可不懲。」即白郡將，逮其鄰人，繫之數日，乃撻而遣之。鄰人在繫染疫，歸即傳其家，不一月，盡室皆死。後數歲，蔡如廁，忽見鄰人，逐而毆之，即得疾死。其鄉人有幹之臨安者，見蔡於通衢，露首，二黄衣人驅之北去。鄉人前問勞，蔡曰：「吾以公事被逮，將往棘寺。」匆匆而别。鄉人歸，始知蔡已殂，其見之日，乃其死之日也。周濟美左司説。

大參王公子明未貴時，待一倅闕。夫人嘗夢有人見呼「運使恭人」，喜以語公，公亦自喜將爲監司。後果爲浙漕，而夫人死。其後公登政府，始知前夢神告其止於爲運使妻爾。黄倅掞説。

文學楊良能邦禮，其妻華亭鄭氏歸寧，適其家改葬祖姑，啓棺，儼然不朽，視其面貌長短，與鄭氏無小異。計其死之年，乃鄭氏生之年也。衆皆驚異。鄭氏甚惡之，因感疾，未幾而卒。楊良能説。

宗室士紆，宣和間以未有子，每歲生朝，爲千道齋以祈嗣續。一日齋坐已定，忽有丐者喧門求入。士紆納之，坐者莫肯與齒，竟就下位。食已，衆皆散去，丐者獨留彷徨。士紆揖與語，乃問：「公所求何事耶？」告之故，則曰：「此亦易事。」士紆方督視徹器，不暇詳款。丐者告去，期明日來，且探懷出藥七粒，曰：「食藥也。」令士紆吞之。邑君自屏間望見，遥呼止之，丐者笑而去。士紆握藥以入，邑君令舒視之，但一朱書吕字，數日不消。

王彦正舍人説二事。

蔡純誠通判與一僧相善，尊宿也。忽得書招蔡，既至而僧已趺坐而逝。先封小合，囑其徒云：「蔡至貧，此合中吾衣鉢金二兩，來則與之。」蔡至，哭之慟，僧復開目與語良久，且云：「當有道人來燒香，非常人也，可隨之，當有所遇。」言訖，瞑目長往。俄果有一道者至，蔡前揖之，道者爇香徑去。蔡隨其所往，行甚遠。道者問：「隨我何求？」蔡言素苦寒疾，百方不愈。道者乃握其兩手，頃之其熱如灼。蔡云：「今偏體皆暖，惟腦尚冷。」則又以手熨其腦，應手即温。乃謂蔡曰：「勿庸隨我。」用所衣布袍贈蔡，曰：「某年月日岳陽樓前用錢三百七十買此。」言已長揖别去，蔡收其袍藏之。它年，蔡有故至山東一郡茶肆中，復遇道者，相見甚喜。袖間出綸竿緝布縷爲釣，笑擲地，徐引之，得大鯉，相攜酒壚鱠食之而去。

吴興楊禮承務，其母縣主素與尼法安善。安嘗夜夢有青蓮花，其女曰蓮師，自嬰孩則口常作蓮花香，然生四歲而夭。火之，其骨自顱至足皆相鈎聯，舉之不絶。楊禮承務説三事。

湖州妙喜村民相二十，素狡獪，爲一鄉之害。年五十，忽悟所爲，痛自刻勵，日誦佛號，數年不暫輟。忽一日，遍詣素所往來者，自言所積惡業至重，須焚身以懺，各丐薪數束。不旬日，得薪數百束，積高二丈許。結紙庵其顛，刻日自焚，觀者環繞。然村人猶畏之，無敢與之下火。相乃口銜炬，合掌端坐庵中，以炬四然，須臾煙焰周合，乃至指節燼落，凝然不動。

臨安下竺式道者，苦行修懺累年，置火鐵於像前，晝夜持誦環繞，遇困倦，即以指觸鐵而醒之。晚年兩手惟存四指。建懺堂甚族【八】，每架一椽，甃一甓，輒誦大悲神咒七遍。建炎間，虜至，積薪其下焚之，薪爲之盡而屋不然，乃不復焚。

岳侯死後，臨安西溪寨軍將子弟，因請紫姑神，而岳侯降之，大書其名。衆皆驚愕【九】，謂其花押則宛然平日真跡也。復書一絶云：「經略中原二十秋，功多過少未全酬。丹心似石今誰愬，空有遊魂遍九州。」丞相秦公聞而惡之，擒治其徒，流竄者數人，有死者。左司周濟美説。

皇甫坦自云數百歲人，言人休咎時驗。嘗館於道院，有人訪之，值其它出。其人素與相善，留待之。啓其門封，惟一榻蕭然，索席下得一半臂，鮮血淋漓，驚懼而出。俄而坦

【八】建懺堂甚族　「族」，四庫本作「雄」。

【九】衆皆驚愕　「皆」原作「已」，據四庫本、宛委山堂本《説郛》改。

至，相接甚驩。顧謂童子：「風冷，可於席下取吾著睡衣來。」童子即取半臂，坦對客衣之。衣甚新潔，初無血也。喜爲人書字，亦多驗者。汪國正遠猷登第已逾壯室，以未有子爲憂，求字於坦，書一湧字。已而汪授吴江簿，到官而生男，乃悟湧字江下男也。有士人赴省試，坦書落字與之，士人不樂。及揭榜，乃第二十三名，因視其字，草頭即二十，其傍從水不爲點而作三畫，各字右筆止作一點，乃名字耳。汪彦遠國正説。

李知已任永嘉教官，公廨有一樓，怪不可居，或飛擲瓦礫，或聞歎息謳吟之聲。家人畏懼，莫敢正視，惟知已在家則寂然。一日，郡庠季試，教官例當宿直舍。知已預憂其擾，乃置几案筆硯於樓上，連紙數幅題其前，問怪所從來，令書其後以對。已乃篩灰其下，扃鐍謹識而出。間二日歸，詢其家，則怪不復作。啓鑰視灰，凝然無跡，而案上紙書皆盈幅。自言姓石氏，頃隨兄赴永嘉幕官，未至郡溺死，逮今二十年，營魂蕩無所歸。偶見此樓空閑，故暫寄此，非敢爲厲。近媒者爲議城南洪秀才婣，方且歸彼，不復此留矣。字體纖弱，真女子筆迹。書辭數百言，纚纚有條理，知已亦敬異之。它日偶至城南忠義廟，其間神像果有洪秀才，蓋義兵拒寇死事者也。永嘉陳韶美説

孫機仲郎中紹遠，父元善价居平江，嘗有幹過市，見鬻籠餠者，乃其亡僕。孫自疑白晝見鬼，唾之，僕遽前拜祈曰：「主翁無然，將使某賈不售。」孫問：「爾已死，何乃在此？」僕請孫至居人稀僻處，曰：「壽數未盡，藥誤致殂，而陰府不見收録，營魂泛然無所

之適，故爲此以度日。今闤闠中如某者且千數，只如宅中廣官人乳媪亦是也。有如不信，第今夕勿令復與兒同寢，彼將快快不自得。俟其熟寐，取楊枝炭火醋淬之，以灼其體，必有異。」孫甚驚，歸如其説火之，所灼忽有青煙出衣被間。俄而煙絶，乳媪已失所在，衣被如蟬蜕焉。廣官人者，機仲弟紹祖，字文仲者也。張判院良臣漢卿説四事。

支提長老善秀，言其鄉里有人以田獵畢弋爲業者，其妻晝寢，忽見床前地裂，深不可測，俯視見城郭屋宇。恍惚間身墮其間，至殿庭，仰望有王者坐其上，左右皆牛頭阿旁。主者命以大刀斷其手足，剖割心肺縣掛之，自踵至頂細剉血肉如泥，乃揉和成團塊，業風吹之，俄復爲人。方其身被慘毒，而其識神在旁，見其屠剥痛苦不可名狀。既醒，則身故在榻上，移時始能言，百體餘痛，經日乃定。自後或經歲或半載，所見輒如此，不勝其苦。一日又然，則聞殿上人謂之曰：「當往求善秀長老説懺悔，可以滅罪。」乃如其言謁秀，道其故。秀教之誦破地獄真言，具爲演説懺滌，自後乃不復睹前事，竟亦善終。

成忠郎傅霖，淳熙庚子任臨安監。嘗建請於北關創立新倉，攘取民居八十餘家，毁撤屋宇，老稚流離，怨嗟讙沸。初霖夜坐書閣，草定建請利便，忽見其姊婿林路分家二亡婢自前行過，徑趨宅堂。方驚愕間，其妻及女皆寐焉，急呼醒問之，云：「適見其婢自外來，云與小娘子作伐。」詢其女而夢協，甚惡之，其女遂病。倉成而地卑濕，或言曩數有淹没之患，霖愈益憂恐。乃高爲地版，離地二尺，所費不貲。又欲大營備水車骨之具，官無餘鏹，其家素富，乃從妻丐五百緡。妻拒不與，霖窘迫，以刃自裁，收之不死【一〇】。醫者以桑皮縫合其創傅藥，雖愈而頷頸攣不復伸，俯首不能仰視，神識沮喪，遂成心疾，請祠禄以歸。

【一〇】收之不死　「收」，四庫本作「救」。

卷二

武翼大夫焦仲居四明，性嗜殺，日以彈射臂鷹走狗爲樂，所殺不可勝紀。營一宅新成，遷居之，房闥間巨蛇縱橫，至相糾結如辮，殺之復然。家有三男二女，長曰嗣昌，業進士，忽得心疾，朝夕慟哭，云憶其亡父母。其妻謂之曰：「堂上坐者汝父母也，何狂易至此。」嗣昌憤然曰：「此人乃害吾父母者，恨未能殺之以復讐，然不可與之同居。」日挽其妻以出，不可禁止，乃聽其外居。嗣昌竟以病惑死。次子、季子不數年相繼殂。晚年仲復喪妻，生計益落，孑然一身，獨享高壽，而健啖康强，嗜殺如故。豈佛經所謂魔力所持者耶！

楊虞仲眉州人，丁丑王榜甲科擢第，官亦早達。典蜀郡。先是普州樂至縣有臨水精舍，主僧夜夢一貴人跨馬而入，曰：「我山神也，今暫還，不久當復往歸。」寤而有金堂縣尉令狐習輿病適至，信宿而卒。習父撝家居，初未聞習病，一夕夢習緣檄歸，喜甚，亟迎門。及下馬，揖而言曰：「習不孝，不得終事父母。今當爲眉山楊氏子，名虞仲。後二十三年，仍以直言中甲科，官職顯於今世矣。」辭訣而去。父驚愕而寤。其日訃至，撝痛悼甚。它日物色訪眉山楊氏，實以是歲生子，及長，名虞仲，登第之年，正習死後二十三年也。提刑何慤作習墓表，述其事甚詳。虞仲倅遂寧日，令狐氏有訟事，自它郡送遂寧，慮不得直，乃以墓表墨本因虞仲賓達之。虞仲亦隱其事，然蜀人多知之者。表弟沈作肅録其墓表見遺。

忠愍李公若水，宣和壬寅尉大名之元城。有村民持書至，云：「關大王有書。」公甚駭愕，視其緘云：「書上元城縣尉李尚書，漢前將軍關雲長押。」詰民何自得之，云：「夜夢金甲將軍告某曰：『汝來日詣縣，由某地逢著鐵冠道士，索取關大王書，下與李縣尉。』既覺驚異，勉如其言，果遇道士得書，不敢不持達。」公發書，其間皆預言靖康禍變，以事涉怪，即火其書，遣其人不復問。作詩紀之云：「金甲將軍傳好夢，鐵冠道士寄新書。我與雲長隔異代，翻疑此事大荒虛。」公後果貴顯，卒蹈圍城之禍。兆朕之萌，神告之矣。公始名若水，後改賜今名。其子浚淳，記其事，刻之石。

紹興府治依山，林樾深茂，往往有怪。淳熙辛丑，有數卒直宿蓬萊閣，夏熱各散寢。中夜，一卒曰張富者，見紅裳女子冉冉逼近，直前坐其腹上，奮起捽之，忽不見，但兩手狐毛滿把。

汀、漳間有古驛，多怪。嘗有士人獨宿西廂，乙夜見群鼠自梁拱間緣壁下地，莫知其數，固已異之。俄又見數鼠共挈一物，若小箱篋然，置地發之，皆袍幘之屬，競取服之，儼如唐裝，冠屨皆備，既而遞爲進趨揖遜之狀。士人素有膽氣，拊床叱之曰：「鼠輩敢爾擾人！」殊不驚避。遽起取席下白挺亂擊之，倉猝間誤觸燈滅，益盡力撾擊，俄而寂然。明旦，視牀前死鼠滿地。揚州教官陳德明光宗說。

道州孚惠廟，靈響甚著。淳熙己亥，郴寇大作，侵軼州境。郡守趙公郎中汝誼以郡無城池，聽民避寇自便，而自誓死守。指使樊謹請入賊說以禍福，不從則死之，即日見害。賊進至江華，距城不一舍，公益憂憤，倦而假寐。見二大夫儒衣冠【一】，貌甚偉岸，來謁，且言毋恐。公意其孚惠之神也，即具冠帶往謁【二】。俄有燕數千，自祠所隨公朱轓蜚集黄堂上，翔而爲三起而復集，喙皆外嚮如一。漏盡數刻，繇所從方陳而去。是夕，寇遁。民有被俘逃還者，聞賊言道州號令明信，能使人不可犯，乃舍而去。郡教官章顥記其事，刻石。

貳卿周公自彊，淳熙辛丑，自静江移鎮丹陽。有第宅在上饒，將取道過家。未至，前守舍卒正晝聞鉦聲，自宅堂出，亟啓鑰視之，則聲在後堂大櫃中。復開櫃尋之，則聲在地下，久之覺聲寖遠而滅。後數月，公捐館。陳宏甫承務說。

提轄左帑張朝奉遜，四明人。始改秩知常州晉陵縣，任滿挈家東還，夜泊宜興驛前。時正暑，張有子年二十許，獨與之寢於舡之頭倉。是夜月明如晝，四鼓後，婢輩忽若驚魘，讙言暗中若有人手叢雜捫索之狀，又聞舡背亦如拿攫之聲。張驚起呼叱，久乃定。即開舡門出立舷邊，號召舟子輩，蓋疑其盜也。已乃還寢，則不見其子，呼之不應。明燭索之，

【一】見二大夫儒衣冠　「大夫」，四庫本作「丈夫」。
【二】即具冠帶往謁　「即」原作「郎」，據四庫本改。

無所得。詰舡外人，初未嘗見其出。舉舟惶駭，擾擾以至天曉，對岸有泊舟者遥謂舟人曰：「我曹夜寢舡背，約四鼓時，忽見彼舡背長大人十數，若有所求索，俄有長臂大手十數出水中，共捽一人入水矣。」乃使人没水求之，得其屍焉。同年陳子榮宗丞説。

泉司幹官陳子永泳，每夜用釋氏法誦呪施食，仍爇尊勝咒幡數紙。嘗宿鉛山驛舍中，夜有婦人立床前，叱之，云：「無恐，我來從官人覓經幡耳。」許之，忽不見。明日，祝而燒之，夜復來拜謝而去。陳宏甫承務説。

平江黄埭張虞部家豪於財，第宅甚宏壯。張爲人質直，素不信巫怪之説，每有興築，不擇時日。嘗作一亭，掘地得肉塊混然，初無割剥之跡，俗謂太歲神。張不爲異，命取瓦盆合而送之水中，竟就基創，且遂名爲太歲亭。又嘗有客至，呼取衣冠，未有應者。俄而所畜犬，首頂其帽，束帶其背而出【三】。左右駭愕，張徐謂犬曰：「養汝幾年，今日始解人意。」就取服之，乃出揖客。客退，而犬自斃於庭矣。王日章承務説。

秀州海鹽縣漁户楊刺旗，嘗寢漁舟，夜夢被人擒去，刺其面爲旗，驚寤而面頰猶痛。俄而天曉，亟起就舡舷照之，初無跡，第見魚蝦擁出水面，團結成塊。擲網盡得之，中有一物如鼎狀，持歸刮洗泥垢，則純金也，因是致富。秀人至今呼爲楊刺旗家。承信郎楊伯詳説。

華亭陳之方爲泉司屬官，未赴任間，故人有任維楊倅者，陳往謁之，留館廳事之側。一夕就寢，似夢非夢，見一婦人來言曰：「我城隍夫人也，今城隍當代去，次及公，故來相

【三】束帶其背而出　「束帶其背」，四庫本作「束其帶」。

報。」陳還家而卒。潘周翰承務説七事。

閩中一士人居華亭，有趙通判者居烏程，約士人爲館客，久未得往。士人偶閑步至嶽祠，見一婦人緩行，一僕持一小青蓋且挈香合背子從其後，遍詣殿廡拜而焚香，畢事而出。士人隨之行數十步，婦人回顧問士人何姓，士人告之，因復問婦人姓氏，則不答，笑以所持扇示之，上有「書念七」三字。士人疑其娼家姓第，但怪無書姓者，未及詳語，婦人遽取僕所持銅絲香合以授士人，即前行去。復隨之一里許，入一寺中，人跡稠雜，忽失婦人所在。後數日，趙倅遣僕馬持書來迎，正二十七日書也，士人異之。既至書館，每以所得香合愛玩，常置几間。一婢常來書館視童稚輩，每諦視香合，酷似趙亡妻棺中舊物，入言之。倅取驗視信然，因問士人所從得。初猶諱之，扣之再四，乃備言曩日所遇。倅問婦人服飾狀貌，乃其亡妻叢塗寺中也，悲惋久之，即議舉葬。啓殯，視棺側有小竅，僅容指云。

淳熙庚子夏四月，湖州烏程岳祠啓黄籙醮會。西殿鴟吻有蛇蟠遶其上，法師葉以十四日夜拜章言於衆，曰一二日必有風雷之變。時連日晴明，天宇澄廓，纖雲不飛，衆以其言不驗。至十六日暮夜，濃雲鬱興，須臾蔽空，迅雷風烈，雨雹交下，雹大如彈，屋瓦爲碎。衆皆凛然，移時乃定。靈壇供具幡旗之屬，儼然如舊，略無漂濡。乙夜雲斂月明，視鴟吻併與蛇皆失所在。翌日，訪郊外，初無風雹之驚，蓋是時飄擊之勢，止數百步間也。

平江士人王大卞家貧，既卒，其友周逸卿爲率平日交游裒金，作設冥佛事以薦悼之。

翌日，逸卿有故出城，囑其家謹扃鑰。初夜，外門轟然自開，若有人直入，連呼：「逸卿，大卞專來奉謝。」家人驚遽出視，但門已辟，闃無他睹。

平江潘擇可，崇寧五年以舍法貢入京。未至，夜夢衣褐挽車三十輛，其弟端夫衣緑隨其後。至政和三年，擇可以上舍釋褐。後三十年，端夫始就恩科。乃悟挽車三十者，三十載也。

平江人王亨正嗜牛炙，忽病瘧半年，百藥無效。沉頓中，夢黄衣人告云：「汝勿食牛則生，更食則死。」既寤，誓不復食，病亦隨愈。

京師有道人姓鄭，持一銅鈴，終日摇鳴闤闠間，丐錢爲食用，餘則分惠貧者，號爲鄭摇鈴。宣和末，忽迤邐南來維揚，摇鈴丐錢如故，夜則寄宿逆旅。久之，謂主人曰：「吾將死，願以隨身衣物，悉置棺中而焚之。」已而果死。主人如其言，舁棺出城，舉者覺漸輕，復聞鈴聲如在數十步外。俄而鈴聲漸遠，則棺愈輕，若無屍。至焚所，啓蓋視之，惟一竹杖而已。

吴江檀丘村人陳布袋，業匠氏，其婦家在震澤。淳熙辛丑，有故來謁其外姑，將至路，逢相識金大郎者，相揖而過。陳先聞已死月餘矣，私怪之，欲至妻家謁其信否。入門拜其外姑，又拜其妻祖，而伏不能起，挾掖已不省人。舁卧榻上，手足拘攣，若被執縛狀，閲兩時頃乃醒。始言路逢金事，方拜欲起時，金忽自外入，直控其頸，即覺昏憒，若有人捽之東去海岸山顛。執問曾見金某日爲某事否，對以與金初無干涉，皆不知之。旁有人持文書展視云：「誤矣。」即執陳投別一山上，乃自尋路歸。自臨安由德清，所過街衢人物不異常時。至潯溪，距震澤十八里，見嶽祠甚雄，面正向北，門外路平闊七八丈，入者紛紛，絶無出者，凡其所識近亡殁者，往往見之。潯溪素無嶽廟，心獨怪之。既入門，欄楯皆純鐵，有人叱之出曰：「汝未當留。」即由路東還，過市橋後，遇金，露首，有人驅之甚速。陳問何忽猝如此，金且行且應曰：「被急取案追攝對公事耳。」陳徐至家，若過高阜甚峻，有人向後推仆，遂醒。沈梭省幹説二事。

吴江纛澤村人朱三，有子年十三四，傭於應天寺僧子孚房爲行童。淳熙戊戌九月間，孚往近市張灣橋黄家作佛事【四】，朱童立門外，見群兒拾螺蚌水中，往從之。忽見白衣人呼之，與偕行，至塘岸，與坐地上取泥作團，强令吞之。復以泥窒其鼻耳，則昏不知人。俄覺有人毆其背，泥盡脱出，開目見金甲人，令跨一犬乘之，若南去甚駛，即至其家，犬躍去而朱童僕卧籬落間。家聞呻吟，出視甚驚，莫知所從來，詰之不能語。舁歸久之始醒，乃言其事。其家素事真武甚謹，疑其陰護也。

沈蒙老博士初爲太學率履齋生，晨起盥頮已，盆水尚温，忽變牡丹花狀，枝葉扶踈，蘂萼相承，宛然如畫。次年，同舍登科者十餘人。蒙老孫樗説四事。

開德府有士人家貯水甕瓮，忽有菌生其腹，隱然而出，植根甚堅，觸之不落，數日大如

【四】孚往近市張灣橋黄家作佛事 「市」，四庫本作「寺」。

人手，光潤燁然，真芝草也。陶器堅滑，非可生物，理莫可詰。

隴州汧源縣公宇，一夕堂門已扃鎖，忽有妓女數人，執樂器遊於庭下。令之妻適見之，妓女俱前禱曰：「妾等久爲土地祠樂妓，丐爲誦《法華經》回向則可藉以往生。」妻以語令，翌日乃請僧誦經於廟，其夜復見前妓來謝而去。數日，又有如前來禱者，亦爲誦經，如是者三。後令君夜獨燕坐，忽有鬼物，狀甚獰怪，前曰：「土地神謝君，妓女無幾，即皆令往生。吾且乏使，當移禍君家。」令叱之，遂不見。自後妓女亦無再來禱者，令家亦無恙。

滄州有婦人不食，惟日飲水數盃，年四十五六，而面貌悦懌。人問不食之因，自言幼年母病卧床，家無父兄，日賣果於市，得贏錢數十以養母。值歲歉，穀貴艱食，乃仰天禱曰：「今日所獲不足以活二人，願天憫之，使我飲水不饑，庶所得可盡以供母。」遂臨井飲一盃，果不饑，自是亦不思食。又數歲而母卒，時不食已三十年矣。

執政府候兵任章，嘗因小疾，忽昏憒不知人。越一日乃醒，自言初見二人若公皂，持檄來逮去，如行山野間數十里，入大城門，至一官府，引立庭下。有王者坐殿上，問姓名鄉里，叱吏云：「誤矣！」令引觀地獄數處，指示受罪者云：「此皆不忠不孝、昧心害物者。」已而復引出城，若非向來所經。或過市里通衢，見人鬼淆混，有相識者，與語如不聞也。俄出一崖穴，送至其家。入門見身卧榻上，追者先留一人守視其旁，迎語送者曰：「復還耶？吾守之久，餒甚，已食其心半矣，奈何？」恍惚間推仆榻上，乃蘇。自此疾雖愈，而嘗怔忡恐悸，或遺亡顛錯，若失心狀。久之，因出行，中途遇一道人，瞪目視之，曰：「汝心乃失其半也，吾爲汝療之。」令市一牛心，至則道人割取其半，呪祝已，令食之。章頓覺心地安泰，不復驚怯。問道人姓氏，怒曰：「吾牛心道人也，何問爲？」不受謝而去。章追逐至稠人間，遂失所在。右史趙舍人說。

鎮江士人亡其姓名。妻悍妒，買妾不能容，每加凌虐。妾不能堪，屢欲投繯，士人憂之。有幹之金陵，丁寧懇諭其妻而行。去家纔兩日，忽中夜聞枕前切切之聲，不見其形，自言即其妾，引決死矣，懇求爲誦經追修。士人大憂恐，亟遣僕歸，爲其區處。暨僕還，得家信，則妾故無恙。鬼復夜至，士人詰其妄，欲奏章治之。鬼哀祈：「實非妾，因公憂慮之切，故假此以覬薦拔。自此不敢復出，幸勿見治。但今業已至此，不能獨回，須且相隨以俟公歸。」許之，自此悄然。士人幹畢將還，約親故十人同遊鍾山。士人先至，憩僧房以俟。忽復聞鬼語，士人方怒叱之，乃云：「非敢爲厲，有少事奉報耳。九客皆已至山下，其間第幾人乘騾，第幾人騎白馬，此二人它日貴人也。」問何以知之，曰：「二人所遇鬼物皆避道，餘則不然。」二人者，葉審言樞密其一也，時方爲小官云。

紹興甲寅七月十四日，吳縣光福雅宜山一村夫，以事私恨其母，遂萌梟獍之心，懷刃挈榼，與母同之近村看親。中路，請母藉草飲，意欲乘醉行逆。時天晴霽，俄有黑雲驟起，大震一聲，擊其子，殞道旁。母初不知，而怪其衣中懷刃。有知其謀者，始以告焉。又長洲縣北原村農夫謝三二，不敬其母，動有悖言。乾道庚寅夏五月，雨霽欲放田水，詈母而出，纔至田所，大雷震死。范公懋德老承務説九事。

紹興五年六月，大雷電，無錫蘇村一民家所用斗秤，盡掛於門外大樹之杪，行人皆見之。蓋其家每輕重其手也。

紹興三年癸丑八月五日，平江長洲縣地震，自西北方來，樹林皆摇動。父老云：元祐九年九月二十一日已嘗如此。又紹興十三年癸亥三月十五日清明，大雪盈尺。

熙寧間，有人授泗州盱眙令，自陳乞改名雍觀。時王荆公當國，怪其名無義理，因問改名之故，對云：「夢中神告如此，固亦自不曉其義。」後其人之官，一日自城還邑，從吏卒行渡浮橋，忽大風驟起，鼓其衣裾，盡没淮水。已而從者拯救皆免，獨不得令。事聞朝廷，荆公曰：「向見此人無故改名，且疑雍觀二字或有出處。因閲《山海經》，乃知其爲水官之名，固慮其有水厄，今果然。」其後縣僚或夢雍觀騶從甚盛，往來淮岸，疑其死爲水官也。

常熟縣東北百餘里，地名塗松，有姓陸人，業屠。隆興初，縶一牛，始下刃，牛極力索絶，負刃而逃。陸追之數里相及，牛反顧以角觸陸腹，穿腸潰立死。

錢仲耕郎中佃任江西漕，按部，晚宿村落，夢青衣數百哀鳴乞命。明日，適見鬻田雞者，感夢買放，傾籠出之，其數與夢無差。

常熟縣湖南村富人王翊，烹一鵝，已去毛入釜，鵝忽鳴。家人走報，翊不之異，熟而食之。後數日，疽發於背，病甚。顧家人云：「前有二吏追我，且與茶，令先去。」越二日，又云：「官逮我急，勢須一往。」問追者限在何日，復自應曰：「明日。」翌旦果殂。

卷三

淳熙庚子辛丑歲，平江比年大旱。常熟縣虞山北葛市村，有農夫姓過，種田六十畝，歲常豐熟。過覬例免秋賦，亦僞以旱傷聞，官果得免輸，自以得計。明年壬寅夏，飛蝗驟至，首集過田，禾穟皆盡，而鄰比接壤之田，蝗過不食。又有二農家，不得其姓，畝畒東西相接。東家淳朴守分，西則狡獪暴狠，淳朴之家常苦之。是年蝗至，盡集西家之田，而不入東界。西農怪之，夜以布囊貯蝗移置東田，有報東家農，弗之較，但祝云：「果有神明，蝗當自去。」明日，蝗復飛集西家，東田無傷焉。

常州一村媪，老而盲，家惟一子一婦。婦一日方炊未熟，而其子呼之田所【一】，婦囑姑爲畢其炊。媪盲無所睹，飯成，捫器貯之，誤得溺器。婦歸不敢言，先取其當中潔者食姑，次以饋夫，其親器臭惡者乃以自食。良久，天忽晝暝，覿面不相覩，其婦暗中若爲人攝去。俄頃開明，身乃在近舍林中，懷掖間得小布囊，貯米三四升，適足給朝晡。明旦，視囊米復如故，寶之至今。予始聞此事，竊謂晝暝得米，或孝感所致，如郭巨得金之類。至謂囊米旦旦常盈，則頗近迂誕。然范德老爲人誠慤，必不妄傳，而村婦一節如此，亦可尚也，故録以爲勸云。

校勘記

【一】而其子呼之田所　「田」，商務印書館本、宛委山堂本《説郛》作「他」。

常倅陳森按視北使宿頓，至屬縣無錫，暴得疾。其子充棄兄弟自城拿舟迎候，解維已昏暮。時夜暗，舟中明燭，充憂懣不能寐。舟有偕行者，炙肉飲酒。三鼓後【二】，忽有物狀如獼猴，自水中躍登，船艫偏重且没。舟人惶遽叱之，其物索肉，亟擲與之，乃没。魏扶上舍説三事。

宜興陳宰冕，有幹過宿富陽客邸中。夜燈暗且滅，見壁間有人影，舉動若傀儡狀。陳驚懼，擲枕抵壁。邸主問知其故，推門爲明其燈乃已。明日詢之，乃一弄傀儡人客死其室方數日也。

鹽官馬大夫中行妻悍妬，一婢免乳即沉其子，雜糠穀爲粥，乘熱以食，婢竟以血癖而殂，乃取死子同坎瘞之。後數年，妻爲厲所憑，自言坐血池中，受無量苦，上訴於天，今當偕詣陰府。其家禱之，且許以誦經飯僧，皆不從。且云：「主母今亦數盡，故我得相近。」又云馬在世僅有三年之壽。妻竟死。傳此事時馬尚存。

盛大監勛紹興初知襄陽，單騎之官。府治有一樓，爲公退燕息之所。勛常獨居樓上，屏左右，命一老兵守其下。卧榻之前置大浴斛，取漢江水滿注其中，日易新水。老兵久而疑之，乘勛晝寢，登梯隙壁竊視，乃見一大鯉魚，金鱗頳鬣，游泳斛中。如覺有窺者，注目壁隙，凝然久之。老兵驚懼趨下。自是徹去斛，不復取水。岳州張佐才承務説。

米元章知無爲軍，喜神怪。每雨暘致禱，則設宴席於城隍祠，東向坐神像之側，舉酒

【二】三鼓後　「三」，四庫本作「四」。

若相獻酬，往往獲應。每得時新茶果之屬，輒分以饋神，令典客聲喏傳言以致之。間有得緡錢於香案之側，若神以勞送者。嘗晨興呼譙門鼓吏，問夜來三更不聞鼓聲，吏惶恐，言中夜有巨白蛇纏繞其鼓，故不敢近。米領之，叱吏去，不復問。故郡人皆疑其蟒精，至今父老猶傳道之。

劉知常，襄陽人。其兄爲襄陽縣之胥魁。知常始生，皓首赭面，里俗謂之社公兒。年十四五，隨閭里出遊萬山。俄獨行迷路，望遠峰之顛有光景，趨即之。見一道士，坐磐石上，訴以迷路之狀，且告之饑。道士袖出一物餌之，頓覺果然。道士指以歸路，且約明日復會此。知常既歸，一宿而皓首變黑，面皙如玉。如期而往，道士已在，遂授金丹之訣，且告之曰：「吾桐柏真人。若歸，他日苟欲見我，一念及我，即至。」遂辭歸，自是脱然有遺去塵世之志。以母老，不能違侍側，乃於所居之旁辟草廬以居，時人謂之草庵居士，而真人常降其室。崇觀間，徽宗聞其名，詔蘂珠殿侍宸往襄陽尋訪，知常與偕至京師，見於内殿，驗其方術。知常取鹽數斛布地上，疏爲畦畛，每畦相去數寸爲一竅，取藥置竅中，有頃悉成金蓮子。又取故敗鐵器錢鎛之類，以藥點化，皆成黄金。上神其術，賜以金冠象簡，緋袍皂襆，號丹華處士，視朝散大夫。以其所作黄金爲金寶輪，頒藏天下神霄宫。知常又自作金合數百，貯所煉丹，分遺公卿。太師蔡元長京嘗贈之詩，有「萬鎰黄金手化鐵，五色彩雲神授丹」之句，蓋記其實也。無爲胡知縣説。

和州兵火前嘗新建兵官廨舍，既成，兵官者挈妻孥入居之。翌日日晏，而門不啓，兵級輩怪之。呼門不應，乃毀壁以入，而室之户扃，復毀而入，乃見布席于地，盃盤肴核狼藉其上，而兵官與其妻孥數人皆踣其旁死矣。衆甚駭懼，即以聞府。乃掘其處，深數尺，得二長石，發其下，各有二骸，疑其滯魄之爲怪也。

無爲軍城内有秀溪者，初名錦繡溪。始未有城，溪水與外通，中有珠蚌，入水者足或履之，其大如席，旋即失之，蓋亦靈異。或夜傍水際，啓殼吐其光，明皎如月，照地數丈。秀之名，蓋取川媚之義也。其後築城，絶不通外，珠遂不知所在。

泉州，故陳洪進所據也。州之便廳，至今郡守不敢登。廳階常有劍影，極分明，障之不能掩，削之不能去，郡人神而畏之。屋今敝甚，而不敢葺。近城法石寺，洪進墓在焉。旁有小冢，則其女之殯也。女年及笄，未嫁而死，時或形見，遇者輒死。有連江尉龔遂良遊寺中，夜見之，翌日與人言：「吾體中大覺不佳。」且囑後事，肩輿亟送至家而殂。又士人王宗衡因至寺中，偶便旋於墓側，即得心疾，狂易不知人，逾年乃愈。李顧言朝奉説二事。

治平丁未歲，漳州地震，裂長數十丈，闊丈餘，有狗自中走出，視其底皆林木，枝葉蔚然。

泉州永春縣毗湖村民蘇二十一郎，爲行商，死於外，同輩以燼骨還其家。蘇之神隨至，語言如嬰兒，或見其形，亦能預言人休咎。有親舊往視者，蘇輒令其妻具飲饌待之，酒肴皆不索自至。其神每來，率以黎明時，先遠聞空中擊鉦聲漸近，既至，如風雨然自簷楹間而入。村人敬而畏之，相與立廟祀焉，至今猶存。黄童朝散説。

翟公遜大參汝文鎮會稽，歲嘗大旱，於便坐供張，命典謁者迎釋迦佛及龍王像，與府丞同席，而自坐西嚮，盛具乞雨於二像。明日，大雨霶霈。臨街有樓，怪不可居，民因作神像於樓上，事之甚謹，莫敢正視。公遜過之，有瓦礫自樓飛擲，正中帽簷，公遜大怒，駐車召戎官撤去神像，毀其樓爲酒肆。一日出遊，聞路旁民舍聚哭，問之，曰：「家有婦爲鬼所憑，召僧道作法治之，莫能已。」公遜曰：「審如是，胡不投牒訟於府？」民勉從之。明日，狀其事訴焉。公遜大書曰：「送城隍廟依法施行。」令民齎詣廟，以楮鏹焚之，口囑曰：「三日鬼不去，可來告。」至次日中夜，民家覺大旋風繞舍，屋瓦皆飛，病婦忽自床起，顛倒踉蹌，投門而出。家人追及門外，共執持之，移時乃蘇，云：「初見有人持牒來，云城隍追汝，遂隨之出，皆不省其他也。」自此遂愈。公遜罷鎮歸，渡錢塘，潮未當應。公遜禱而請之，須臾潮至。其異事皆此類。而性資詼詭，居於常州，建大第，市瓦數十萬。公遜取視之，嫌有布紋，曰：「吾方奉親居此，豈可置布紋於頭上耶！」以巨[illegible]一時擊碎。陶者請曰：「即不用布，無以藉坯。」公遜命取羅數十疋給之。鄭咸平老奉議説。

光州定城主簿富某，秩滿挈家還鄉。道經合肥，與其帥有舊，留連數日，館於[illegible]寺。一夕既寢，聞箱篋中切切有聲，疑其鼠也，明旦發視，中有金釵數隻，皆寸截之，別篋[illegible]羅縠甚多，皆細剪如簟紋。富大驚異，出對寺僧説之。僧曰：「是何愚鬼，此寺素未有怪也。」言訖，僧所服三衣皆已剪如綾縠矣。明日，謁帥作於客次，復舉其事，且云：「所將疋帛悉壞，惟衣服幸全爾。」俄視其衣，已剪如前。富大懼，亟辭而去。後亦無它。無爲進士李記言説。

明州育王塔，靈感甚多。魏丞相南夫母秦國大夫人祥除，飯僧寺中。丞相夫人慶國姜氏然香于臂，有高麗僧適在其間，咨嗟贊異。俄丞相之猶子鯉門指塔級間有佛現，丞相隨所指視之，良信。衆皆爭覩，悉見佛像，而各不同，或見金像鐵像，或肉色相，或見半身，或惟見頭髻，或惟見面，觀者駭異。丞相乃於諸像中，詢衆目所同見多者，命工圖之。

程迥者，伊川之後。紹興八年，來居臨安之後泮街。門臨通衢，垂簾爲蔽。一日，有物如燕，瞥然自外飛入，徑著於堂壁。家人就視，乃一美婦，僅長五六寸，而形體皆具，容服甚麗【三】，見人殊不驚，小聲歷歷可辨。自言：「我玉真娘子也，偶至此，非爲禍祟，苟能事我，亦甚善。」其家乃就壁爲小龕，香火奉之【四】，頗能預言，休咎皆驗。好事者爭往求觀，人輸百錢，乃爲啓龕，至者絡繹，小阜程氏矣。如是期年，忽復飛去，不知所在。

士人李璋妻徐氏，美豔而性靜默，居常外户不窺，惟暮夜獨行後圃。璋初不以爲異，但每自後歸，則口吻間若咀嚼物。他日密隨覘之，則徐氏入一竹叢間，俯而捫地，若有所索，歸仍咀嚼。夜於枕邊摸得一白石子，但視皆有齒痕，若齧殘然。已而視其箱中，齒痕

【三】容服甚麗　「麗」前宛委山堂本《説郛》有一「靚」字。

【四】香火奉之　「香」前商務印書館本、宛委山堂本《説郛》有「至於」二字。

之石甚多，始怪而詰之，終隱不言。始徐氏甚妬，自齒石之後，遂不復妬，更爲寬容。璋寢婢子別榻，皆縱不問。如是累年，乃病卒。

四明人鄭邦傑，以泛海貿遷爲業，往來高麗、日本。一夕舟行，聞鐃鼓聲自遠而至，既而漸近，則見一舟甚長，旌旗閃爍，兩舷坐數十百人，嘯呼鼓棹，疾進漸近，若畏人舟，徑没水半里所復出，鼓棹如前。舟師云：「此謂鬼划舡，蓋前後溺死者所爲，見之者不利。」邦傑乃還。

張斝初爲福州安南縣丞，郡有指使張悦，以州檄到縣，頗傲慢不遜，斝心銜之。後知福州，而悦爲本路巡轄馬递，至州上謁，斝踞坐廳事，引悦廷參。悦甚不堪，誦語紛紜，斝命廷卒加捶。時韓王世忠駐建州，斝即械送之，申牒訴言悦常私悦田路分之女，强逼與亂。韓王大怒，斬悦於軍門。斝後知袁州，一日坐書室，忽如中惡，僕地不醒人。左右扶掖，進湯藥，以少蘇，乃亟命取朝服來。家人問之，答曰：「適見張巡轄來，便相捽拽，今須與同往辨理。」言訖而卒。從義郎吕仲權説二事。

紹興初，福建寇亂，賊魁曰張義、張萬全、葉百三【五】，凶焰頗盛，提刑李稷臣諭降之。二張譖葉於稷臣，且言初無降意【六】，將復爲變。稷臣信之，乃植大柱於通衢，取葉以鐵索鎖縛於柱，熾炭圍遶，醯和五辛飲之，備極楚毒。稷臣躬臨視之，葉大呼曰：「我已就降，何罪至此？」體皆焦爛，乃死。自是稷臣每獨坐時，見葉在側，大惡之。後三年，稷臣

【五】葉百三　「三」，商務印書館本、宛委山堂本《説郛》作「小」。

【六】且言初無降意　「初」，商務印書館本、宛委山堂本《説郛》作「葉」。

遍體生瘡疱，狀如火灼，痛不可忍，竟卒。

王聖圖，元城先生之外舅也。未第前，嘗夢被命除給事。以有箋榜來議姻者，視其家世，惟題四字，曰靈澤夫人。明年登上第，晚年得知潞州，吏白典祠當謁者，而靈澤夫人在其數。聖圖恍然，甚驚異之。期年，以給事召。聖圖私念前夢，忽忽不樂，不復理裝爲行計。一日，過靈澤廟闕門【七】，狀甚惶遽，入問其故，曰：「此夜連夢。」遂卒【八】。

元城先生幼子景道。元城在貶所，嘗晝寢夢一道士來謁，頃之得家書，報其内子生男，而誕辰即夢道士日也，先生異之。俄還自貶所，視所生男，狀貌宛然夢中所見也，故名之曰景道，鍾愛之異於它子。暨元城再貶嶺外，景道生九年矣，忽得疾，卒於家。元城聞之，悲悼不能自勝。南海道士有異術，元城命醮以致其魂，景道果見形于位，謂元城曰：「我昔爲道士，公爲淄青節度，因射誤中吾臂，出血四合而死。今以撫育之恩，猶當償其半。」元城於是爲刺臂血，書《般若心經》以薦之。

汴河岸有賣粥嫗，日以所得錢置銗筒中，暮則數而緡之。間得楮鏹二，驚疑其鬼也，自是每日如之。乃密自物色買粥者，有一婦人，青衫素裲襠，日以二錢市粥，風雨不渝。乃别貯其錢，及暮視之，宛然楮鏹也。密隨所往，則北去一里所，闃無人境，婦人輒四顧入叢薄間而滅。如是者一年。忽婦人來謂嫗曰：「我久寄寓比鄰，今良人見迎，將别嫗去矣。」嫗問其故，曰：「吾固欲言，有以屬嫗。我李大夫妾也，舟行赴官，至此死于蓐間，藁

【七】過靈澤廟闕門　「過」原無，據四庫本補。

【八】遂卒　原爲一「闕」字，據四庫本補。

葬而去。我既掩壙而子隨生，我死無乳，故日市粥以活之，今已期歲。李今來發叢，若聞兒啼，必驚怪恐，遂不舉此子。乞嫗爲道其故，俾取兒善視之。」以金釵爲贈而別。俄有大舟抵岸，問之，則李大夫也。徑往發叢，嫗因隨之，舉柩而兒果啼。李大夫駭懼，因爲言，且取釵示之。李諦視，信亡妾之物，乃發棺取兒養之。李知縣明仲説。

王陔字希武，參政綯之子，有第宅在平江之崑山。陔居家艱，獨處於廳事之側，其家婢妾頗衆，夜則扃鎖堂門而寢。一夕，有老乳婢夢中若驚魘，其聲初甚微，叫呼不醒者久之。婢輩驚起，就榻視之，則無見矣。舉家驚駭，明燭四索，無所得，乃開扃遍索於外，得之西圃池亭之側，坐以胡床，而耳目鼻口悉爲泥塞。急扶掖洗剔去之，則已昏然不知人矣。舁歸灌沃湯藥，移時竟死。其宅牆垣四周，而中門扃鎖，則不通内外，不知何從而出也。時傳其地基故漏澤園也。

宣政間，河決，湍流橫潰，不復可塞。有河清卒牢吉，往來壞堰之傍，相視塞河之策。忽聞有呼其姓名者，至於三四，親比近闃無人，尋呼聲出葭葦間，迫視乃一大蛤蟆，蹲高如人。異而拜之，蟆問：「爾數往來何爲者？」對以河決不可塞之狀，蟆即吐一物，舉蟠承之，狀如生離支，以與吉曰：「吞此可没水七日，即能窮堰決之源。或有所覩，切勿驚也。」且授以沉置茭楗之法，云：「堰成，須廟以鎮之。」吉拜謝，忽失蟆所在。自此遂善没水，深行河底，見決處下有龍方熟寐，出如蟆所教。河決迄塞，而建廟焉。李知縣昭明仲説。

許式字叔矜，赴調京師，歸行由汴岸。舟有呼許侍郎者，直詣式舟。式曰：「誤矣，某小官也。」其人笑曰：「君即是矣。某與君有先契，聞君將歸，故欲一見。」因探懷出物一襲，曰：「以此贈行，異日得十四歲女子乳，即可餌也。」許大訝，且奇之，徐發襲，得白石數塊，堅瑩可愛，因緘藏之。是後凡歷數任，得倅博州。一日，行縣還，太守謂曰：「近一事異甚，民家一小女不夫而孕，父母弗能堪，今在禁矣，而情未得也。」許曰：「其年幾何？」曰：「十四歲矣。」許忽記囊事，特詰問之。女子涕泣曰：「實無它，但一日嘗浣衣溪旁，南岸忽有人呼某小字者，誤應之，乃一道者，熟視都無一語徑去。方應聲間，忽若有感，自爾成孕，初不知其所自也。」許因訪道者容狀衣服，即汴岸所見者也，大神其事，令人謹養視女子。及産子，取乳以磨所藏之石，應手如膏，因即餌之，經月餌盡，乳即止而子死。召其父母，告以實而釋之。其後果登禁從，享年八十，容色童潤，如少壯時云。鄉人蔡津退若説。

卷四

姚大夫安禮嘗暮宿驛舍，僕輩各已休寢。時夏夜盛熱不得寐，獨起散步屏後。聞庭下簌簌有聲，隙屏窺之，正見一叟皤然素衣頂冠，長纔尺許，策杖緩行，仰自視月，以手加額。姚初意其神物，屏息不敢驚。俄一蜣螂飛過其前，叟即舉杖一擊墮地，俯拾裂食之。姚乃拔劍逐之，轉過廳側廊廡後，走入鬱棲而滅，插劍識之。明旦，命僕發視，得一白蝟甚大，旁有故鐵托火箸各一，蓋其冠杖也，乃殺之。驛舍舊多怪，自此遂絶。陳襄仲謨説二事。

張無盡之子龍圖公，家於義興郭外。有故遣僕入邑，舟行數里，日將没，見一婦人行岸上，手挈油罌，迎舟而過。僕熟視，即家故婢招喜也。名呼之，不應，去愈疾。停舟追及之，方悟其已死，因問：「尔今安在？」婦人遠指岸側一古木，曰：「吾居是間。」復問：「須油安用？」曰：「吾遍體創裂，藉此膏潤，則痛少差耳。」且謂僕：「郭門外精舍老僧，戒行嚴潔，惟日誦《金光明經》，爲吾求誦十部以資冥福，當即往生。」僕如其言，訪僧誦經，還過其處，擊木呼之。俄有白衣叟出木穴中，曰：「招喜得經已受生矣。煩再爲吾誦十部。」僕方問其何人，忽不復見。他日復訪僧誦經，但以木中老人回向云。

宋左藏晛嘗言：家故澤州，有第宅園圃。牆角有古冢，因治地發之，得一石誌，題曰：「郡守李公之墓。」壘石爲藏，棺中朽骨一具，無它物，而棺之側斫石爲乳婢抱哺一嬰兒，不知其何爲也。

士人李武錫嘗得疾，惟脊骨間痛不可忍，百藥攻治不效，若此數十年。後因改葬其父，易棺遷其骸，脊骨節間有大白蟲，乃撥去之，自此脊痛頓愈。吴大任承務説。

宗室趙伯瑄居明州小溪，遊俠尚氣，建第宅甚雄。嘗暮行溪濱，見有物自其宅門出，乃一熏籠，自行蹣跚勃窣，徐過其前。驚顧之間，乃疾行入水而没。俄而伯瑄死。張漢卿省幹説。

常州華嚴寺僧道良，爲知庫數年，多所乾没。忽卧病危惙，長老道素夜夢良來云：「且往近庄養疾去。」逮曉，則報良已卒。俄近莊報牛夜産犢而病一目，良素眇，皆驚訝。他日道素按視近庄，取犢視之，見素淚下。素謂曰：「汝知庫耶？業報如此，當隨吾還寺，曳磑作麵供衆，以償宿負。」犢即隨肩輿以行，不待驅逐。既至寺，日作麵兩石。有常課。主者竊增其數，犢至常課即止，驅之竟不行。或呼知庫良公撫勞之，則淚下。有僮行斥良名罵之，曰：「盜常住賊。」則怒目奔觸，人力不能制。素令日以僧食啖之，酸賺至頓食五十枚。僧從簡言親見其事。

紹興辛未歲，四明有巨商泛海行十餘日，抵一山下。連日風濤，不能前，商登岸閑步，絶無居人，一徑極高峻。乃攀躡而登，至絶頂，有梵宫焉，彩碧輪奂，金書榜額，字不可識。

商人遊其間，闃然無人，惟丈室一僧獨坐禪榻。商前作禮，僧起接坐。商曰：「舟久阻風，欲飯僧五百，以祈福祐。」僧曰：「諾。」期以明日。商乃還舟，如期造焉，僧堂之履已滿矣，蓋不知其所從來也。齋畢，僧引入小軒，焚香瀹茗，視窗外竹數個，幹葉如丹。商堅求一二竿，曰：「欲持歸中國，爲偉異之觀。」僧自起斬一根與之。商持還，即得便風，就舟口裁其竹爲杖，每以刀鍥削，輒隨刃有光，益異之。前至一國，偶攜其杖登岸，有老叟見之，驚曰：「君何自得之？請易以簞珠。」商貪其賂而與焉。叟曰：「君親至普陀落伽山，此觀音坐後旃檀林紫竹也。」商始驚悔，歸舟中，取削葉餘札寶藏之。有久病醫藥無效者，取札煎湯，飲之輒愈。陳仲謨知録説。

程泳之沂爲平江昆山宰，秩滿，其弟鉅爲府監倉，乃攜其家就居焉。一日，泳之方與妻對食，忽有髑髏自空墮几案間，舉家駭愕。泳之爲祭文而埋之。不數日，泳之妻病，日寖加劇。一夕爲鬼所憑，下語云：「我李貫也。爾先爲吾妻，酷妒特甚，三婢懷妊，皆手殺之。今使吾無後，職汝之由。吾既死，資財且多，曾不爲吾廣作佛事，以伸薦悼，乃盡奄有爲再嫁資。吾已訟於陰府，不汝置也。」妻遂冥然。有道士善治鬼，使視之。道士取幅紙密呪，展示童子，童子怖曰：「正見一庭下有一人【二】，袍笏而立，旁有三婦人，皆被髮流血，庭中捽一婦人，鞭之甚楚。」程視之果然，遭鞭者乃其妻也。道士曰：「此已爲陰府所逮，疾不可爲也。」程懇祈徒欲其少蘇而訣，道士復作法書篆文焚之，童子復視，則曰：

【二】正見一庭下有一人　「一人」，原作「人人」，據四庫本補。

「鞭者已停捶矣。」程亟入視其妻，果漸蘇醒，能言，問之，乃言前嫁爲李貫妻，實嘗殺婢，故爲所訴。乃囑程集篋中某物，皆貫故物也，可貨以飯僧。已而竟卒。陳監倉鉅説。

有士人寓跡三衢佛寺，忽有女子夜入其室，詢其所從來，輒云所居在近。詰其姓氏，即不答，且云：「相慕而來【二】，何乃見疑？」士人惑之。自此比夜而至，第詰之，終不言。居月餘，士人復詰之，女子乃曰：「方將自陳，君宜勿訝。我實非人，然亦非鬼也。乃數政前郡倅馬公之第幾女，小字絢娘，死於公廨，叢塗于此，即君所居之鄰空室是也。然將還生，得接燕寢之久，今體已蘇矣。君可具斤鍤，夜密發棺，我自于中相助。然棺既開，則不復能施力矣，當懵然如熟寐，君但逼耳連呼我小字及行第，當微開目，即擁致卧榻，飲之醇酒，放令安寢【三】，既寤即復生矣。君能相從，再生之日，君之賜也，誓終身奉箕帚。」士人如其言，果再生，且曰：「此不可居矣。」脱金握臂，俾士人辦裝，與俱遁去。轉徙湖湘間，數年生二子。其後馬倅來衢，遷葬此女，視殯有損，棺空無物，大驚聞官，盡逮寺僧鞫之，莫知所以。馬亦疑若爲盜發取金帛，則不應失其屍。有一僧默念數歲前士人鄰居久之，不告而去，物色訪之，得之湖湘間。士人先孑然，復疑其有妻子，問其所娶，則云馬氏女也。因逮士人，問得妻之由。女曰：「可併以我書寄父，業已委身從人，惟父母勿念。」父得書，真其亡女筆札，遣老僕往視。女出與語，問家人良苦，無一遺誤。士人略述本末，而隱其發棺一事。馬亦惡其涉怪，不復終詰，亦忌見其女，第遣人問勞之而已。盧縣丞連德

【二】相慕而來　「慕」原作「暮」，據四庫本改。

【三】放令安寢　「令」原作「冷」，據四庫本改。

廣説二事。

待制盧知原知某州日，有軍卒妻生子，未周歲而死。既殯葬，輒夜歸乳其子，卒與語則不應。復謂之曰：「死生異路，生兒飲亡者乳，恐不相益。」亦不應。如是比夜而至，卒懼且疑，曰：「是未必果亡妻，或鬼物所爲，不去必害此兒。」乃密置刃席下。是夜復至，舉刃逆之，應手而滅。明旦卒卧未起，有扣門者，出應，乃捕吏，即執之，曰：「爾殺人。」視血蹤，自藏尋之直至妻墓，有屍伏於冢上，其腰被刃，流血而踣。卒辯實不殺人，視屍狀貌衣服，宛然亡妻也。因自述其事，鄰里爲證妻實病死，葬且多日。乃發冢驗之，棺空無物。待制之子連親爲予言，且云：「此獄適當盧公罷州之際，竟不知後政何以決之。」

蘇州昆山慧聚寺僧如遠，善醫，多受謝遺致富，而不守戒律。一日遇寒食節，邑人陳監倉襄作裹蒸百枚，分半饋之。遠發器食解包，盡成泥塊。俄而遠卒。陳仲謨説。

蜀道多山鬼，有小吏遠迓憲車，同徒數人。日將暮，見道旁一婦人，攜汲器立溪側。小吏就丐飲，且挑狎之。婦人初無難色，談笑而道之。吏引手捫其胸臆間，皆青毛，長數寸，冷如冰。吏驚呼而走，婦人大笑，挈汲器徐步而去。李仲明云司馬端行説。

辛未趙榜有進士魯璪，省試納卷畢，將出門，偶思省題詩誤押旁韻【四】，倉皇反走五幕求之。時卷軸混淆山積，人語喧閧，決謂不可檢尋，歎恨憂沮。適一老吏問其故，曰：「吾能爲公取之。」璪賂鏹二十千，吏即入幕，於亂卷中一探得之，以授璪，乃塗竄其誤。

【四】偶思省題詩誤押旁韻　「押」原作「抑」，據四庫本改。

吏囑曰：「謝鏴幸爲送吴山坊某人家，即我家也。」璪喜謝而去。越三日，往訪其家，則云某人者故太常吏人，死已旬日矣。詢其狀貌，正貢院所見者也。璪驚喟，因語其故，且感其德，以鏴付其家。已而登第。

建炎間，泉州有人泛海，值惡風，漂至一島。其徒數人登岸，但見花草甚芳美，初無路徑，行入一大林，有溪限其前，水石清淺。衆皆揭涉，得一徑，入大山谷間。俄見長人數十，身皆丈餘，耳垂至腹，即前擒數人者，每兩手各挈一人，提攜而去。至山谷深處，舉大鐵籠罩之。長人常一人看守，倦即卧石上，卷其耳爲枕焉。時揭罩取一人，褫去其衣，衆共裂食之。内一人竊於罩下抔土爲窟，每守者睡熟，即極力掘之，穴透得逸。走至海，值番舶得還。言其事，莫知其何所也。武康鄭丞咸平老說。

湖州武康監税周光，以職事被檄入府，館於一寺之僧堂。每夜，常見聖僧像前鼠盜其供物果實之類，入于像座之下。一日，乘間於座下尋之，則鼠乃聚故碎經紙爲窠，内有新生鼠四枚，皆無足，宛轉啾啾然。蓋毁經盜果之報也。

昆山慧聚寺山岩中，有開山響大師石像，前有二石虎，一夕忽失其一。他日，有人見於常熟虞山中。石重，非可倉卒徙置，蓋歲久能爲怪耳。

金陵舟梢李某者，其妻言有一姊平日惟誦《金剛經》，死十餘年。近其夫家欲火其骨，啓殯，朽化都盡，惟其肝心宛然獨存於白骨間，略無損敗。既火化，愈堅如腊然。蓋誦經之驗也。

建炎間，術者周生觀人書字分配筆劃以知休咎。車駕自明駐杭時，虜騎驚擾之餘，人心危疑。執政戲呼周生，偶書杭字示之。周曰：「懼有警報，虜騎將逼。」乃拆其字，以右邊一點配木爲朮，下即爲兀。不旬日　果傳兀朮南侵。趙相、秦樞廟謨不協，各欲引退，二公各書退字示之。周曰：「趙公即去，秦必留。日者君象，趙書退字，人去日遠；秦書人字，密附日下。日字左筆下連，而人字左筆斜貫之，蹤跡固矣，欲退得乎？」既而皆驗。

吉州民家有畫入定觀音像，供事謹甚。一日，像忽開目。其家初疑兒童爲戲，明日視之，復閉如初，方大驚異。後數日，其家一僕忽自經於佛堂。黄知縣童士季説。

紹興壬午歲，海陵有貨藥者，牽一牛，臂胜間生一人面，耳目口鼻皆具，傍出一人手如嬰兒臂。外兄胡元常親見之。

峽江水中有物，頭似狻猊而無足，自頸以下扁闊如疋練，粘涎如膠，喜食馬，土人謂之馬皮婆。有浴馬於江者，輒伺無人，揭舉其尾覆罥馬背腹間，曳之入水。土人或縶馬於岸，其物擲尾罥之，馬縶不得去，而其物膠不得脱，則捕而殺之。李昭明仲説。

章思文，福唐人，家世貧窶，思文以鈎距心計致富。初一武臣忘其姓名。監秀州華亭縣鹽場，贓污不法，多受亭户賄賂，任思文以爲肘臂，約所得中分之。武臣者以方在任，欲匿其跡，故受賂多寄思文所，信之不疑也。秩滿受代，乃從而取之，思文盡乾没不與。武臣者不勝憤恨，致疾以死。思文暮年始生一子，鍾愛之，而其子幼則多病，治療之費，竭産不恤。年六七歲竟死，思文慟悼，恨不身代之也。蓋棺之際，痛不能舍，復舉面冪撫之，則其子面已變如向武臣之狀，盛怒勃然，懼而亟瘞之。趙謙之司户説。

成都楊道人，本坊正也，素嗜酒無行，遭杖罰者屢矣。嘗於市肆遇異人，風采秀聳，楊日與之飲，凡日所得，悉爲飲費。久之，異人曰：「能從我遊乎？然子有妻子之累，如何？」楊曰：「棄此直差易耳。」歸則手書與妻訣，仍尋配嫁之，一子數歲以予人。他日，復遇異人，則曰：「累已遣矣。」因自述其詳。異人曰：「誠然乎？當隨我所之。」楊敬諾從之。復痛飲酒壚，日暮乃相將出城。是夜，月明如晝，異人前行，相去常百步。初如行十餘里，乃下路，望大山林蔚茂處，漸行草莽中。又數里，楊覺履地甚濕，繼而水没足，乃大聲呼曰：「迷路入水矣。」異人曰：「第前，無苦也。」楊復前行【五】，水浸深。又行一二里，則没膝及股，而異人前行無異平地也【六】。乃解衣深涉，水及腹，俄及胸臆，楊猶進不已，則水已承頤，乃復大呼，以水深不可進。異人喟曰：「惜哉，子未可往也！」恍惚間如夢覺，乃身在城濠橋上，異人亦在其旁。即於橋下取一小鐵鐺，及於腰間解一皮箧，贈之曰：「子緣未至。」乃長揖而去。追之數百步，忽不見。楊自是發狂，乍悲乍喜，語言無倫，如病心人，往往預言人休咎，學道者從之寖多。每月八日，輒施貧丐者，自府治之前，

【五】楊復前行　「行」原作「無」，據四庫本改。

【六】無異平地也　「平」原作「乎」，據四庫本改。

分坐通衢兩邊，直抵城門，楊以鐺煮粥，令其徒舁以自隨，躬以杓盛粥給丐者。仍於皮篋中取錢與之，人二十文。丐者率數百人，而所給常足。李修撰任四川都漕，治所在成都，常邀相見，敬待之。子弟輩與之狎，或戲匿其篋，楊索之不得而去。度明當施貧，乃來求取甚力。既得，即欣然置腰間，以手撫之，錢已滿矣。身衣敝衲，或贈以新衣，即服之，顧視喜笑，仍收其故衲。或求之不與，明日視之，敝衲如故，新衣隨即施於貧者盡矣。一日謁李，時方獨坐後圃之舫齋，楊視左右無人，曰：「吾餉使君一物。」即作嘔噦之狀，鼻涕涎沫交下，吐出一物，以掌承之，明徹如冰玉，命李吞之。李有難色，遲疑間，楊即復自吞之。跳入齋前池水中，大呼殺人數聲，李命左右扶去。不數月而李卒。又有寇先生者，有道之士，李亦招接之。一日，寇自山居詣城謁，李適出赴府會，子弟請坐書室。寇忽問曰：「運使每出赴公會，宅厨亦破食料否？」子弟曰：「然。」寇曰：「某來特報一事：近至冥府，視運使食簿無幾，宜極裁節。」子弟初不之信，未幾而李果卒。二事殿撰之孫明仲親爲予言。又云是時復有席子先生者，不知其何許人，亦莫詳其姓氏，蓬頭垢面，以一席裹身，伏于官道之側。以食與之，即伸首取食必盡，數日不與食，亦不饑。所處不復移徙，未常見其溲便。蓋亦異人也。李明仲言四事。

宣和間，沂密有優人，持二子號曰胡孩兒，年各六七歲，童首而長鬛，所至觀者如堵。自云其婦孿生，此二兒生而有髭【七】。亦不知優人所自來，後失所在。尋而胡醜亂華，蓋

【七】此二兒生而有髭　「有髭」，宛委山堂本《説郛》作「倩麗」。

人妖也。

逆亮末年，自製尖靴，頭極長鋭，云便於取鐙，而足指所不及，謂之不到頭。又爲短鞭，僅存其半，謂之没下鞘。其後渝盟犯順，果爲其下所戕，死于江上。

卷五

李尚書倞，居密州城東都曹之舊廨，素傳多怪，空不敢居。李初得之，未徙居間，一日有鬻冠珥者過其後門，見數婦人各買冠珥以入。鬻者意李之後房，待其取直，久立門側，闃不復出。轉至大門詢之，則扃鐍甚嚴。見守舍卒告之故，卒曰：「空宅耳。」乃與啓關入視，則冠珥之屬或列置竈上，或懸掛壁間。李既入居，一夕獨坐書室，張燈觀書，令滿注膏油，俾僕各休寢。夜分，燈釭忽無故自墜，覆書册上。李亟呼燭視之，釭正安几上，油膏如故，無涓滴沾污。乳母攜小兒戲，便坐階側。有竹篙滿貯石灰，小兒至篙所大驚呼，乳母走從之，云適見一小人立灰中，面甚醜怪。他日視土地祠中木偶，小兒指曰：「此即前日灰中所見也。」李後修治其屋，開通屏障，撤屋瓦改覆，每瓦溝下置細書天童神呪一軸以厭之，怪不復見。

李通州者，忘其名。一女既笄，遴擇佳壻，久未有可意者。一日，有陳察推者通謁，與李有舊，敘話甚款，因言近喪偶，且及期矣，言及歔欷流涕。且言家有二女，皆已及嫁，思念逝者，悲不自勝。李女自青瑣間窺之，竊謂侍婢曰：「是人篤於情義如此，決非輕薄者，得爲之配者亦幸矣。」因再三詢其姓氏，每言輒及之。陳時年逾强仕，瘠黑而多髯，容狀塵垢，素好學，能詩，妙書札。李喜之，每歎曰：「使其年貌稍稱吾女，亦足婿矣。」女聞之，竊謂傅姆曰：「女子托身，惟擇所歸。年之長少，貌之美醜，豈論也哉！」由是家人頗識女意。媒議他姻，則默不樂。父母怪之，曰：「豈宿緣耶？」乃遣媒通約。陳初固拒，以年長非偶，其議屢格，則女輒憂憤，或愠不食。父母憂之，固請，不得已乃委禽焉。女喜甚，既成婚，伉儷和鳴，撫陳之二女如己所生。謂陳曰：「女已長，婚對當及時，不宜緩也。」朝夕屢以爲言，且廣詢媒妁，不半載而嫁其長女，傾資奉之。陳曰：「季女尚可二三年。」妻曰：「不然。」趣之尤力。陳辭曰：「縱得婿，今無以備奩具。」妻曰：「第求婿，吾爲營辦。」又數月，亦受幣，亟議嫁遣。陳曰：「奈何？」妻忽謂陳曰：「君昔貯金五十星於小罌中，埋床下，盍取用之？豈於己女而有吝耶？」陳大驚曰：「汝何從知之？」但笑而不言。蓋陳實嘗埋金，他人無知者，因取用之。不期年，而二女皆出適。妻謂陳曰：「吾責已塞，今無餘事矣，當置酒相賀。」乃與陳對飲，極量歡甚，各大醉而寢。翌旦醒覺，妻忽驚遽大叫曰：「此何所耶？」顧陳曰：「爾何人也？」陳大驚，疑其心疾，媵侍輩圍守。妻驚恐惶惑，問曰：「我何爲在此？」媵侍曰：「夫人成親一年，豈不省耶？」妻都不曉。俄其父母至，撫慰之，因歷言其本末。妻大慟曰：「父母生女，不爲擇配，此人醜老可惡，忍以我棄之耶？」不肯留，乃送其家。自言恍如夢覺，前事皆不知之。陳亦悟埋金之事，惟其亡妻知之，疑其繫念二女，而魂附李女，以畢姻嫁也。後竟仳離而改醮焉，異哉！王教授伯廣師德言。

李允升字子猷，毗陵人。紹興甲戌歲登第，再調官知建康府上元縣。方待闕次，一日家居燕坐書室，忽見黃衣聲喏于庭下，云齎到敕牒。李驚曰：「吾新任敕牒，久已取至，豈復有此？」黃衣人即探懷取一黃牒授之，乃大署曰：「李某可充荆陽坊土地。」李方以自有新任辨爭間，則已有人從羅列庭下。黃衣人曰：「必未欲赴，須白之城隍。」乃扶上馬，徑詣城隍祠，亦以新任自理。神曰：「天符不可違，可自署狀，願新任滿日赴上。」從之，神命送之還。將出，見里人張某者，荷械于廡下，李悟其已死，前問其良苦。張曰：「煩歸謂吾兒，吾嘗於某年月日發心作一醮事，手疏釘置梁拱間，人無知者，令爲我償此心願。」生至家，從者乃聲喏辭去。恍然身乃坐胡床上，歷歷記其事，似夢非夢。家人皆不覩其他，但見其咄咄獨語，復舉手如握筆書字狀。因詣張氏，道其所見。其家如言索之，果得張手疏，宛然不差。李後到任，坐罪流嶺南，竟未曉荆陽之説。

蜀人孫思文，美風姿，每自負其標韻。娶妻姝麗，伉儷之間，相得歡甚。一日，偕詣神祠縱觀，思文指神像謂妻曰：「彼孰與我美？」妻曰：「卿似勝也。」夜歸，思文夢神召責之，叱令換其面。即有數鬼捽至一處，見若假面數十，取其間領頤蹙頞大醜者，割去面而易之，驚呼而寤，以手捫面，覺有異。呼燭視之，果然。妻即怖死，孫大悔恨而已。

臨川屠者張某，晚年頗悔其業，自以宰殺物命至多，必受惡報。又其體至豐肥，乃日誦佛號數百聲，晝佛像瞻禮，惟祈命終之日不值暑熱，人皆笑之。如是積十數年，忽盛夏死。其家素貧，無以棺斂，人謂必臭潰矣。俄天大雨，停屍破屋之下，漏下如注，遍濕其體，經夕悉凝爲冰。凡停三日，略無變動，鄰里爲營葬之。魏良佐通判說二事。

表弟魏良佐，嘗自長沙逆婦折氏還三衢。未至家十里，暮夜不能前，泊舟溪岸。中夜月色如晝，舟人皆寢，聞舳尾拍浮之聲，疑其盜也。起視，見一人援柂欲上，操篙擊之，其人釋柂而詈，語音嘲哳不可曉，始懼其爲鬼物，倉猝移舟避之。隨舟而罵，聲益厲。中流極深，而其人常出半身於水面，且行且罵，三二里去舟益遠，乃默無聲。諦視，乃流屍也。至家未久，而折氏病卒。

福州郡治，王審知故宮也。便坐極雄麗，郡守至者莫敢升，稍涉庭堦，即有文身見於梁間。郡人或傳昔嘗有郡守失其姓名。不之信，至即視事于便坐。須臾有叱聲出于屏間，守謂曰：「吾以朝命守此，便坐吾所宜居，鬼物若何擾人？」應曰：「吾居此久矣，累政皆見避，公何獨見逼耶？」守叱之，鬼曰：「吾不汝校，當有與汝抗者。」守不以爲然，自是比日升便坐。旬餘，守方據案，有卒被酒挺刃突闥而入，刺守殺之，左右亦殺卒。噫，是果審知之神乎？將卒以酒而狂易，適與神之言會乎？抑守之命固及此，而神因藉以爲靈乎？夫用物精多則魂魄强，是以有精爽則神或有之矣。然郡守而視事于便坐，正也，鬼而亂人之居，非正也。以非正而害正，不爲濫誅乎？昭昭在上，其又聽而弗問乎？或者以審知故國，天假其靈，使有所歸，則廟食足矣，奚至奸亂於人如此乎？昔吴興郡於廳事爲神坐以祀項羽，號憤王，甚靈響，前後二千石皆於廳拜，祠以輣下牛而避居他室。及蕭彦喻爲太守，著履登廳事，果聞室中有叱聲，彦喻厲色曰：「生不能與漢祖爭中原，死據此廳事，何也？」因遷之於廟，而廢槌牛之祀，竟亦無他。以羽而視審知，固不可同日道，至其爲鬼，亦不若羽之服義也。

紹興間，一郎官，不欲言其姓字，踈蕩不檢，一朝士與之善。朝士家有數妓，客至，必出以侑酒。郎官者與一妓私相悦慕，而未得間。一日，郎官折簡寄妓，與爲私約，朝士適見之，妓不敢隱，具言其故。朝士曰：「然則非爾之過，當爲爾輩爲一笑資。」姑答簡，與之期以來夕密會於西廂，且云主人者適有故之城外，越日乃歸，此機不可失。」郎官得簡，喜不自勝，如期赴之，妓已先待於會所。引入屏後曲房，妓先登榻垂幔，命郎官解衣而登。暨前褰幔，則妓已自榻後潛去，朝士者方偃卧榻上，瞠目視之。郎官羸露，惶遽欲走，則門已閉。朝士謾爲好辭謔之曰：「與公厚善，何爲如此？妓女鄙陋，不足奉君子之歡，已遣歸矣，惟公勿訝。」徐起復曰：「某家使令稍衆，不略相懲，彼將觀望，無所畏憚。」乃呼群僕掖之于柱，以巨竹挺撻之二十，流血及髁，呼服謝罪。復謂曰：「與公素善，故不欲聞官，薄示庭訓，亦不泄於它人也。」乃遣出，亦不與衣，其人狼狽遁還。明日朝路，仍復相見如故云。盧德廣説。

無爲有陳氏，家資累百巨萬，而主人者貌甚寢陋，時謂之陳獼猴。起宅于郡治之西南，頗華壯而多怪。紹興改元，大盜焚劫之餘，觸目荆棘，有賈知丞和伯借其宅居之。堂後地形隆高，夏夜納涼，忽聞絲竹之聲甚微，而清遠可聽。屬耳久之，乃在地中，疑古冢也。

平江陸大郎者，家頗富厚，有別業在平山。一庵僧與之素善，僧所置産業，率皆寄陸户内。既久，陸遂萌乾没之心。僧索之，不與，乃訟之官。陸多推金錢賂胥輩，僧不得直，反坐誣詐。僧不勝忿恨，乃日焚香望陸門而拜且禱，願爲其子，取償所負。久之，僧死。逾年，而陸生子，以年長始立嗣，鍾愛之，號曰小大郎。稍長，遊蕩不檢，家資爲耗，陸不之禁也。及陸死，小大郎者奉葬甚厚，是後妄費益侈，不數年財産蕩盡。無以爲計，乃伐墓木以易斗升，既童其山，則又托言風水不利，發取其棺及甃甓之屬，盡賣之，焚其骨，棄燼湖中。人皆謂小大郎即僧後身，蓋伐墓焚屍之酷，非至讎不忍爲也。今世之不肖子以貧故，若小大郎所爲者多矣。是雖名爲子孫，安知非宿世冤憎，願力之重，假托以償其忿耶！但業緣所牽，一經歌羅邏位，則不復自知耳。鄭光錫都承說。

遊學士酵捐館，棺際舍利湧出，靈座亦有之。其邑封爇香祝之，曰：「性相空寂，況此幻身，本來無有，既到這裏，莫作野狐精魅。」俄而舍利皆不見。表兄魏守高佐說。

閩人鄭鑑虚中，假玉泉僧舍教授生徒。居久之，日覺瘦悴。友人訪之，見其露臂，膚革虚黄如蟬蜕然，怪而問之。虚中恍惚若譫言者，曰：「居妻家亦頗樂，偶自瘦爾。」虚中初無室家，友人疑其妖魅所感，驚謂之曰：「君未嘗娶，何者爲妻家？得無妄想耶！」虚中遽若省悟，但唯唯愧謝而已。是夜即得疾，繼而殂。寺僧云其所寓室，有數政前兵官子婦之棺瘞其下，而鄭初不之知也。他日兵官之家發取其殯，棺壞易之，見其屍初不朽，而自腰腹以下肌肉如生。人始悟虚中蓋與之遇也。何庇縣尉説。

朱藻字元章，徽人。某年南宫奏名，方待廷試，有士人同寓旅邸。士人便服日至瓦市觀優，有鄰坐者，士人與語頗狎，因問其姓字鄉里，皆與元章同，士人訝之。又云：「某幸已過省，而不得及第，今且欲部中注授差遣。」士人益怪之，未及詳詰，適優者散場，觀者閧然而出。士人與鄰坐者亦起出門，將邀就茶肆與語，而稠人中遂相失。士人歸邸，與朱言及，共拊掌笑其妄人，以朱登科，故冒其名字也。頃之庭對，而朱以犯諱降學究出身，且就部闕。因追憶曩者士人所遇，蓋鬼也，益知科名無非前定。司農及寺丞躬明説。

秦奎爲鄂州都統司幹官，嘗於臨安買一妾歸，居數年，生一男。其妻嘗以事怒之過甚，妾不勝忿，厲聲曰：「我非人也，何乃苦見凌逼！」妻叱之曰：「汝非人，是何物？」妾即應曰：「我乃鬼耳。」忽變其形長大，容質不異，而額抵屋極。舉家駭愕，已復如故。詰問之，終不言其所以。其家以其子慕戀之故，亦不遣之，今猶在其家。周師禹左藏説。

曹滋字仲益，嘗以幹至衢州江山縣。縣有江郎廟，滋聞其靈響，往拜謁焉。廟有二女像甚美，俗傳江郎之女，滋心悦慕，注視甚久。見一像若動目相盼者，驚懼而還。夜夢其女來與之偶，久益狎，往往暮夜不夢而至。間與滋論文，多所啓發。俄而滋苦羸疾，其家命道士作法驅之。女怒曰：「相慕而來，非有不利於子，何乃見逐？吾不可復留此。」會曹亦將行，送之出州境，泣别而去。七舍鄭稱説。

靳瑶者，丹陽牙校，嘗得譴，避地維揚，與其妻偕謁后土祠。甫瞻禮間，妻遽得心痛，寖劇不省人，與歸即死。郡人素傳有五通神依后土祠爲祟，瑶不勝哀憤，既斂火化畢事，即具羊酒詣城隍祠禱且訟。翌日暮歸，還經后土祠東空曠處，見婦人獨行漸近，乃其妻也，相持悲慟。妻曰：「我感君掛念之恩，且有憾焉。君既訟于神，神俾我還。既被焚，乃無所依。君若不忘平生伉儷之情，當爲至懇，萬一再生。」瑶請其故，妻曰：「城南十五里外，有茅君者有道術，君往求焉。」言訖而隱。瑶詰朝走城南訪茅君，果得於村巷中，茅篰荆扉，教授村童十數人。瑶前拜之，茅起遜謝再四不已。茅問來意，瑶具陳其故，茅初笑曰：「此何等事而告我？」拒之甚力，繼之以怒。瑶懇益勤。茅默然良久曰：「君真篤於伉儷者，姑以事狀來。」瑶已素備，即探懷出狀。茅覽之，就其書几取筆連書數十字，類隸草，淡墨欹横，茫然不可曉。語瑶曰：「持此北去十里所，有林木神祠，扣扉當有應者，即以授之。」瑶如其言，至則茂林蔭翳，廟極邃深，森然可畏。勉扣其扉，有青衣童出，受書而入。俄頃復出，斬竹一根，囑瑶曰：「騎此，但閉目東行，當有所覩。」瑶跨竹去如駛馬，時竊開目，則竹止不行，所向皆荆棘，復閉目則又迅馳。久之，忽覺自止，開目乃見粉垣華居，若王侯居第。有人引瑶入，指東廡下小門，令瑶入觀。回廊四合，中有婦女，或笄或丱以百數，而妻在焉。近語瑶曰：「感君之力，今冥官許借體還生。城東有朱氏年十八九，某日當死，我之精魄徑投其體，則再生矣。然彼身則朱氏女也，君當往求婚。冥數如此，必可再合也。」復遽曰：「君不宜久此。」送瑶廡門。瑶出，門亦隨閉。回視殿堂，皆神物塑像。亟趍出門，所乘竹故在，倉卒復跨之，瞑目，覺去愈疾。如行三里所，忽若馬蹶墮地，驚顧，乃在城濠側，已昏暗嚴鼓後矣。褰衣揭水，攀垝垣以入。至其日，訪城東朱氏，聞其女病甚。瑶固已疑，徊翔鄰近，至午後聞其家哭聲甚哀。移頃哭聲遽止，詢之，云女復蘇矣。瑶怪其事頗驗，暨復訪茅君，則室已虚矣。自是暇日時一至城東，密訪其鄰，皆云朱氏女自還魂，神識不復如舊，至不識其父母兄弟，但口時問靳瑶何在。瑶因托媒氏通意。父母聞瑶姓名，已駭愕，遽入謂女曰：「靳瑶今來議汝姻矣。」女曰：「此我夫也。」自此口不言靳瑶，其家竟以歸之。它日瑶從容訪以朱女及其故妻前事，皆懵然不省云。

新廣州李司理篪説。

毘陵薛季成元功，紹興乙卯登科，再爲邑令。不能脱選，時意倦澔，乃請於朝以歸。命下，以通直郎致仕，未幾病卒。無子，其姪爲主後事，且録致仕告身置之棺，倉卒間誤書左字爲右，其姪亦不之審也。居無何，夢爲人逮至一官府，季成據案坐，作色數之曰：

「吾平生讀書，僅得一官，自謂不負筆研，今乃誣吾進非科第，使吾愧見同列，奈何？」命左右挺之數十。姪惘然夢中憶昨誤，乃再三引咎。季成色稍霽，叱令改正，乃釋之使去。姪既醒，别書告焚之，後不復夢。人疑其爲神云。費究承務説三事。

晉陵丁端叔連【一】，乾道初元赴鄉舉。未試前數日，夢人授以敕牒，視其文，曰鄉貢進士丁可留云。端叔既寤，私喜，欲易名可留，又念語不雅馴，乃止。既試畢，考官丁可者見一試卷，絶愛之，以病先出院，屬同考官必令置之前列。及發封，乃端叔也。始悟丁可留之證。竟以是舉登科。

錫山許宗美琮，紹興己卯隨計吏試禮部，與同舍禱于太一宫，默以所見爲得失之讖。觸目一牌，云「竺落黄茄天」，宗美以犯落字，大惡之。是歲果被黜，後入太學爲諸生。以壽皇登極恩赴省，復詣宫如前禱焉。禱已，周行廊廡間，才舉足，則見二神位云河魁、從魁，宗美甚喜而出。洎南宫揭榜，何自然爲省元，而宗美以詩賦魁。前場蓋讖二魁之姓名云。

【一】晉陵丁端叔連　「端」原作「瑞」，據四庫本改。

卷六

鹽官上管場亭户鄔守興，紹興十八年夏旱，田苗皆槁，鄰人相率訴於縣官以免税。守興曰：「吾聞旱乾而投訴，即是訴天。且吾家二税並是折鹽，何用訴爲？」乃獨不預名。明年夏，復大旱，一鄉盡成枯槁，惟守興田時時得雨，是歲獨稔，收倍常年。曹元裕省幹説。

成忠郎張珏，靖康間隸禁旅。都城失守，衆潰爲盜。常過金州一山寺，緇徒皆已竄避，乃聞一僧房後婦人笑語聲。怪而尋之，乃大蛇蟠結數堆。驚視之際，俄失所在。知光州趙謙之説四事。

邵彪大夫未第前，夢黄衣人持春牓來，欣然取視，牓背乃有己姓名，而下注一龍字。寤而自解，謂必應龍首之選。來春登第，乃在行間，餘年而耳聵，姑悟龍者謂聾也。

宣和間元夕，州西酒樓一道人來索酒痛飲，初不持錢，將去，取筆題詩壁間：「偶到皇都玩月華，笙歌留我醉流霞。勸君不用悲塵世，天上人間只一家。」乃探懷取藥匕許，拭杯即成黄金，以償酒直。明日譁傳都下，禁中聞之，以金十兩易其杯去。

奉直大夫錢璘，乾道丙戌任臨安倅，嘗夢一偉丈夫黄衣冠曰：「吾土宿也。」熟視錢久之，曰：「一軍足矣。」覺言其夢，謂當得軍壘，俄而病卒。初錢再娶張氏，悍妬，且不事事，傾橐嫁其二女，家資蕩盡，至不能葬。時葉夢錫丞相奉使餉軍朱方，其子説之詣葉告急，乃俾部無爲軍錢綱，得水脚資數百千以畢葬事，始驗一軍之説。

吕仲發顯謨宰安吉日，縣圃有大杏一株，十月間忽開花四朵，全是薔薇，殊不類杏。自是吕從劉恭甫樞密之辟，不逾年，凡四遷秩，亦花之瑞也。仲發自言。

平江凌知縣建宅桑林巷，頗壯麗而多怪，門户時自開闔，或飛擲瓦礫。居既不安，乃損價鬻之。有閻太尉者，買之以居，其怪如故。人皆謂凶宅，轉鬻不復售。適官創武憲公廨，乃拆買其材，而總管開兆得其地。上有銀杏樹，大數圍，枝幹尉茂，覆地甚廣。開疑怪所依，乃伐去之，且發其根下，得遺骸一具，支節皆全，棄湖中。今復爲宅，而怪不復見。許昇助教説。

紹興丁卯秋【一】，樞密沈公以臨安教授，被漕檄考試括蒼。既入院，夢朱衣六人坐於堂而會議。時考官至者已六人，予亦被檄考校，而獨後未至。沈與同官言其夢，曰：「郭簿必不來矣。」暨予尋至，皆謂其夢無驗。俄而同官龍遊縣丞有親戚當就試者，舉子譁言紛紛，丞竟不自安，引嫌不待試而出。考校竟止六人。

常熟縣破山寺僧堂，李唐新建，柱有雷神書凡三處，蓋昔人所傳謝仙火之類。内一柱題字最端謹可識，云：「助溪作火田。」凡五字【二】，上一字作從貝從力，字書所無。字皆作隸體，倒書，入木三分，不類雕刻。然各去地丈餘，與舊説身長三尺者差異。

【一】紹興丁卯秋　「丁卯」原作「卯卯」，據四庫本改。

【二】凡五字　「五」原作「六」，據正文改。

劉先生者，河朔人。年六十餘，居衡岳紫蓋峰下。間出衡山縣市，從人丐得錢，則市鹽酪徑歸，盡則更出。日攜一竹籃，中貯大小筆椶帚麻拂數事，遍遊諸寺廟，拂拭神佛塑像。鼻耳竅有塵土，即以筆拈出之，率以爲常，環百里人皆熟識之。縣市一富人嘗贈一衲袍，劉欣謝而去。越數日見之，則故褐如初。問之，云：「吾幾爲子所累。吾常日出，庵有門不掩，既歸就寢，門亦不扃。自得袍之後，不衣而出則心繫念，因市一鎖，出則鎖之。或衣以出，夜歸則牢關以備盜。數日營營，不能自決。今日偶衣至市，忽自悟以一袍故，使方寸如此，是大可笑。適遇一人過前，即脱袍與之，吾心方坦然無復繫念。嘻，吾幾爲子所累矣。」嘗至上封，歸路遇雨，視道邊一冢有穴，遂入以避。會昏暮，因就寢。夜將半，睡覺。雨止，月明透穴，照壙中歷歷可見，甓甃甚光潔，北壁惟白骨一具，自頂至足俱全，餘無一物。劉方起坐，少近視之，白骨倏然而起，急前抱劉。劉極力奮擊，乃零落墮地，不復動矣。劉出，每與人談此異。或曰：此非怪也，劉真氣壯盛，足以翕附枯骨耳。今兒童拔雞羽置之懷，以手指上下引之，隨應，羽稍折斷即不應，亦此類也。

趙三翁名進，字從先，中牟縣白沙鎮人。自言遇孫思邈，授以道要，從之十稔。一日留於縣境淳澤村，曰：「切勿離此，非天子召勿往也。俟吾再來，與汝同歸。」宣和壬寅歲，果被召見，館於葆真宫。頃之丐歸，徽廟詢所欲，奏曰：「臣本歸兵，去役未有放停公憑，願得給賜，餘無所欲。」即日降旨，命開封尹盛章出給與，其實年已一百八歲矣。技術無所不通，能役使鬼神，知未來事，吹呵按摩，疾痛立愈。密縣隨門山道友席洞雲，築室於獨紇嶺瀑水潭側，慕其清峭高爽，落成甚喜，既遷入，百怪畢見，未及一年，禍變相踵。席謁翁，且告之故。翁曰：「得無居五箭之地乎？」席曰：「地理之説多矣，素不聞五箭之説，敢問何謂也？」翁曰：「峰顛、嶺脊、陵首、隴背、土囊之口，直當風門，急如激矢者，名曰風箭。峻溪、急流、懸泉、瀉瀑，衝石走沙，聲如雷動，晝夜不息者，名曰水箭。堅剛、爍燥、斥鹵、沙磧，不生草木，不澤水泉，硬鐵腥錫，毒蟲蟻聚，散若壞壤者，名曰土箭。層崖、疊巘、峻壁、巉岩、鋭峰、峭岫，拔刃攢鍔，聳齒露骨，狀如浮圖者，名曰石箭。長林、古木、茂樾、叢薄，翳天蔽日，垂蘿蔓藤，陰森肅洌，如墟墓間者，名曰木箭。五箭之地，射傷居人，皆不可用。要在回環紆抱，氣象明邃，形勢寬閑，壤肥土沃，泉甘石清，乃爲上地，固不必一一泥天星地卦也。子歸，依我言，去凶就吉，當自無恙。」席悉遵其教，居止遂安。有頓保義公孺者，苦冷疾二年矣，幾至骨立，百藥不効。一日，方灼艾，翁過之，詢其病源，頓以實告。翁令徹去火艾。時方盛暑，俾就屋開三天窻，放日光下射，令頓仰卧，揉艾遍佈腹上，約十數斤，就日光炙之。移時覺熱透臍腹，不可忍，俄而腹中雷鳴，冷氣下泄，口鼻間皆濃艾氣，乃止。明日，又復爲之。如是一月，疾愈。仍令爲之一百二十日，自此病不作，壯建如初。且曰：「此孫真人秘訣也。世人但知着艾炷，而不知點穴虚忍痛楚，耗損氣力。日者太陽真火，艾既遍腹，又且徐徐照射，功力極大，但五六七月爲上。若秋冬間，當以艾十數斤鋪腹，蒙以綿衣，熨斗盛炭火，徐熨之，候聞濃艾氣方止，亦其次也。」其術每出奇而中理，事蹟甚多。嵩山張壽昌朋父爲作記。

◉李昌齡撰

樂善録

趙龍　整理

點校説明

《樂善録》十卷，李昌齡撰。昌齡，字伯崇，眉山（今四川眉山）人。書前何榮孫序云其爲「迎曦先生之曾孫」。約於南宋孝宗淳熙間（一一七四—一一八九）登進士第。仕宦履歷不詳。嘗撰《太上感應篇註》，又有《七趨受生録》，已佚。

據何榮孫序、胡晉臣跋及卷四「峨眉山士子」條所云，可知本書撰成於隆興二年（一一六四），同年，於蜀中初刻。究其編撰緣由，何序云昌齡「得《南中勸戒録》，伏而讀之，深有契於其心，遂博覽載籍，旁搜異聞，凡有補於名教者，增而廣之，分爲十卷，名之曰《樂善録》。亟鏤板印行，使家家藏此書，以廣天下樂善之風。」晉臣亦曰：「佛氏所謂因果之説盡於此矣。」陳振孫《直齋書録解題》卷一一著録，并云「多因果報應之事」。馬端臨《文獻通考·經籍考》及《宋史·藝文志》，亦見載録，然《宋史·藝文志》誤題撰者作李石。通觀此書，以宋事居多，間及漢魏以來事。所記之事，大多源出有據，亦有少數親身所聞。所録故事，多經改編，略述梗概，再附加議論闡發，以力求「有補於名教」，達到勸善戒惡之目的。此書在南宋中後期，頗受推重。爲今之學人研究宋代勸善類筆記小説，及宋代民間善惡觀之重要文獻。又因其徵引之文獻，今多有散佚者，故而較具輯佚校勘價值。

是書自隆興間於蜀中刊行後，汪統見之，認爲昌齡之書，「深有益於世教」，「常以自隨」，并於紹定二年（一二二九）「刻梓于會稽郡齋，用廣其傳」。汪氏所刻之本，曾長期淡出學人視界。近人張元濟出版《續古逸叢書》時，將中華學藝社借照日本東洋文庫藏宋刊本，加以影印收入，題名《宋紹定本樂善録》，即是汪統所刊之紹定本。又涵芬樓本《説郛》卷九八收録《樂善録》一卷，文字與紹定本多有不同，或别是一本。明萬曆刻本《稗乘》所收《樂善録略》，内容與涵芬樓本《説郛》所載幾無異。此外，明《稗海》本亦收録《樂善録》二卷，較紹定本多有删節，是爲節本。另，《續百川學海》、《水邊林下》、宛委山堂本《説郛》之《樂善録》，内容與前述諸本各有不同，實出自宋黄光大《積善録》而託名。

此次整理，以《續古逸叢書》本爲底本，校以涵芬樓《説郛》本、《稗海》本。其他訛誤文字，校以相關史籍。

序

或問東平王蒼：「處家何等最樂？」王曰：「爲善最樂。」大哉言乎！以吾樂善之誠，推之一家，則一家之人皆樂善；推之一國，則一國之人皆樂善；推之天下，則天下之人皆樂善。豈獨處家而已哉！隴西李伯崇，迎曦先生之曾孫。天資樂善，得《南中勸戒録》，伏而讀之，深有契於其心，遂博覽載籍，旁搜異聞，凡有補於名教者，增而廣之，分爲十卷，名之曰《樂善録》。亟鏤板印行，使家家藏此書，以廣天下樂善之風。此伯崇胸懷本趣也。隆興甲申七夕日，蒙埜何榮孫序。

校勘記

卷一

大觀間，一官員於京師買靴，認一靴是其父葬時物，詰之。鋪家言：「一官員攜來修，可候之。」既至，乃其父。拜之，不顧，但取靴乘馬而去。隨二三里，度不可及，乃呼曰：「生爲父子，何無一言見教？」父曰：「學鎮江太守葛蘩。」其子謁蘩，言之，因問蘩何以爲幽冥所重。蘩曰：「予始者日行一利人事，嗣後或二或三或十，今四十年矣，未嘗少廢。」問：「何以利人？」蘩指坐間踏子，曰：「此物置之不正，則蹙人足，予爲正之；若人渴，予能與盃水，皆利人事也。但隨其事而利之。上自卿相，下至乞丐，皆可以行，惟在乎久。」後有異僧見蘩在淨土境中。蓋蘩能以利人爲念，則日用無非利人事矣。《勸戒録》

僕射王公，至道初，爲譙幕。因按逃田時飢而流亡者數千家，公力謀安集，上疏論列，乞貸以種粒、牛、粮，朝廷皆從之。一夕，次蒙城驛，夢空中有紫綬象笏者，以一緑衣丱童遺公曰：「上帝嘉汝有憂民心，故以此爲宰相子。」後果生一男，公亦拜相。信造物賞善之速如此。《湘山野録》

潮倅余嗣，紹興戊辰，干綱欲往行在所，湊磨勘轉官薦子。將行，乙夜，忽一人執旌呼嗣，曰：「司命召公。」嗣起行，回視其身，乃在床上，自謂：「死矣！」心甚怖。俄入一城，地皆琉璃甃布，所過樓閣，金碧輝映。復自寬曰：「必非惡地。」既至一大府，立殿下，真官命引登殿。嗣至案前熟視真官，乃建炎間越州同官也。姓章，字文起。笑謂嗣曰：「今年考校，得三十人，見公姓名，故特相召，欲令公知。」嗣曰：「嗣才劣官卑，安得預此？」真官曰：「此間豈問官之尊卑、人之貴賤，惟看一念正與不正。公官資儘有，壽止七十四。若辭榮納禄，可延一紀。自此積功累行，又有乘除，所得之數皆未可量。公欲之乎？」嗣敬諾，乃命引出。道過一處聞呻吟聲，驚問使者曰：「世間何罪爲大？」使者曰：「不孝爲大，欺罔次之，殺生又次之。」既出門，嗣曰：「何以見教？」使者曰：「此去，食當異席，寢當異被，食則記取祭先，寢則記取存息，皆修行之要。」及甦，不數日，遂辭綱致仕，人以此多之。夫章之爲司命，余之預考校，豈非公正而然耶？士夫不可不以此自勉。《余氏出神記》

徐鉉竄邠州，遂死，其家挈喪以歸，道出一邑。時索湘爲邑宰，忽一官自稱江南放叟徐鉉來謁，曰：「僕有少懇。僕在江南爲學士時，常爲人以一寶帶投執政，變一獄。雖事不枉法，然不免以贓名污身。今旅魂過海帝廟下，恐不爲帝所容。君爲邑宰，廟籍鄉版，皆隸於君，君爲吾謝之，帝必難拒。」言既不見。湘感其誠，乃爲禱謝，柩舟果無纖瀾虞。薄暮，鉉復來謝，含喜欻然而去。以此知受賕枉法者，無所容於天地之間。《事林》

超然居士趙令衿赴星子任，因遊五祖山。恍見一老僧，謂曰：「君至晉州，當有一子之戚。蓋前生知晉州，以公事禁一婦人，其人因失初生兒，此其報也。」言訖不見。次日至黄梅，幼子善郎感疾不行。會縣令吴宇語及此地在唐爲南晉州。越四日，至白湖驛，去黄梅纔三十里，善郎果不起。公感異僧之告，乃爲文以警世。安知善郎物故之所，非昔日兒死之地耶？《居士文》

有二官員，以前程求夢於京師二相廟。一人夢持簿者以簿示之，云：「此乃公同行前程也。」視之，自小官排至宰相，仍有以朱勾之者。問曰：「勾之者何也？」曰：「這人愛財，陽間不義取一項此間即勾一項。若急改過，尚可至監司。」其人聞之，更不妄取，後果作監司。嗚呼！得彼失此，自有乘除，何苦貪饕空招罪戾？與其爲富監司，孰若如寇萊公爲「無地起樓臺」宰相，不亦榮乎？王日休《勸戒録》

東都有人養鸜鵒甚慧，施於僧，僧教之，能念經。往往架上不言不動，問其故，答曰：「身心俱不動，爲求無上道。」及死，焚之有舍利。唐刺史李蘩《玄聖蘧廬篇》優波笈多本獮猴，學緣覺坐禪，證阿羅漢。《阿育王經》二者皆以見聞入道，人而不能，是猿鳥之不若。

劉承勳事江南，爲德昌宫使。李氏金帛，多在德昌，文簿淆亂，不可鈎考。劉既專宫事，乃盗用無筭，侍妾數百，富於一時。及李氏歸朝，劉失職破敗。晚年乞食街中，凍餒而死。方富貴時，安知有今日事？大抵食君之禄，而又剽竊公帑，宜無遠大，故死有餘責，

而殃及子孫者多矣。《楊文公談苑》

潘謹修言：江南之平建州也，大將余洪敬妻鄭氏有絶色，爲亂兵所獲，獻于裨將王建峰。王逼以非禮，鄭志不可奪，脅以白刃，亦不屈。又命引所掠婦女，殺一人以食，謂鄭曰：「汝懼乎？」鄭曰：「此身寧早充君庖，誓不可以非禮污。」王竟不忍殺，以獻大將查文徽。查將以薦枕，鄭大詈曰：「王師弔伐，義夫節婦，宜加旌賞。王司徒出於卒伍，固無足怪。君侯知書爲國上將，當有以表率群下，風化遠方，乃欲加非禮於一婦人以逞欲乎？願速見殺。」查大慚，求其夫而付之。夫鄭氏節操凜凜，雖二將虎狼，終不敢犯。《楊文公談苑》

黄靖國熙寧初，死而復甦，自言至陰府，府公問曰：「卿官儀州，醫工聶從政者，識之乎？有一事可以警世。」徐驅一婦人出，命以刀割其腹，刲其腸，流血浹地，號叫之聲，所不忍聞。曰：「此華陰主簿妻李氏也。思與聶亂，聶不從，故受此苦。聶延壽一紀。陰司最以此爲重也，卿其知之。」蓋男女之别，人之大倫，豈可瀆亂？回視鄭氏，得無愧乎？《響應録》

金陵道士章齊一能詩，尤長於嘲，人皆畏之。後得疾，嚼舌而死。今之好嘲喜傳者，不可不戒。《楊文公談苑》

有臨南海太守見配崖州人例以三百爲率，過其數，則推先到者於海。乃奏白於朝，云：「所以不殺而宥之遠方者，欲生之也。今推之於海，是復殺之矣。不若量移先到者入內地，以彰朝廷不殺之德。」上亦感悟，遂可其奏。此太守無子，一日，忽設香案作拜，以手於案上，若取物置於懷中狀，凡五次。人問之，曰：「天帝以我活人，以五小盤盛五男子賜我。」後果生五男，皆登第。以此知仁人之言其利博，而造物亦厚其報。王日休《勸戒録》

盧多遜貶朱崖。李符白趙普曰：「朱崖雖在海外，水土不甚惡。春州近在內地，至者無生還。宜以多遜改竄春州，外示台座寬貸，而實置之必死之地。」普不答。後符坐事貶出，上欲再貶嶺外，普遂白上以符知春州，到任未浹旬而卒。夫李符本欲以春州中多遜，而不知反受其報，乃爲後日竄死之所。《楊文公談苑》

周世宗性慘急，果於殺戮。有忤旨者，魏仁溥皆歸罪於己以營救之，賴以全活者十七八人。淮南之役，所獲敗卒凡千人，仁溥從容白以隸軍，鋒刃之下無橫死者。魏雖起自刀筆，終能致位丞相，與夫歸罪於人以逃責者，豈不相遠？其貴顯宜哉！《事林》

近一人還魂，見陰司追到一官員。主者謂曰：「惟願汝善勝於惡，即得受生。萬一惡勝於善，此不容私。」命取善簿，乃一小青軸，主者已蹙頞；又命取惡簿，乃一大黑録，主者愈不樂；復命取一秤，無錘，頭尾皆鈎。掛青軸、黑録秤之，青軸乃壓起黑録，主者大喜。蓋其人爲給事中時，駁一事利及天下。惡録大者，件數多而害輕；青軸小者，件數少而利重，故能壓起也。以此知人之處世，苟可以利人者，不可不勉。向使無此一事，

誡亦可駭。王日休《勸戒録》

何僊姑在世時，一主簿忽得天書，字不可識，以問僊姑。姑曰：「天書言主簿受金十兩，折禄五年。」以此知上天之難欺也。《勸戒録》

曇相禪師觀音化身。往三教院應供，道逢一牛，瘡血被體。其徒以問，師曰：「此牛，昔一獄吏也。時有禁囚一十七人，吏考掠無完膚，故有此報。今三十年矣，尚餘三年。」夫箠楚之下，何求而不可得？苟存心不恕，罪報其可逃乎？《十生記》

曹彬攻金陵，與諸將焚香爲誓，曰：「克城之日，幸無妄殺一人。」明日城下，按堵如故。曹翰克江州，忿其城不下，屠之。而彬之子孫至今貴盛，翰死未三十年，子孫有乞丐於海上者。夫二將成功雖一，然用心相遠，故其報亦異。《事林》

侍郎种放謁陳希夷，陳曰：「公相貴，然無壽。」放曰：「奈何？」陳曰：「惟寡慾，可得中壽。」放遂不娶，亦無侍妾，壽六十一而終。以此知多慾之人，不無損壽也。《聞見録》

乖崖公鎮蜀時，夢謁紫府真君。接語未久，吏忽報請到西門黄兼濟承事。黄幅巾道服，真君降階迎接甚謹，且揖乖崖坐黄之下，詢顧詳款，似有欽嘆之意。公翌日命吏請黄，戒令以常服來。比至，一如夢中所見，遂以夢告。因問黄有何陰德，蒙真君禮遇如此。黄曰：「無他長。惟每歲禾麥熟時，以三萬緡收糴。民或艱食，即以元糴㪷斛不增價糶之。在兼濟初無損，於小民頗有補。」乖崖曰：「此君所以居詠上也。」命二吏掖持黄令坐，索公裳拜之三四。世之富民，逸居飽煖，無所用心。不爲嗜慾所惑，則必爲慳慢、貪嫉、强横、姦詐所惱矣。公能如此，宜爲真君所重。《類苑》

王纂憫中原饑饉，於静室飛章，哭泣告天。後三夕，感太上道君降，謂纂曰：「子憫人上章，地司列言，吾所以親鑒於子。今以《神化》、《神呪》二經授汝，行之可拯萬民，陰功可成，真階可冀。」後果僊去。夫王公一念之善，立通神明。人之念慮，其可不正？《高道傳》

一士人赴試京師，道見一人開簿，自後竊觀之。持簿者覺而大怒，士人問：「此何簿？」曰：「來年過省簿。」問：「有某姓名否？」曰：「有。汝來年過省，當受陳留主簿。」士人私喜，自負。後至陳留界，時大旱，有一人擔水而過，士人既求飲，又求與馬。擔水者云：「此水十里路取來，已與官人飲了；又欲與馬，真不識好惡。」士人怒曰：「他時來此守官，當治汝。」明年乃下第，後十年方過，果受陳留主簿。一念之惡，遲了十年。戒哉！《勸戒録》

楊震爲東萊太守，道過昌邑。邑令王密夜以金十斤遺震，曰：「暮夜無知者。」震曰：「天知地知，子知我知，何謂無知？」密愧而去。震子秉爲侍中尚書，自震至彪，四世太尉，爲東京名族。夫王密謂夜無知者，而賂震以金，震乃謂已有四知，而拒不敢受。人之所見既殊，福業亦相遠矣。《漢史》

文光讚父，自少至老，無歲無獄訟事，以宿因問曇相禪師，師曰：「汝父前生，本寫詞狀人，故今反受其報。」光讚懇求救免，師教以紙糊竹簟爲桎梏，令自囚三日，然後爲作懺悔。姑録之，以爲教唆者戒。《十生説》

石揆妻厭多産，嘗兩殺初生兒。後數歲有孕，一産四子，苦痛不可堪忍，良久，母子俱斃。又有安州司法秦光亨者，方在母胎時，其舅陳遵，兩夕連夢一小兒挽其衣，若有所告，其狀甚急。遵寤而思曰：「姊方孕，且産期伊邇。豈意不樂多子，而欲殺是兒耶？」馳往省之，則兒果已覆在水盆中矣。遵救之乃免。破胎傷子者，不可不知。《東坡集》

江南李後主獵於青龍山，一牝狙墮網，見主雨淚，屢指其腹，若有所告。主大怪，戒虞人守而勿殺。是夜，果生二狙。人謂禽獸無知，可乎？《湘山野録》

程仁霸，攝本州録參。眉山有盗蘆菔根者，所持刃誤傷主人。尉幸賞，以劫聞，獄掾受賕，掠成之。公知其寃，謂盗曰：「盍訴寃，吾爲直之。」盗果稱寃，遂移獄。公直其事，而尉、掾爭不已，復移獄，竟論殺盗。公因罷歸，尉、掾皆暴死。後三十餘年晝日，見盗拜庭下曰：「尉、掾未伏，待公而決。前此地府欲召公暫對，我叩頭爭之曰：『不可以我故驚公。』今公壽已盡，我爲公荷檐而往。暫對，即生人天，子孫壽禄，朱紫滿門矣。」公沐浴衣冠，就寢而卒。東坡幼時聞此言，已而其外祖父壽九十，舅氏貴顯，壽八十五；曾孫皆仕有聲，同時爲監司者三人。玄孫宦學益盛，而尉、掾之子孫微矣。或謂盗德公之深，不

忍煩公，暫對則可矣，而獄久不決，豈主者惡之，亦因以苦尉、掾歟。希賞而害人者，不可不戒。《東坡文》

張秉知冀州，有盜劫民財，又亂其女，父母以告。公怒，命設架，釘盜於門，三日醢之，議者快焉。後數歲，被攝至陰司，聞殿上珠箔下厲聲曰：「張秉爭得非法殺人。」命引到獄，面對一囚，血肉淋漓，泣曰：「爾非法殺我，今無受託之所。」公方憶是冀賊，詬之曰：「糜汝萬軀，未足雪其父母耻，尚敢訴乎？」旁有一吏曰：「五刑自有常典，亦不得憾其訴。」公視之，乃從事河陽日一幕典。公曰：「爲之奈何？」吏曰：「幸公筭未盡，但遣今受生即可脱去。」公窘怖，叩吏所以遣之之術。吏曰：「遺功之大，無如《法華經》。」公許誦經，囚乃釋去。夫冀賊之情，誠難容忍，法外之戮，陰司尚議其非，況私喜怒、徇請託、受賕賂而陷人於法者，其罪當如何？《湘山野録》

史沆仕不得志，好持人短長。世以「凶人」目之，然亦以此自敗，累坐事覊房，移襄以卒。《類苑》

杜延喜雙目風瘡，食已即吐，口眼中常出白蟲，長寸餘，細如線，緣遶面上，腥穢不可近。其子光福以宿業禮問曇相禪師，曰：「汝父前生行醫，常以草葉間蟲置人口中，欺之曰『齒蟲』；又以騾脚筋置人眼中，欺之曰『眼蟲』，以此死墮蛆蟲地獄。今始得人身，故有此報。」蓋醫家最難，一念纔差，性命所係，豈可更爲欺誑！《十生記》

郭文慶問曇相曰：「舅氏偏髖害瘡，痛不可療，其故何哉？」師曰：「汝舅前生，以針爲醫，不善其術，誤傷于人，此其報也。」今之醫者，不可不學。《十生記》

蔡順事母以孝聞，母死未葬，適里中火災，順伏棺號哭，火乃越燒他室。古初父喪未葬，鄰家失火，初匍匐柩上，以身扞火，火爲之滅。廉范其父死於蜀，范迎父喪歸葭萌，載舡觸石破没，范抱棺浮沉，人鉤求得之，療救僅免。夫三人一念爲親，雖蹈水赴火，猶不爲害。信孝德之可以感通神明如此。並《漢史》

越州一寄居官，姓李，於紹興十三年詣行在，磨勘轉朝奉郎，告下兩日遽死。及甦，遂焚告。人問之，乃曰：「被攝至一官府，見廳上有着緋着緑二官員，與吏人説話，若議事然，久之方叫云：『朝奉郎李某，汝分只合做朝奉郎兩日，却餘二十年壽。汝今要作兩日朝奉郎耶，要享二十年壽耶？』我答曰：『只願享二十年壽。』復指揮云：『汝既還，却焚了告命。』」夫官吏所以商議者，蓋官爵與壽數參差，故議而後發問也。今録之，以爲貪冒躁進者戒。《勸戒録》

卷二

竇禹鈞年三十未獲嗣，夜夢祖父謂曰：「汝年過無子，又壽不永，當早修陰德。」禹鈞唯諾。家僕盜用數百千錢，懼事發，遂遁，寫券繫女臂，曰：「賣此女以償欠。」公憫而嫁之，僕感泣歸，訴前罪，公置不問。由是圖公像，日焚香以祝公年。又嘗入佛寺，得遺銀二百兩、金三十兩。黎明復入院，以伺失者，果一人泣涕而至。公問其故，曰：「爲父犯大辟，遍告諸親，貸得此物，用贖父罪。昨暮失去，父不復贖矣。」公驗實，還之，更有所贈。又内外姻婭有喪不舉、有女不嫁者，公一切周旋。歲之所入，除伏臘供給外，皆以周急。家尚儉素，建書院四十間，聚書萬卷，延文行師儒有志於學者，聽其自至。是以由公門而貴者前後接武。公歷官至左諫議大夫致仕，義風家法，實一時標準。生五子，並登第。儀，禮部尚書；儼，禮部侍郎；侃，左補闕；偁，參知政事；僖，起居郎。公一夕復夢祖父謂曰：「陰陽之理大抵無異。善惡之報或在見世，或在來世，天網恢恢，疏而不漏，無可疑者。汝本無子，又降年不永。以陰德故，天延汝壽三紀，賜汝五子，貴顯壽終，當爲洞天真人。」公益進修，年八十二，沐浴別親舊，談笑而逝。夫竇公當夭而壽，當絶而續，五子八孫，皆列于朝者何哉？蓋積累厚而報亦熾。愚者無知，營營自苦，平生無一善事，

校勘記

福盡還墜，後不如今。悲夫！《范文正公集》

塗定辭，得道者也。居一石室，於家貯五十萬錢，扃鐍甚固，戒家人無妄取。去世數日前歸，謂家人曰：「吾平生市物，必過所售之數與之。冀其間有以多爲辭者，即以所貯錢賞其廉。今終吾身，竟無一人以多爲辭者。」信世俗之貪冒而廉遜者，誠難其人。《高道傳》

王延範，爲左道所惑。任廣西轉運日，常寓書左拾遺韋務昇，作隱語詗朝廷事。一日，以事杖張知霸，知霸憾之，知延範與知州徐休復不協，遂詣州告其事。徐以聞奏，太宗遣内侍閣承翰，會副使李瑄與徐雜鞠之，抵罪，籍没其家，藁葬南海城外。墳土色如血，纖草不生，禽鳥不泊。後徐知潞州，白日坐廳，忽見延範彀弩射之，矢自頸出於頤，驚呼走入。是夕，瘍生於頰，旬餘潰而卒。《楊文公談苑》

趙韓王普，久病無生意，解所寶雙魚犀帶，遣親吏甄潛詣上清太平宫，醮謝往咎。道士姜道玄爲公叩幽都，乞神語。神曰：「趙某開國忠臣，奈何寃累不可避？」姜又叩乞：「寃者爲誰？」神以淡墨一巨牌示之，濃煙罩其上，但識牌末「火」字而已。道玄以告，公曰：「我知之矣，必秦王庭美也。當時，自是渠與盧多遜遺堂吏趙白交通，事露速禍，咎豈在吾？」嗚呼！一聞「火」字，乃知必是秦王，心下事其可打過？《玉壺清話》

王清化修西太一宫，有古塚在其北，欲毁之。一道士再三乞不毁，清化遂止。是夕，

其道士感一大官召謝之。不數日，遂賜紫。人有平夷塚墓，以廣園宅者，豈獨無禍？《類苑》

張十五，本衣冠後。園中有一古墓，張貧，發取其物。夜聞語云：「有少物，幾被刼去。」張次日，又畢取銅鏡等物，因兹日號叫「殺人」，遂患腫毒死。謂枯骸無知，可乎？《類苑》

韓澈任吴山令，宇文覿、辛稷就澈讀書。因行見縣庭槐樹下有青氣勃勃，自小孔出，掘之，乃一塚，骨節具在，遂以新棺殮葬諸野。一日，聞空中有聲謝曰：「我晋將軍契苾鍔也。戰死葬此，塚近馬廐，求遷不可得。今蒙改葬，何敢忘！然辛榮禄，足光其身；宇文命薄，雖獲一第，終不及禄。吾當救其三死以報之。若爲正郎，吾亦不能救矣。」後覿爲河東節度書記，拜敕四日而卒。《廣異記》

孫承祐，吴越王妃之兄。貴近用事，每一小飲，殺命數萬。取鯉魚腮肉爲臛，坐客數十皆足。圈鹿數百，庖人不暇斷喉，旋割取鮮腴以供饌。一湌，羹凡二十品，設十銀鑊搆火，以次薦之。王常以大片生龍腦十斤賜承祐，承祐對使者索大銀爐，作一聚焚之，曰：「聊以祝王壽。」及歸朝，爲節度使，俸入有節，無復向之豪侈。然卧内每夕焚燭二炬，然龍腦二兩。征范陽，頓城下，鱠魚，召諸帥食，水陸咸備。性嗜魚，作一黑漆大木斛，貯水養魚，令役夫擔負以從，但取恣口腹，不計其費。死不數年，子孫皆乞丐，多餓死者。楊文

公手記其事。因録出，以爲豪侈者戒。《談苑》

寇萊公自少年富貴，不點油燈，尤好夜宴劇飲，雖寢室亦燃燭達旦。杜祁公爲人清儉，在官未嘗燃官燭，油燈一炷，熒然欲滅，與客相對清談而已。二公皆名臣，而奢儉不同。然祁公壽考終吉，萊公晚年有南遷之禍，遂殁不返。雖其不幸，亦可爲戒。《歸田録》

裴度屢黜場屋，相者謂曰：「公形神稍異，若不貴，必餓死。」公一日遊香山寺，見一婦人，致緹褶於僧伽欄楯之上，祈禱良久，不取而去。公知其忘，追之不及，待亦不至，公携以歸。遲明，復往候之，其婦人果來。公問其故，婦人曰：「父以罪被繫，昨告人得一玉帶、二犀帶，以賂津要，不幸失去。不測之禍，父無所逃矣。」公遂還其物，婦人願留半，公亦不受。後數年，相者見之，大驚曰：「公陰德及物，前程萬里，非吾術之所能知也。」向使貪者得之，必有歉然不滿之意，詎肯舉而還人耶。誠亦人所罕能者。《摭遺》

劉洪欽家大富，相者謂曰：「更三年，子大期至矣。」劉甚恐。後因嫁女，求從嫁，得一妾極姝麗，名蘭孫。詰其家世，乃洛人。父官淮西，以吴寇家被俘掠。劉太息曰：「是忍置於使令之列耶？」先其女嫁之。是夜，夢一緑衣槐簡者謝曰：「予蘭孫父也。荷德無以報，聞公短壽，當爲力請于帝。」數日復夢曰：「予不佞，帝已許與公延二十五年壽，富及三世。」後果如言。蓋男女之有室家者，人之大倫。劉能不以姝麗動意，捐財嫁之。世之富民，肯如是乎？《陰德傳》

鍾輻年少，負才傲物。樊若水愛其才，妻之以女，女亦才質雙盛。輻登第，方得意，買一妾自侍，命曰「青箱」，所在狂放，久不歸。一日，過蒲城，邑令延留，飲于樓上。輻醉卧，忽夢其妻，以一詩怨責曰：「楚水平如練，雙雙白鳥飛。金陵幾多地，一去不言歸。」翌日，輻歸，至采石，妾忽暴死。及抵家，樊已死數月矣。物故之夜，乃輻夢於縣樓之時。噫！樊氏怨念，一瞑目而魂已馳於其夫之側矣。容可避乎！《湘山野録》

虞城尉侯生妻韓氏，夢一婦人，碧襦絳袖，以金玉叉爲首飾，自稱盧氏。愠謂曰：「子與吾爲仇。」韓曰：「妾未嘗出深閨，何仇之有？」盧曰：「我前生爲職官，子誣告我罪而代我。今訴上帝，復今我代子，子大期至矣。」廳上有冠服而坐者，亦曰：「寃誠有之。」韓悸而寤，因摧沮，感疾而卒。侯生再娶蕭基女。及蕭氏歸，衣服首飾與韓所夢無異。侯以告蕭，蕭曰：「妾初爲外族盧氏所愛，誠以盧爲小字也。」爲人繼室，尚是寃報，况夫妻之間恩義有不足者，豈偶然哉？《響應録》

一試官，常於省闈私一舉人。後作倅，磨勘轉正郎，欲以郊恩薦子，告勑未下。時一衙前死而復生，言至陰司，見廳上方擬呈某府通判某官，今年遇郊薦子事。陰官欲判復，閣筆曰：「這官人往年作試官，常私放一舉人及第。今當於他身分上奪了這一箇恩澤，以除折之。」遂判下吏携以去。其人果不及拜正郎而卒。《因果録》

孫覺作諸科考試官，誤落一尚書學究對，及「八通」誤作「粗通」。既落之後，其人陳詞試官，將議申覆對，果誤落也。遂別出難題，時一科十二人，皆不能對，乃俱落之。後裴湘病絶而復蘇，曾魯公往省之。湘曰：「比至陰司，見孫覺相揖云：『爲誤落舉人見追，尚未對定。』」魯公怪之。不數日，孫覺果卒。此可爲後來試官莽鹵訛謬、任私意而不行公道者戒。蓋朝廷取士，容可私耶？《燕閒録》

有日者，苦於貧窮，問計於一得道者。答云：「汝向日月邊去。」日者思之，乃「明」字，遂往明州，其術盛行。後復見得道者，問其故，答云：「汝前世於彼開井故也。」是知衣食有地，皆前生所種之福，故今生受之。豈可不更種後來之福耶？《勸戒録》

王和叔，蜀人，善醫。鄉里道不行，入揚州界，其術盛行。有得道者謂曰：「揚州某處石橋，是汝前生造，故今於彼處得賣。」人之處世，苟可以利人者，不可不做。《勸戒録》

桓闓事陶隱居於茅山。一日，忽有二青童、一白鶴，自空而下，隱居欣然謂己當之。青童曰：「太上所命，桓先生也。」陶艴然曰：「我行教修道，勤亦至矣，尚淹于世，得非有過。幸爲訪之。」桓去後三日，密降謂陶曰：「先生陰德固著，然修《本草》，以䖟虫、水蛭之類爲藥，功雖及人，反害物命。坐此更一紀，當解形去，授蓬萊都水監。」况殺命以養口體者邪？《高道傳》

李紀好殺生，善彈射。其父知巴州日，紀設網於廨圃，登樓伺之。忽見群鴉觸網，紀喜不及履，徒跣赴之，忽爲巨刺所傷，坐此遂死。已而復生，謂家人曰：「我至陰司，主者責我曰：『衆生於汝何負，而汝殺之？汝本厚禄遐壽，以殺生多，今皆削盡矣，當歷諸苦。』」人謂殺生無害，可乎？鮮端夫《戒殺文》

蔡忠伯博學能文，慕韓退之爲人，排斥佛老，極惡緇黄。父叔賢不能禁，但陰施財鏹，修寺飯僧，以贖其過。後叔賢死復生，呼忠伯諭曰：「陰司初責吾好毁善道，欲加吾以拔舌之苦。吾告其誤，命引吾於功德案照問。吏曰：『非爾也。爾誠有善，然爾子忠伯罪不容逃，已命追之矣。爾死一日後，本當生某官家，歷官至四品。以忠伯故，父子合相坐，今只得六品。』」言訖復卒。不數日，忠伯果死。其妻亦被攝至陰司，見忠伯已有犬形之報。蓋道、釋二教，皆本化人，己所不知，豈可輕議？《翰苑名談》

陳昱暴死復甦，自言至陰司，陰官命吏檢籍示之。籍曰：「陳昱年六十九，官至左班殿直。」復批曰：「以平生不燒香，當不壽。」蓋無信向，其他可知。《毗陵集》

前峨眉令奉議王公湘，紹興辛巳歲，摧茶雅安，因觀《太上感應篇》，焚香誓行篇中十數事。後痼疾寒疝發作，痛不可忍。忽昏悶殊絶，更衣而卧，兒女環泣。自覺已身恍在半空，下聞哭聲微如蜂蠅。少頃，有人傳呼云：「王湘方欲行《太上感應篇》十數事，真樂善者，且速放還。」已而遂甦。以此知一念之善，造物不虚其報，於此亦可見公履踐云。《感應篇跋》

一獄官冬夜寒，欲就寢，其妻正色責之曰：「爾煖衣飽食，怕寒不出，獄中罪人却如何？」其夫大感悟，自此常留意獄訟。此婦人本娼女，未有所生。乙夜，夢神人以緑衣槐簡付之。後生一子，遂登第。一言之善，其報如此。《勸戒録》

蜀主嚴治盜賊，贓無多少皆斬。一日，吏引三盜瘦者至庭覆讞，贓止數鬥，主亦憐之。會與杜光庭論道殿上，主目三囚謂曰：「如何？」意欲決一言於杜而釋之，杜但唯唯，竟論斬盜。杜歸，三無首者哭訴曰：「公殺我也。蜀主問公意欲見赦。公忍不出一語以相活。今冥路無所歸，奈何？」杜大悔，遂辟穀一年，修九幽儀以拔之。歲餘，魂方捨去。噫！一嘿之間，遂致三盜於死。人之語言雖當謹審，然不可一味緘嘿。當言不言，與言而不仁，相去一間。《湘山野録》

昔太學二士人，同年月日生，又同年發解過省，二人約受相近差遣，庶彼此得知災福，故一人受鄂州教授，一人受黄州教授。未幾，黄州教授死，鄂州教授爲治後事，於柩前祝曰：「我與公生年月日時同，出處又同。公先捨我去，使我今即死，已後公七日矣。若有靈，宜託夢以告。」其夜，果夢告云：「我生於富貴，已享用過了，故死；公生於寒微，未曾享用，故活。」以此知人之享用，亦不可過。後鄂州教授歷官至典郡，豈非聞此警悟，恐懼修省而然耶？《勸戒録》

二人同行，一人就園買瓜，園子以未曾開園，不許賣；一人繼往買之，園子乃喜曰：「想汝熱渴，且賣與汝。」二人皆與園子素不相識，見一人怒而却之，見一人喜而賣之。人以其事問誌公，師曰：「園子五百生前，是一赴法人。時此二人同看，買得瓜者，蓋嘗有不忍之語，故今見之喜；買不得者，蓋嘗有自作自受之語，故今見之怒。」嗚呼！一言之間，遂成千生萬刼之怨，况怨有甚於此者耶！《佛書》

張商英監荆南鹽院，時周師厚爲湖北提舉。有供給酒數十瓶，陰俾張賣之。張以告察訪蒲宗孟，蒲劾其事，周坐是降官。後數年，張爲館職，囑舉子於判監舒亶，亶繳奏其簡，張亦坐是奪官。識者以爲告訐之報。《談苑》

潭倅張著，奉時祀於南嶽。舊制：就壇設位，敷席於地，陳籩簋牲醴之品。當敷席之際，著以一足指畫。祀罷還府，墜馬折足而卒。神可慢乎？《類苑》

三司副使李壽朋，奉勑祭西太一宮。李平生不能食素，茹葷而往。方昇殿，忽得暴疾，口鼻流血以終。齋可廢乎？

景世庠至陰司，見囚徒甚衆。一沙門地坐，前列簿書，斥世庠曰：「汝本應富壽，坐殺牛三百七，啖犬肉。今當貧夭。」世庠曰：「食犬有之，而牛實未嘗殺。」沙門曰：「汝爲里正，里中殺牛而汝不禁，與汝殺何異？姑還警世。」越明年，復卒。嗚呼！以不禁殺牛而坐殺牛之罪，有官君子其可不知？好與人判牛狀者，亦不可不戒。《屠牛陰報録》

提刑許公洎、運使王公蕃，宣和初，以築事會于思。偶及巴峽殺牛成風，王出《殺牛勸戒録》示許。許見景世庠事，矍然曰：「是吾責也。」求類牛事，未遂。其年知恭州，一日，遊嗣隆，聞牛呼苦屈聲，跡之，聲出郡人蒲十五家茆下解肉中，既得牛頭，又大唱苦屈連數聲，跡者驚仆。蓋公求類牛事戒人未果，故神物假此激之耳。《王公石刻》

節娥洪雅，貧倡郝氏女也。生數歲，鬻於趙氏爲養女。既長而艷，郝復奪之。女曰：「願業蠶織以奉甘旨，誓無污我。」有少年，以厚利授郝，郝百計誘娥，娥不許。一日出郊，飲以酒，欲强之。娥悲泣，終不辱。會過橋，投河而死。郡將吕公義之，因以節娥名其渡。噫！娥生長倡家，乃能堅白自守，死而不悔。人非倡女而不能以禮自防者，視娥得無愧恥？《節娥渡記》

倡王氏以甕貯錢，將修百僧齋。先期請曇相，師曰：「汝第四女前生本男子，誓言願得受端正女身，令人愛悦。故今生在汝家，然所貯錢已化，齋恐難成。」王氏歸，發甕，錢果化爲血水。驚告曇相，師曰：「世間十六種錢，皆不可用。亡僧錢、賣神佛錢，爲官以威逼人錢，爲吏以曲取錢，屠殺物命錢，貨賣毒藥錢破胎、損子、殺蠅、殺鼠，皆是。酤酒柞油錢，宫諸畜類、斷兒子種錢，偷盗錢，日中曬油錢，破賣常住錢，販賣男女錢，養飼畜類錢，貪齋趂供錢，飯店獄子杖直錢，衒賣女色錢。汝賣女色，即其一也。」王大感悟，遂嫁四女。嗚呼！人之受生，皆一念所感，其可不正？然此曹安淫賤而不以爲耻者，何哉？蓋《楞嚴》所謂淫習者也，使其能自循省，我在人中誠何等人？所爲誠何等事？諸佛何以戒人勿近世俗？何以呼爲匪人？一念回光，轉身便生善處；如其未悟，惡境現前。《十生記》

校勘記

卷三

孔埧任宜黄令。丁母憂，既葬，屏服。歷官至秘書丞。母范氏，叙封金華縣君，始歸焚黄。既歸，親識相覿無虚日。一日，天雨晦冥，群兒戲後圃，見一老兒，以巾掛手胸前，曰：「我埧母也，埧今何在？」群兒奔告，埧與婦劉氏急造。母不許近，且大詈曰：「汝不孝，棄我墳塋。去二年，盜發塚取物，且折吾臂。今十八年始歸，爲子固如何耶？初以盜不安其所，遷附長女，歲時受享纔一年，以劉氏訟事，赴泰山獄取證。陰府具如人間，達官所加金碧飾麗，而獄吏峻嚴、麤惡不類人間，所重者陰德，所好者經卷。皆以汝莅官多陰德，不至擾我，僅一年得釋。又從次女祭享，凡七祀，復以誤殺牲事，赴閻王殿獄就劾，方收繫三日，以金華叙封到，陰律例得告百二十日還世，居二女家。誓不汝顧，欲罪汝以警世。」埧哭告不已，母怒稍息，求課經以償向所受恩者。丁寧戒埧及婦：「勤視塋塚，歲設一祭，寧山神以安我。效官當無歉陰德，以累子孫。吾視陰府貴官子孫，多因父祖所累，不釋者十六七，而超去者百無一二。婦孝莫大於寧神，而德莫先於正家。爲人婦而弗克安舅姑以昭孝，罪莫重焉；爲人母而弗克正家教子孫以事祖先，災莫甚焉。汝當敬信無忽。」至夜月暝，遂失不見。埧發塚，果如母言。遂擇地改葬，設庭宇守護如法，致嚴以祀，召浮圖課經薦之。人以其事告左僕射王荆公，公異之。元豐二年，以河北便糴授塤。塤至相府，荆公以所聞語塤，塤盡泣而後對，公亦潸然。今有親死不葬，或寄寺觀而不顧者，其罪當如何？《疑獄集》

支漸喪母，既葬，廬墓，日號慕，肘行膝步，負土成墳。有雙鶴集松上。明年，貍馴其側，觀漸上土。又有異烏，一目如丹。漸哭，烏亦悲鳴。夜則狐貍環呼墳側，如巡警狀。久之，有群烏翔集，一白烏獨日至。又有五色雀萬餘，隨漸行哭，七日而去。年七十，每號慟，淚下如雨，見者悽惻。鄰舍苟氏子不告而娶，棄親不視，見漸如此感愧侍養。神宗詔賜粟帛，以爲本州助教。漸八十，白髮再黑，脱齒復生，步履輕健，飲食如少年。人以爲至孝之感。《澠水燕談》

歐陽文忠公嘗宿采石渡，夜聞呼聲曰：「去來？」舟尾有應之曰：「參政宿此，不可去。齋料幸攜至。」公私念舟尾迫浦，且無人，必鬼也。至五鼓，又聞岸上獵獵馳騾聲，舟尾者呼曰：「齋料如何？」岸上者且行且答曰：「道場不清淨，皆無所得而歸。」公異其事。後半月，因遊金山寺，以告長老，長老曰：「昨有施主在寺設齋，方第二時，其妻乳卧，少頃，腥風滅燭，時皆駭異，但不知是此否？」公問其日，乃宿采石之夜。謂齋設爲無，可乎？《夜話録》

張景少以事遁竄，改姓名曰李田。時道士陳履常善昇章，能遊神冥漠。景以李田姓名謁陳，求奏一章，以決休咎。陳自初夜伏章，至後夜方起，乃譴景曰：「幽冥之事爾尚欺之，況人間乎？吾上及三清，下逮九幽，閱籍無李田者。爾以欺陰，固無休證。」景數年遂卒。謂昇章爲無，可乎？《湘山野録》

巴縣主簿黄靖國，死而復甦，謂所親曰：「吾以殺戍卒事，被攝至陰司，幸理直得還。初至一處，見門户鱗次，各有防衛。我問之，吏指一門曰：『此唐武后獄也。』又指一門曰：『此唐酷吏獄也。』又指一門曰：『此唐姦臣獄也。』我問曰：『何此輩錮之之久耶？』吏曰：『此輩死受無窮之苦，歷劫無有出期。』」《名談》

給事中范諷，少縱酒落魄，醉卧兖州堯廟殿中，被攝至陰司。陰官大怒，曰：「堯之爲神，誰不知敬！子爲儒者，乃敢慢之。」命送獄治罪，以吏白當爲三品，得免。過廊下，聞捶楚聲，於牕隙窺之，但火焰烘然，聞聲而不見人。又窺一處，見赤然銅柱，反縛數十人，皆瞑目垂舌，似不任其憊狀。我以問吏，吏曰：「此歷代好殺之人，遭害者受生皆盡，始可釋去，然去人天遠矣。」《燕閒録》

韓魏公慶曆八年，大水，歲饑，流民滿道。公大發倉廩，并募人入粟，分命官吏，設粥食之，日往按視。遠近歸之，不可勝數。明年，皆給路糧，遣各還業，所活甚多。明詔嘉獎。公薨後數年，侍禁孫勉以殺黿，爲泰山所追，至一公府，見廳上金紫而坐者，乃韓魏公也。勉以老幼無託告之，公已惻然，密諭勉云：「今到彼，若告不下，即報乞檢房簿。」勉出，又至一公府，守衛者愈嚴惡，見廳上有三金紫者坐。勉出頭，黿亦在側，勉大怖，屢告不允，遂報乞檢房簿。金紫者怒曰：「汝安知有房簿耶？誰泄此事？」命加凌窘，勉不禁其苦，遂以實告。三金紫者皆肯首，嗟嘆曰：「韓侍中在陽間，常存心救濟天下。往年水災，所活七百萬人。今在此，尚欲活人，吾儕所不及也。」即命檢房簿。少頃，數鬼舁一大木樞至，三吏由廳而下，檢將上呈。西向坐者讀畢，諭黿云：「孫勉已伏償命，然尚餘一十五年壽，至期當令受罪。」黿滅，勉亦得還。如公用心，真大乘地位人也。《魏王野録》

一州府歲饑大疫，郡將憐之，勸諭士民出粟拯濟，委一官專領其事。此官煩於應對，且不欲飢民在市，悉載過江，置諸圳中，但日一以粥飯食之而已。然日出雨至，皆無所避。無何水暴至，飢民盡被漂溺。不數日，此官亦病疫死。回視韓公，相去遠矣。一入冥路，事知如何！

迦毗摩羅尊者到印度國，太子命師往北山大石窟内禪寂。師行逢一大蚍，盤繞師身，師爲授三皈依乃解去。既至石窟，一老叟素服而出，曰：「某昔爲比丘，常樂寂靜。有初學來請益，某煩於應對，起瞋恚想，命終墮蚍趣。今已千歲，幸尊者垂憫。」此蚍本修行比丘，以法慳不樂教人，遂招千載惡趣之報。《高僧傳》

周篪好以《太上感應篇》爲人演説。紹興辛巳歲，忽暴卒。至陰司，庭下皆藍縷貧人，各有吏士執州府旗號管押，篪亦被驅立瀘州旗下。顧瞻左右半鄉里餓死者，心甚怖。

少頃，點名至篪。廳上坐者如一晝星官，呼篪諭曰：「汝本在飢餓籍中，以汝好爲人説《太上感應篇》，汝雖未能行其一二，然聞而遷善者多，亦有行持證僊果者，皆汝之功。已與汝别注壽禄矣。」篪既出，一吏呼篪，戒曰：「汝還陽間，切記將《太上感應篇》廣行流布。」篪遂甦。此人本市道小民，以法施誘人於善，遂獲壽禄之報。《感應篇跋》

陶仁貴一子雙盲，以宿業禮問曇相，師曰：「此兒前生，能貢鑞爲銀，煆銅爲金以欺人，故得無眼報。死已，當墮倒懸、剉斬、拔舌、剜眼等獄，出已復墮傍生，七返，然後得生人中，常困飢寒。況欺謾有甚於此者耶？《十生記》

釋迦文佛説《法華經》時，有十羅刹女與鬼子母并其子及眷属，俱詣佛所，説咒説偈，誓願擁護持經之人。若夜叉、羅刹、餓鬼等欲求其短，令不得便。偈曰：「若不順我咒，惱亂説法者，頭破作七分，如阿梨樹枝，如煞父母罪，亦如壓油殃。斗秤欺謾人，調達破僧罪，犯此法師者，當獲如是殃。」因知斗秤不平，爲罪最大。世人方以爲能，豈顧幽冥之戮耶？

羅睺羅在母腹六年方生。人以問佛，佛云：「羅睺羅往昔世爲國王。時有一道人來見，留於後園，偶忘却，六日後，方請相見。以滯留道人六日，故今受六年母腹之報。」其有爲官不恤，久停閉人，或置人於牢獄而不加省，其報當如何？

艾彦明綽有鄉行，事神甚謹，祈禱輒應。一日，祀以太牢，神乃不降，且曰：「牛有功於民，非祀天不殺，吾何敢享？」時刑部賈若水聞之，遂嚴戒不食。有三婢，舊在雇主家，無歲不病疫，至公家，乃不病。梓州路連歲疾疫，及公爲提刑，力勸人不食，屠者皆令改業，牛自斃者瘞之，疫疾爲衰。《陰戒録》

合州都吏孫亮，一夕見冥吏來攝，拒曰：「相者以我壽當七十三，今纔六十一，尚餘一紀，豈公誤耶？」冥吏曰：「相固有之，然公受陰譴者三，是以促壽。公治平初爲司理獄掾，郡人馮清，訟婚事理直而公抑之，有諸？」曰：「有之。」「此減公壽三歲也。治平末，公得意郡守李侯，譖逐同曹吏蘇宥者，有諸？」曰：「有之。」「此又減公壽五歲也。前年，公從母失色於公，公怒推而仆之，有諸？」曰：「有之。」「此又減公壽四歲。」言訖，亮乃辭氣，屈伏而斃。今之胥吏所以獲譴於陰者，何止三事！罪報之來，何止促壽！且因果事目前豈無？但人終日營營，夜則昏睡，何暇澄思審觀而識之耶？《前定録》

吏人余林，病死後數日，夢所親張遷曰：「吾平生行事，但取快意目前，今到陰司，始知有罪。大抵陽間禁網寬疎，惟取文案故事，或可隱避；陰司法令嚴密，務誅人心，故罪一無所逃。吾三日後，當生榨巷丘家，幸見救度。」但身掛數片皂衣，以手掩面，號哭而去。張怪之。至期，詢訪丘家，乃生一黑花犬子，遂大感悟。納役歸農，裹糧於名山，掃地以贖過咎，不可不畏。《惡戒》

查道母病，思食鱖魚。方冬無有市者，道泣禱河神，冰開得魚尺餘以饋。後舉賢良，中第四等。李虚己母喪明，醫者謂曰：「浮翳泊睛，舌舐千日，勿藥自痊。」虚己舐睛二年，母睛遂明。李行簡父患癱，極痛楚。行簡吮敗膏不唾于地，父疾遂平。

真宗一日，令馮元談《易》，欲得純學三數人，如同人便裘頂帽，横經並坐，削進説之儀。元遂以道等奏，立召之，俾日陪侍。識者以爲至孝之報。《類苑》

村民設昭惠齋，一道者以二隻饅頭，餉一牧童。牧童食其一，餘一，以木葉裹置腰間魚挐中。忽天晦雨作，雷怒風吼。牧童倒仆，人莫敢近。少頃，起行，衆怪問之，牧童曰：「初不聞雷，但見神人數百驅馳來逼，中有老者握我手曰：『齋食汝何敢置魚挐中？』我答曰：『將歸遺母。』老者含喜，麾衆而去。」此可以爲不孝者戒。

李氏家老妮子秋婆，久病無生意。一日，殊絶復甦，自言至一處，有兩隻大船，皆滿盛遺棄之物、不潔之水。一鬼在傍，逼令呷之，且曰：「此汝平生所耗之物，豈容不呷？」秋婆不得已，强呷不數口，已覺腹滿，驚悸未復，言訖而斃。世之婢妮，耗費人物，豈顧死後幽冥之戮耶？《因果記》

一官員山行至孤絶處，見一酒店，因往買酒。一婦人接錢，良久，方提酒出。色赤如血，飲之甚美。欲再買飲，婦人泣告曰：「莫買也。妾在生時好潑撒酒，故今受報。每有人買酒，即於妾身上榨出供之。」其官員矍然趨出。行數里，逢路人問之，皆曰：「此無酒店。」愈大怖。蓋陰司顯化以警世。《勸戒録》

李璨子名翁孫，年二十八未能言。璨叩曇相救度，師曰：「此兒前生，是白衣居士董嗣先也。以非理説教，不依經義，故今得啞報。」嗚呼！白衣尚爾，況披佛衣據佛位浪稱長老，於天人大衆中敲床舉拂，傲然以傳法自負。然所言妄誕迂踈，不合聖諦，疑悮初學，使罔然不知所歸。往往取紙上語，假説法以相諷者，其罪當如何？《十生記》

昔十方救苦天尊，入於九幽拔諸苦。時普掠獄中有諸罪人驅上刀山，中有一人，踐鋒履刃，了無所傷。北帝異之，天尊曰：「此人生前，曾佩受九真妙戒救苦靈符，吾故以神力隨念救護。」遂宣禁戒，以斷惡根，一時罪魂，普蒙濟渡。其後，杜廣德以簡牒而能釋三盗斬首之寃，李若沖以簡牒而能脱張太華久囚之苦，此皆近世明驗，未可悉陳。故今薦亡例以簡牒給付，簡固天篆不可得知，然所謂禁戒者，果何戒哉？不過曰孝、曰忠、不殺、不淫、不盗、不嗔、不詐、不驕，行之不二而已。夫豈難事，人皆可行，但人愚迷，只做世間活計，不顧死後陰誅，於九戒中一無可取。考其孝，則生事死葬，不能以禮者多；考其忠，則爲己營私，不能奉公者多；考其不殺，則嗜肥啖脆，不恤物命者多；考其不淫，則野合淫奔，冒犯廉耻者多；考其不盗，則慳貪不義，巧求横取者多；考其不嗔，則誕慢矜高，凌人傲物者多；考其不詐，則諂賊害善，曲心不實者多；考其不驕，則欺天慢神，不信因果者多；考其不二，則朝作暮輟，執心不專者多。終日營營，如醉如夢，一旦殞命，然後子孫假人説戒，冀其受生。嗚呼！與其聽受於杳冥不可得知之時，孰若遵奉於可以

身行之日？人命無常，日從變滅。若不早悟，後悔奚追。悲夫！《九幽經》

人有姓嚴者，少時誘鄰居女以逃。有司捕捉甚急，嚴懼事露，夜醉女子，以琵琶絃縊殺之，沈于河。後爲節度使日，病中見女子哭而前曰：「我爲公手所殺，訴于帝。期在明日晚。」是日果卒。《成都記》

竇軌嘗害尚書韋雲起，後在洛，病甚。忽語家人曰：「扶我起，韋尚書來。」言訖而卒。《成都記》

虢州司户王凝，卒于官。家素貧，其妻李氏負遺骸攜其子以歸。東過開封，投宿旅舍。主人疑其婦人而獨攜一子，不許其宿。李氏顧天已暮，不肯去。主人牽其臂而出之，李氏仰天長慟曰：「我爲婦人，不能守節，而此手爲人執乎，不可以一手并污吾身。」即引斧自斷其臂，路人環視嗟嘆，或爲之彈指，或爲之泣下。開封尹義之，奏白其事于朝，賜藥封瘡，厚卹李氏而笞旅舍主人。嗚呼！世間婦人，不識廉耻而污辱其身者甚多，故録此，使知愧耻而有所欽慕。《五代史》

劉曜獲晉散騎常侍梁緯妻辛氏。辛美色，曜召見，將妻之。辛大哭曰：「妾夫已死，義不獨生。且一婦人而事二夫，明公又安用之？」遂自殺。曜嘆曰：「貞女也。」以禮葬之。世之淫妻蕩婦，聞辛氏之風，必有改行而自新者。

竇連香比丘尼私行淫慾，妄言淫事非殺非偷，無有業報。以此一語，遽墮無間之獄。

蓋其説一行，人果信爲無罪，則淫風熾而人倫喪矣。宜其獲大罪報。《楞嚴經》

昔老鴉村有一老翁，身生贅肉，痛不可忍。割去即止，既割復生，每割凡三十餘片。其嫗以宿因禮問曇相，師曰：「汝與乃夫，前生嘗行淫誓，言願世世爲夫婦，多男女，又食肉應供。受此報盡，汝夫爲牝羊，日數受淫，年四生子。」此蓋淫念所感，豈可謂爲無罪？《十生記》

劉伯龍以家貧，將營什一之利，忽一鬼在傍，撫掌大笑。劉曰：「貧窮豈有命耶？不然，何以爲鬼所笑也？」蓋世間財物，去留不常。命當有之，則自不勞苦；分合貧薄，則終無所成。若分外營求，皆是妄念，安得不爲鬼物竊笑？《南史》

卷四

李丞相沆厭榮利，世務罕以嬰心。所居陋甚，不以屑意。堂前藥欄壞，亦不問。其夫人戒守者勿葺，以試沆，沆終不以言。夫人曰：「藥欄壞亦不問，何也？」沆笑曰：「安可以此動吾一念哉！」又請治第，沆曰：「身食厚禄，時有横賜，固可營辦。但佛家以此爲闕陷世界，我安得皆圓滿如意，必求稱足耶？」終不聽。臨終沐浴，右脅而化。時大暑，七日方殮，絶無腐氣，此可見公履踐。然今士夫，鮮有不以外物動其念者。《類苑》

曾魯公以蜆蛤之類，人所不放而實活物命之多，故常放之。一日，忽夢被甲者數百告。翌日，則有以兩奄蛤蜊爲獻者，公立放之。其夜，復夢被甲者來謝。《東軒筆記》

唐詢家因烹鷄，忽有火光出于釜上，發蓋視之，水面盡成五色。有未産鷄子，其黄化爲菩薩像，袖手伸足，眉目了然；其白化爲蓮花座。詢家大駭，誓不復食。酒官衛敦禮驗之不誣，遂上于府。安撫張尚書屬譚篆爲文以記之。

丹陽縣令楊開，性暴横，果於決責。與門下客楊詢最相得，每事必以訪詢。詢明知其非，不敢有所忤意，但一切讚嘆盛美而已。開一日乘怒，盛暑中杖公吏及囚繫者四十餘人，二人死，詢猶盛稱其快。後詢夢至一處，金紫者譴之曰：「成楊開之惡者，汝也！楊

開之罪，當坐於汝，無所避也。」不數日，果中惡疾而斃。此佛書所謂讚嘆人爲惡者也。《惡戒》

安庭栢能迎意求合，得人懽心，尤好離間彼此，雖至親密友，庭栢處中，無不立生悔吝。蔡倫與張義最相善，俄至絶交；李中甫兄弟久同居，無何亦起爭訟。人皆知庭栢間之，但不知作何等語而能使人遽相忿怨如此，庭栢亦頗以此自負。晚年，兩頰連口皆害瘡，言語艱難，飲食尤苦，如此狼狽數年方卒。豈非兩舌惡口之報耶？《勸戒録》

周利般特迦於過去世作大法師，秘悋佛法，不肯誨人。故今愚鈍，讀一偈經百日矣，得後遺前，不能憶記。今有據師席，而不能以誠教人者，安知不招來生愚鈍之報？《楞嚴》

婦人有姓王者，厭生産，屢壞胎，又以其藥爲効，傳之于人。後有孕，復毒以藥，不能下，痛苦萬狀，謂爲死矣，迫而視之，則又活。如此凡七日，竟不能産而卒。臨終，自言見一鬼謂曰：「汝藥此時復有効乎？冤家已集，惟待汝至處分耳。」此事尚不可行之於己，而可傳諸人乎？

峨眉山士子，授徒于里人某氏之館。某氏有妾，既生子，可傳矣。隆興癸未，復孕，厭其多而害之。是夕，士子夢一小兒，頭半破，被血，自某氏之堂走出，持白紙泣曰：「某氏與其妾某殺我，我將訴之矣。」黎明，某氏嫡子告士子曰：「予庶母宿又生子，頭碎而死。」士子聞而大駭。愚觀世人如此者甚多，蓋安於習俗，無復忌憚。使稍知因果，決不敢爲，且惡獸尚念其兒，而人乃忍害其子！與其害子，孰若斷淫。況婢妾賤人，何足顧戀，爾既孕其腹矣，而又欲不令生子，是亦惑矣。嘗讀《九天生神章》，又參以《太上内觀經》，益知人身至貴，而破胎害子者，獲譴非小。蓋人於胞胎中，三元育養，九炁結形，然後得成爲人。若非三元所育，九炁所導，及九天司馬不下命章，皆莫能生。始一月受鬱單無量天一黄演之炁，二月受上上禪善無量壽天洞冥紫户之炁，三月受梵監須延天長靈明仙之炁，四月受寂然兜術天碭户冥演由之炁，五月受波羅蜜不驕樂天五仙中靈之炁，六月受洞元化應聲天高真冲融之炁，七月受靈化梵輔天高仙洞笈之炁，八月受高虚清明天真靈化凝之炁。故一月精血凝而爲胞，二月形兆胚而爲胎，三月陽神爲三魂，四月陰靈爲七魄，五月五行分臟，六月六律定府，七月七精開竅，八月八景神具，九月宫室羅布，十月氣足聲尚神具。九天稱慶，太一執符，帝君品命，主録勒籍，司命定筭，五帝監生，聖母衛房，天神地祇三界備守，九天司馬在庭，皆所以主其生成者也。嗚呼！九天生之既如此，彼處胎臟中，豈不欲生？於爾何負，而爾遏絶而不使之生耶？又有一種業重之人，穢行有同狗彘。及因有所出，輒將棄擲，重使無辜之子，裸露於風霜雨露之下，燔炙於盛陽赫日之中。呱呱哀啼，良久而斃。且殺人者死，國有常刑。陰府法尤嚴密，爾獨不畏而敢害之耶？今人有平生無子者，有數月而墮胎者，有既生而不育者，有臨産而子母俱斃者，有垂老而子孫零落者，有身不及見子生者，有得子不數月而身遽死者，皆其報也。破胎事，傳之于楊仲舉。

王韶晚年，頗悔取熙河時事。嘗遊金山寺，以因果問衆長老，皆言以王法殺人，如舟行壓殺螺蚌，自是無心。韶猶疑之。時有刁景純者，比韶爲前輩，亦學佛，多在金山。忽一日，與韶邂逅于長老坐間。韶復舉前話以問，衆答如初，刁獨無語。韶曰：「十八丈以爲如何？」刁曰：「但打過得賢心下否？」韶曰：「不知十八丈以爲打得過否？」刁曰：「以某所見，賢打過不得。」曰：「何以知之？」曰：「若打得過，自不問也。」韶益不自安。後數歲，發背，終日闔眼。醫者告之曰：「看病亦當看眼色，樞密試開眼看。」韶曰：「安敢開眼？斬頭截脚人，有許多在前。」月餘病劇，遂卒。韶未發背前，涇原知縣王直温，一夕已就寢矣，中夜，有人叩衙門甚急，曰：「請知縣斷遣一公事。」直温起，燃燭坐廳，明見一吏抱文案，并見數卒領一罪人至，白直温曰：「奉天勑令知縣，斷此王韶公事。」直温熟視罪人，頗殷肥矬矮。其吏宣判：「將王韶決脊杖，配洪州。」斷訖，直温復歸寢。忽驚覺，問其妻曰：「我曾起否？」妻曰：「爾睡甚快，不曾出。」直温曰：「豈乃夢耶？」悟不復道。明日，以韶名字問人，或曰：「今樞密使乃王韶，亦殷肥矬矮，外無有者。」直温異之。未幾，果聞王韶罷樞密，謫官洪州，發背而卒。異哉！《子由語録》

一府帥得旨營治宮室，以備巡幸。帥意在媚上，種種必欲曲盡其至。嘗聚畫工作奇畫，謂不得牛骨灰塗壁，則五彩不甚鮮明。移檄所屬，大有科索。時推官者頗有正見，以劄子稟帥曰：「今所索太多，期限又急，恐民間或至掘塚發棺，則禍大矣。」帥方希賞，得劄大怒，立將推官放罷，自此無敢言者。於是，追索日益急，民懼罪，殺牛馬以應。又不足，果至掘塚發棺，取人骨以代之。其後，帥大有遷擢。一日，白晝坐廳，恍見黄衣吏持一公牒示之，署其上曰：「索牛骨灰事。」紙尾有大字批判數行。帥視之，墨尚新濕，且有「毒流下國，禍及重泉」之語。帥怒曰：「我罪何至如此！」言訖，倒仆而卒。不數月，推官亦死。歷無數險阻，至一官府，纔入門，見一金紫者謂曰：「汝豈牛骨灰事耶？到彼，宜子細讀案，然後着字。」推官唯諾。既至，廳前一吏以帥狀示推官，推官曰：「某以此得罷，安得有罪？請與帥面對。」少頃，數十卒擁出一罪人，五木俱具，垂頭喪氣，似不勝其苦狀。推官視之，則昔日帥也。推官前曰：「台座豈真忘某當時劄子中語耶？勢位氣性，此時安可復使？自作自受，豈可累人？」帥無語，遂伏。俄聞簾内有聲曰：「速送出推官。」推官既出門，復見前金紫者，謂曰：「汝識我否？我，汝舅也。以爲人正直，故在此略有職守。此去，願汝常運善心，常行善事，不然一瞑目後，此間有無限可怖駭事，誰能爲汝作救護者？」此事，制幹何彦升丈言之甚詳，楊子羽録示。因併刻之，以爲世戒。

右武大夫趙公豐，紹興丁丑，以檄按蜀中諸郡兵，歷果州，宿驛舍。夜半，一婦人散髮，前訴曰：「妾姓解名蓮奴，李户部家妾也。户部舊舍于此，有女嫁郡守馬大夫之子，以妾從嫁。妾有姿色，爲馬郎所私，有娠。户部怒，杖妾無數。時妾尚有餘息，户部命掘地倒埋妾屍，覆以木床。然李、馬二姓，亦以此遂微。今皆物故，幸將軍掘出妾骨。」趙明日，但爲設齋，薦之而去。至潼川，宿東關縣驛，復見解氏哭于前，則已束髮矣。趙怒曰：「昨已爲汝作佛事，何苦復來相逐？」解氏曰：「妾固感將軍恩，然妾頂骨今倒埋在下，非發出正之，不能生。更望一言於郡守，令發出之，妾得生路，其敢忘將軍乎？」趙許諾。遲明，專遣一使臣，以其事懇果守王郎中。王得書，異之。命訪求李户部舊日婢僕，惟老卒譚詠尚無恙。王即以十數卒付詠，戒令必欲取出解氏骨。詠恐事生，不即於其處出之。忽空中有聲責詠曰：「汝當時手埋我，豈真忘其處耶？但更進前數尺，發土見木床，骨即在焉。」詠驚怖，即爲掘出，其骨頂果在下。見者莫不感傷。郡爲葬于別埜。時馬郎者爲東普郡幕，忽一夕，解氏在前，歷歷具道當時事。馬倉卒仆地，遂卒。果州教授關耆孫記。

一士子微時已娶，及登第，傲然自負，大有當時不得富貴家女爲妻之悔，遂薄其妻，絶不與同寢處。其妻鬱鬱不得志，因感疾凡數歲，士子略不問。妻飲恨，疾益作，臨終，隔壁呼士子謂曰：「我今死矣，爾忍不一視我耶？」士子終不顧，其妻遂死。士子心不自安，乃從邪説，謀爲猒勝，以土器蓋其面，又以索加木，縛束其屍而殮。是夕，此女子夢其父曰：「女託非人，生懷愁恨，死被猒勝。然彼以女故，壽禄皆削盡矣。」不一年，士子果卒。嗚呼！死婢之倒埋，寃妻之縛殮，意謂如此則彼魂不得靈，寃不得直。不知一念纔起，百神已知。不惟不能遏其赴愬之寃，適所以速吾不善用心之罪，故馬幕一見解而遂亡，士子不逾年而亦死。戒哉！

許真君登仙之日，玉帝詔曰：「脱子前世貪煞，匿不祀祖先之罪，録子今世咒水行藥治病、罰惡緘毒之功。已仰灊山司命官傳金丹於下鬼，閑債封形，回子身，及家口厨宅百好歸三天，子急背土陵空【一】，佐大力天下與流金火鈴，照辟中黄，無或散慢。」以此觀之，功行如許真君，以不祀故尚有陰譴，況爲人不逮許，而不孝有甚於不祀者乎？又知咒水行藥，皆能立證仙階，但人論財不以利濟爲念，故旋踵破散而子孫凍餒者多矣。

嚴君平卜筮於成都市，以爲：「卜筮者賤業，而可以惠衆。人有邪惡非正之問，則依蓍筮爲言利害。與人子言依於孝，與人弟言依於順，與人臣言依於忠，各因勢導之以善，從吾言者過半矣。」裁日閲數人，得百錢足自養，則閉肆下簾而授《老子》。噫！君平以善教人，立證仙果。其有以不善之語而啟人爲惡之心者，獲譴不言可知。

侍郎孫公，初名洪。少時，與一同舍生遊太學，相約無得隱家訊。一日，同舍生得書，秘不以示，孫詰之，生曰：「非敢隱也。第爺書中語，於公進取似不便。」孫曰：「何害，某正欲知所避就。」生出書示之。書云：「昨夢至一官府，恍若閲登科籍，汝與孫洪，皆列名籍中。内孫洪名下，有朱字云：『於某年月日，不合寫某離書，爲上天所譴，不得過省。』」孫閲書愕然。生曰：「豈公果有是事乎？」孫曰：「有之。曏者東上，在某州，適見某翁媪相詬求離，某輕易爲寫離書。初無他意，不謂上帝譴責乃爾。」生曰：「夢寐怳惚，何足信！如公高才碩學，俯拾無疑。」孫終怏怏。及就試，生果高中，而孫下第，方信前夢爲

【一】子急　修真十書之《玉隆集》卷三十三「子急」有下「淨穢」二字。

不誣也。生曰：「某西歸，當爲公合之，以契天心。」因問孫縣所遇睽離人姓字，尋迹其處，得之。時夫婦俱未有耦，生爲具道一段因緣，置酒合之如初。乃馳書報孫，孫不勝感悦。其後，孫以太學内舍生免省，歷躋膴仕，屢典大郡。所至有離婚之事，未嘗不宛轉調護。晚持從槖，侍經闈，連舉二丈夫子，亦同舍生有以全之，而公祇畏天譴之力也。此事，外舅何雅州親聆其説於公，今録之，使人知所畏避云。

眉山主簿高公，有子眉郎者，甚慧，不幸夭死，心甚悼之。後丁父憂，於二七夜，寢卧不安。忽見二吏至前召公，公曰：「誰召我？」吏曰：「事密，固不可使主簿知。」怳然不覺，已隨二吏行矣。約七八十里許，見山崖險峭，林木嚴密。主簿曰：「我困甚，不可行。」吏取馬令乘，倏忽間已至一處，若州城。初入門，見一道如繩，行不十數步，又至一處，若官府所在。吏引主簿自偏門入，俄見一人，着紫道服，手持數珠而出。主簿熟視，則其父也，責主簿曰：「汝有不公當事，還曾知否？」主簿曰：「何事不公當？」父曰：「斷遞鋪殺人事，不窮其理，以直作曲，所以天奪汝愛兒。眉郎見亦在此，然汝亦有陰騭，故天不即奪汝筭。吾之死也，齋醮不至誠，厨子又不潔，僧道皆非其人，虚費無功。唯今夕齋得僧宗順者，有定力，加持念誦，冥契陰司，又誦《大明神呪經》，及奏《九天生神章》，於我功德有餘，傍及諸囚，皆得免苦。汝還，可爲吾謝之。主簿視囚，半皆親舊。及甦，則已數日矣。世有不信釋老者，多以設齋薦亡爲無益，然捨齋醮當作何等事，可以見人子爲親之意耶？蓋人見僧道不守戒律，便謂道釋不足法，而不自思我日誦夫子之言，而不能盡爲臣、爲子、爲兄弟、爲夫婦、爲朋友之道者，豈亦夫子之罪乎？安撫馮《大學記》

愚嘗讀《太上感應篇》，篇中之語，皆天府所定世人罪福條目。然世人行事，多只取快一時，不知過後一一皆有罪報。太上所以垂傳此篇于世者，正欲世人知所避就也。故近歲，周篪以此篇勸化而立能脱饑饉之殃，王公一念願行，亦獲延一十四年之壽，則太上利人之意從可見矣。今附刻于後，使家家藏此書，人人曉此意，則地獄何自而起。篇云：「太上曰：禍福無門，唯人自召；善惡之報，如影隨形。是以天地有司過之神，隨人所犯輕重，以奪人筭。筭減則貧耗，多逢憂患。人皆惡之，刑禍隨之，吉慶避之，惡星災之，筭盡則死。又有三台、北斗神君等，常在人頭上，録人罪名，奪其筭壽。又有三尸，在人身中，每到庚申日，輒上天曹，言人罪過。月晦之日，竈神亦然。凡人有過，大則奪紀，小則減筭。其過大小有數百事，欲求長生者先須避之。是道則進，非道則退。不履邪徑，不欺暗室。積德累功，慈心於物，忠孝友悌，正己化人，矜孤恤寡，敬老懷幼，昆蟲草木猶不可傷。宜憫人之凶，樂人之善，濟人之急，救人之危。見人之得如己所得，見人之失如己所失。不彰人短，不衒己長。遏惡揚善，推他雷切。多取少，受辱不怨，受寵若驚。施恩不求報，與人不追悔，所謂善人，人皆敬之，天道祐之，福禄隨之，衆邪遠于願切。之，神靈衛之。所作必成，神仙可冀也。夫欲求天仙者，當立一千三百善；欲求地仙者，當立三百善。

若或非義而動，背理而行；　以惡爲能，忍作殘害；　陰賊良善，暗侮君親；　慢其先生，叛其所事；　誑諸無識，謗諸同學；　虛誣詐僞，攻訐宗親；　剛强不仁，很戾自用；　是非不當，向背乖宜；　虐下取功，諂上希旨；　受恩不感，念怨不忘；　輕蔑天民，敗亂國政；　賞及非義，刑及無辜；　殺人取財，傾人取位；　誅降戮服，貶正排賢；　凌寡逼孤，棄法受賂；　以直爲曲，以曲爲直；　以輕爲重，見殺加怒；　知過不改，知善不爲；　自罪引他，壅塞方術；　訕謗聖賢，侵凌道德；　射飛逐走，發蟄驚棲；　填穴覆巢，傷胎破卵；　願人有失，毁人成功；　危人自安，損人自益；　以惡易好，以私廢公；　竊人之能，蔽人之善；　形人之醜，訐人陰私；　耗人貨財，離人骨肉；　侵人所愛，教人爲非；　逞志作威，辱人求勝；　敗人苗稼，破人婚姻；　苟富而驕，苟免無耻；　認恩推過，嫁禍賣惡；　沽買虛譽，包貯險心；　挫人所長，護己所短；　乘威逼脅，縱暴殺傷；　無故剪裁，非理烹宰；　散棄五穀，勞擾衆生；　破人之家，收其財寶；　決水放火，以害居人；　紊亂規模，以敗人功；　損人器物，以窮人用；　見他榮貴，願他流貶；　見他富有，願他破散；　見他室美，起心私之；　負他貨財，願他身死；　干求不遂，便即呪恨；　見他失便，更説他過；　見他體相不具而笑之，見他才能可稱而抑之；　埋蠱厭人，用藥殺樹；　恚怒師傅，抵觸父兄；　强取强求，好侵好奪；　虜掠致富，巧詐求遷；　賞罰不平，逸樂過節；　苛酷其下，恐嚇於他；　怨天尤人，呵風罵雨；　鬭合爭訟，妄逐朋黨；　用妻妾語，違父母訓；　得新忘故，口是心非；　貪冒其財，欺罔其上；　造作惡語，讒毀平人；　毀人稱直，罵神稱正；　棄順隨逆，背親向疎；　指天地以證鄙懷，引神明以鑒猥事；　施與後悔，假借不還；　分外營求，力上施設；　婬慾過度，心毒貌慈；　穢食餧人，左道惑衆；　短尺狹度，輕秤小升；　以僞雜真，採取姦利；　壓良爲賤，謾驀愚人；　貪婪無厭，呪詛求直；　嗜酒悖亂，骨肉忿爭；　男不忠良，女不柔順；　不和其室，不敬其夫；　每好矜誇，常懷妬忌；　無行於妻子，失禮於舅姑；　輕慢先靈，違逆上命；　作爲無益，懷挾外心；　自呪呪他，偏憎偏愛；　越井越竈，跳食跳人；　損子墮胎，行多隱僻；　晦臘歌舞，朔旦號怒；　對北涕唾及溺，對竈吟詠及哭；　又以竈火焚香，穢柴作食；　夜起裸露，八節行刑；　唾流星，指虹霓；　輒指三光，久視日月；　春月燎獵，向北惡罵；　無故殺龜打蛇。如是等罪，司命隨其輕重奪其紀筭，筭盡即死，死有餘責，乃殃及子孫。又諸横取人財者，乃計其妻子家口以當之，漸致死喪。若不死喪，則有水火盜賊、遺亡器物、疾病口舌諸事，以當妄取之直。又枉殺人者，是易刀兵而相殺也。取非義之財者，譬如漏脯救饑，鴆酒止渴，非不暫飽，死亦及之。夫心起於善，善雖未成，而吉神已隨之；　或心起於惡，惡雖未爲，而凶神已隨之。其有曾行惡事，後自改悔，諸惡莫作，衆善奉行，久久必獲吉慶，所謂轉禍爲福也。」故吉人語善、視善、行善，一日有三善，三年天必降之福；　凶人語惡、視惡、行惡，一日有三惡，三年天必降之禍。胡不勉而行之。

王淮之不信佛法，常謂：「身神俱滅，寧有三世？」後得病，殊絶復蘇，謂賀道力曰：「吾到幽關，始知釋教不虚。人死神存，信而有徵。」道力曰：「明府生平抗論不爾，今何見而異之？」淮之歛眉答曰：「神實不盡，佛教不得不信。」語卒而終。蓋人處世，但知世間之事，便敢輕議釋教，及一旦喪軀，冥冥長夜，然後知釋教爲真實，而世法皆虚幻也。

《冥祥記》

卷五

太傅虞公祺，於佛知見得大解悟。平生仕宦，以慈祥爲本，以智慧爲用，以大定力爲應世三昧。故去弊事，蠲苛征，有爲必成，成功必博，於四蜀之民，有生死肉骨之恩。當他道誅索聚斂，鞭箠馬牛其人之日，公一漕夔，再漕潼，川民獨晏然，倚以爲大司命。紹興丁卯七月二十七日，無病終于正寢。其日，清旦平坐，俄仰而曰：「古佛皆生，吾其歸乎！」既又平視曰：「身得爲佛，有何不可！」久之，開顔含笑而去。後二年，田家鮮逑者，被逮至冥司，與舊識曹惟吉適相值。惟吉曰：「爾安得至此？幸鄉人在此判更生案，明日當爲更生如來，可無量福。」逑既至殿下，明見其上有一王者，果太博也。吏問逑：「在生，立何善功？」逑對：「家貧無力，但一到瓦屋，獲覩光相，又於天公堂，捨一條小木。」吏授紙筆令供，既畢上之，得署：「放還。」逑方辭出。公呼謂曰：「可語吾家人，令爲民設更生道場，常念更生佛號。」語既，公身有白雲騰上，廊廡焕明。逑舉首，望見雲氣中有大樓閣，緑牓金字曰：「大慈大悲更生如來。」逑灑然而寤。時鄉老陳公、西山邵公、縉雲馮公、華嚴覺公，皆大書特書以紀其事。嘗聞本朝士夫，生有陰騭，死而復官于陰者，如吕公誨不過爲司糾，章公文起不過爲司命，韓公琦不過主房簿，富公弼不過司崑臺。凡此，皆一司之主耳，獨公乃能直登佛位。而「更生」之號，又先見於《大涅經》，當知公本佛地位中人也。平生陰騭及人者多，宜其子孫以洪儒碩學，高識遠略，建大功，立大業，忠佐英主而澤被斯民也。

資州資陽縣士人勾龍霶，乾道己丑，爲其祖父母及父廬墓，以一百二十日爲期，逐日辰、午、酉三時上土，暇則看閱釋典，讀誦《孝經》，又校正字音，手寫萬卷，以施於人。越明年二月有七日早，忽一白涼衫人，戴青笠騎黑馬而至，徘徊周覽，神彩頗異。霶覺之，乃請勸茶，繼以果實及五穀等飯。侍者從旁，以一大漆器受之。又有一卒，手執一小旗并一小牌，金刻其字曰：「虞張誅叛虜，惟此功三與汝。」霶讀畢，白涼衫者命霶録之。霶益敬異，遂問姓字，答曰：「汝還識我否？我寓居梓潼，下江南至資州，今蓮花山下即我行祠。聞公至孝，特來游此。」遂索馬向南而去，馬足如飛，倏然不見。霶望塵再拜。亟遣其弟詣禱謝。既至，案上有袱物，發而視之，則霶所獻白涼衫者：六顆胡桃、十枚乾棗、一器五穀飯也。寺僧法榮、祖行，及守祠蔡十五等，皆相訝曰：「祠門不開者知幾年矣，安得有此？」復取袱細視，則元祐壬申三月初五日，左馮兵士楊有功，因迎本官入川，至梓潼，詣祠獻香之袱也。迄今已八十餘年。噫！兹亦異矣。愚嘗讀《真誥》，大凡世人有功及物而得爲地下主者，考文解八十年，武解一百六十年，始得一遷。至於爲臣而忠，爲子而孝，則直登仙品，更不歷諸地位。今神之意，豈曰虞張之忠，與子之孝則一也耶！宇文庭堅録示資州勘會公文。

劉貢父博學有俊才，而滑稽善謔。多所忤犯，人皆嫉之，貢父乃以自詩也。臺官馬默，嘗劾其輕薄，不當置在文館。貢父聞之，遽言曰：「既是馬默，豈合驢鳴？」其所以口給者類如此。晚年得惡疾，鬚眉墮落，鼻梁斷壞，苦不可言。一日，與蘇公子瞻數人飲，各引古人一聯以相戲，子瞻遽言曰：「大風起兮眉飛揚，安得猛士兮守鼻梁。」坐中大噱，貢父但感愴而已。自此益慚恚，轉加困劇而斃。蓋好謔人，但知取快一時，不知一語中人，其酷甚於毒刃，尚安得望其壽考終吉哉？《苕溪漁隱》

王景亮與隣里仕族浮薄子數人，結爲一社，純事嘲誚。士大夫無問賢否，一經諸人之目，無有不被不雅之名者，當時號其里爲「豬精關」。元祐間，吕惠卿察訪東京。吕天資清瘦，每説話，輒以雙手指劃，社人目爲「説法馬留」。時邵篪以上殿泄氛，出知東平。邵高鼻鬈髯，社人目爲「泄氛師子」。王景亮又從而湊爲七字對，曰：「説法馬留爲察訪，泄氛師子作知州。」惠卿大銜之，因諷部使者，發以他事，舉社皆虀粉矣。蓋口之爲業，非獨發人陰私，敗人成事，賈憎歛怨，禍亦及之。《桐江詩話》

廣西轉運王延範，本江陵貴家子，又富於財，嘗以豪傑自許。精於卜者如劉昂，則許之曰：「君素有偏方霸王之分。」精於筭者如徐肇，則許之曰：「君得八少一，當大貴不可言。」精於風鑑者如田辯，則許之曰：「君形如坐天王，眼如頻伽，鼻如仙人，耳如雌龍，望視如虎，當大有威德。」延範皆然之。不知其言之不足據也。於是日益矜負，因寓書左拾遺韋務昇，作隱語訶朝廷。事爲人所告，鞫實抵罪，籍没其家，藁葬南海城外。然則三子歸者之説，果安在哉？大抵術人謬妄，但知取悦一時，不知誤惑於人，其禍有至于如此者。《楊文公談苑》

諸司使凌華，骨相極貴，善相者僉謂華當至大官。華既登仕版，乃暴酷不法。一日，以病入陰司，冥官數其罪，命鑿去貴骨。華自此觸事齟齬，怏怏失意，竟以貧死。大抵操存在我，予奪在天，今之所謂甲乙與夫骨法者，皆未足恃。使一爲不善，則天日臨之，不容欺蔽。安知不爲幽冥譴責，有如華之鑿出貴骨者耶？《九戒評》

許映入赤山，催解束之道。道成，司命敕中君令，奏言於上宫，移名方諸署爲地僊。映去世之日，三官都禁左郎命典柄侯周魴、主非使者嚴白虎至赤山，欲執映以去，且詰映罪曰：「夫欲學道上隸真人者，當得世功相及，禍惡不遘，陰德流根，仁心上逮，乃得步真索僊，度名青府。云何父祖有殺人之罪，冤訟方急，又汝逋愆宿責，列在三官，三官乃酆都六天所署，每二天共置一官，專主考責，非三元也。乃欲越幸網脱，奉隸真炁。父子一家，各事師主，同生乖戾，不共祭酒。罪咎如此，陰考方加，豈可欺太上之曹，使汝得名刊不死之録耶？汝若無對，有司必執也。」映答曰：「吾七世祖許子阿者，積仁著德，陰和鳥獸。年遇凶歉，疫癘相繼，阿能散施家財，救濟饑渴，親營方藥，拯其疾苦。臨人之喪，如失己親；救人之患，如己之患；視人之疾，如己之疾。已死之命，懸于阿手；垂窮之身，撫之如子。度脱凶歲，賴阿而全者四百八人。是以功書上帝，名刊靈閣，故使垂條結華，生而好僊，應得度世者五人，登昇者三人。豈爾輩鬼衆所知？」舫等稍沮，適司命亦遣中候李遵，握火鈴而來，呵攝之，舫乃捨去。嗚呼！許映已得度世，而陰官尚執之如此其急。𢖍使生無片善，死有餘責者處之，則當何辭以塞周、嚴二君之詰乎？其俛首就執而没身於鬼官者必矣！《真誥》

劉滿好殺生，又耗棄五穀，生平惟能於本命日醮謝北極。一旦病革，入冥司，其隣家子已先滿死十數年矣，忽相邂逅，謂滿曰：「子在生，曾有善功否？若有，則可無憂，萬一無之，事亦可駭。」滿曰：「但只有本命醮謝一事。」其人曰：「此亦是也。」俟爲詢之，少選復至曰：「子之所殺物命，訴寃甚急，奈何？然子平生，能醮謝北極，今至此，若又能持念玉皇聖號，或可有濟。」滿如教念之。比至殿下，見猪、羊、鵝、鴨，哀鳴嘈雜無數在前。滿大窘，遽忘其語。忽見一青衣，持一幡，上有字云：「太上彌羅無上天，妙有玄真境，渺渺紫金闕，太微玉清宫，無極無上聖，無無復光明，寂寂復無宗，元梵摠十方，湛寂真常道，恢漠大神通，昊天玉皇大天尊，玄穹高上帝。」滿視之，則隣家子𢖍所教者，遂至誠持念，良久，口中有光，物命皆隨光而去。又見一青衣於白雲中，宣一黄牒曰：「劉滿殺生罪大，懺謝志堅，可還本壽。」陰官再拜聽命，呼滿謂曰：「汝當還矣。凡道釋諸書所載地獄，一一不誣。汝今還世，切在善巧方便，誘勸世人，令各各忠於君上，孝於父母，持經奉戒，莫殺物命，愛惜五穀，則自然不歷于此。」滿方辭出，復一吏前白王曰：「滿雖當還，然不可不令一見所造之業。」王唯諾。即一卒驅至一所，有一官坐廳，命押滿受罪。既至一門，吏叩扉曰：「罪人至矣。」門開，見一大池，敗泔朽米、殘羹腐炙、蛆虫雜穢充滿其中，臭氣逼人，絶不可近。復有一鬼揮刃呵滿曰：「此汝所耗之物，喫盡乃得去。」滿大怖，亟念聖號，復紅光煒然，從口而出，其臭腐物忽失所在。滿遂甦。嗚呼！劉滿以赦當還，而冥吏尚有留之之意。蓋鬼道好終，鬼道自凶，各其常也。按《天師傳》，昔六天魔鬼猶爲害，今既歸化酆都，明主執罰，使有罪在其掌中，安得不爲所暴？劉滿得脱，其亦幸矣！《道藏》

羅鞏大觀間遊太學，有神祠甚靈，鞏每以前程祈禱。一夕，夢神告之曰：「子已得罪於冥，可亟歸。」鞏曰：「某生平無大過惡，願聞獲罪之由。」神曰：「子無他過，惟父母久不葬。」鞏曰：「某尚有兄，何獨獲罪？」神曰：「子爲儒者，明知禮義，子兄碌碌，不足責也。」夢覺大恐，是年果卒。如此，則葬可緩乎？蓋送死人之大事，停喪不葬，子之罪也。豈得安吉？《夷堅志》

郡人有姓雍者，母死久不葬。乾道戊子，里中火起，雍倉卒扶柩，置之他所。無何，其三歲子歘，以驚風而斃。是夕，夢其母詬之曰：「我死許時，幽愁之狀不可言，幸而得生。既爲男子，又已三歲。汝爲子不謹，遽然驚我，使我魂神蕩越，恍然復在柩中。少定，乃知此生又是死矣。亟欲入殼，則氣已絶，不得入。事既如此，爲之奈何，爲之奈何？」涕泗潸然，雍亦大慟而寤。如此，則喪葬之事，是可以一切苟簡滅裂乎？今人謾畢齋祭，便謂無復餘事。不知親死不葬，或死受考責，及六十年不得受生者，皆當追治生人。蓋譴其無爲親之念，乏超度之功也。近得章格閲之，又不止此數事。大凡火燒其屍，水漬其骨，葬非穩便，冒犯方隅，棺槨不全，墳墓破敗，牛羊踐踏，污穢蕪没之類，死者一一皆得訟於鬼官。塚訟一興，則生人無一日安矣。不見漢天師將證果位，而老君必先授以超度玄祖之文，是玄祖不度，則果位終不得證也。

猩猩，猨形人面，顔容端正。在封谿山谷間，百十爲群，共相語言，纚纚可聽，聞之者無不欷歔。性喜酒且好屐，人因以張之。猩猩一見，乃知張者及其祖先姓字，必呼名罵曰：「奴輩故設此以張我耶！酒、屐於我亦何愛，而爾乃爲此？我今捨爾而去，爾將奈何？」既而群聚懽飲，竟致醉倒，取屐而着，人乃掩群得之。嗚呼！酒、屐之於猩猩，亦猶利慾之於人也。猩猩知酒、屐之禍，已而不免死酒、屐之中；人知利慾之喪真，而不能超利慾之外。但知笑猩猩之不能割棄所好，而不知猩猩亦將笑吾之念念戀乎火坑也。《唐文粹》

秦少游云：「寶應民有婚娶會客者，酒方半，一客徑起出門。主人追之，客若狂惑，投身赴水。主人急持之，良久乃醒，曰：「適見一婦人，以詩招我，我倉惶就之，不知其爲水也。」因誦其詩曰：「長橋直下有蘭舟，破月衝煙任意遊。金玉滿堂何所有，爭如年少去來休。」嗚呼！人之念慮不正，而爲惡趣所攝者多矣。蓋邪念一起，境即現前。萬一着之，便入諸趣。亦猶客之但知赴婦人之約，而不知所赴者水也。《漁隱》

李珏世販糴，每遇人買米，即捨升斗，令其自量，珏但隨價低昂，每升約取三文息錢而已。年八十不改其志，生平未嘗起僥覬物斛踊貴念。時宰相亦同姓字，罷相，出鎮淮南。夢入一洞府，見峭壁上有金書「李珏」二大字，字可丈餘。珏欣然謂己當之。忽壁開，有二青衣出，曰：「此地乃華陽洞天，金書『李珏』者，乃江陽糴米者。以生平不欺斗斛，不倖物貴，平用其心，故上帝收録使主此天。非爾也，可速出。」淮南懼然而寤。因令訪問其江陽李珏，歲餘果無疾而卒。嗚呼！淮南官至一品，平生乃無一平用心事，如糴米之李珏者乎？其所以夢入此洞者，亦天意以此愧之耳。《洞天記》

饒州富民段二十八，紹興丁卯歲大饑，流民滿道，段積穀數倉，閉不肯糶。一日，方與家人評論物斛低昂間，忽天雨晦冥，火光滿屋。段遂爲震霆所擊，家人發倉求救，其所貯穀亦已爲天火所燒盡矣。蓋饑者歲之不幸，雖冥數如此，而上帝豈不念之，安有不能賑濟，而又利其價之踴貴耶？宜其自取誅戮。《夷堅志》

高安丐者趙生，名吉，有道之士也。弊衣蓬髮，未嘗沐洗，醉輒慢罵。元豐初，潁濱蘇公謫居高安，生忽來謁，且約公夜遊。期而不至，詰之，則曰：「度君不能無驚，已獨往。」公曰：「子遊何至？」生曰：「比至太山下，所見與世説地獄同。君若見之，歸當不願仕矣。」公曰：「何故？」生曰：「彼囚繫者，多僧道與官吏。蓋僧道逾分，官吏暴物故也。」公嗟嘆者久之。生既死數年，子瞻復見之於雲安逆旅。公因爲傳其事焉。如此，則地獄謂之爲無可乎？竊嘗謂胥曹無知，固不足道。而士類中亦有一種無見解人，方未第時，則高視大言，傲然以伊吕自負；一旦青雲平步，則志滿氣驕，聲色不惑。其心利欲必奪，其志區區，日以進禄增秩，求田問宅爲事。求其所謂憂國愛民之念，未嘗一萌于心，甚者至於貪墨不公，剛愎自用。然食人之禄，而履踐乃如此，欲無下墜，其可免乎？又如僧道之流，言之尤爲可駭，明稱參籙佩戒而半分不能奉行，但知趍供貪齋，而功課實常脱略。妻孥之累日重，犯負之罪日深。本無道心，何望超度，不墮地獄，其將何歸？於此，當知趙生之言不誣。《蘇氏拾遺》

高俊紹興辛巳正月辛亥，忽見二吏，持符追之甚急。俊彷徨不忍去，不覺已隨二吏行矣。所歷路極黑，俄頃豁然。見一大城，扉以鐵爲。既入，至一廨，囚繫萬狀，殆非人世。有一女子倒懸於廊，吏曰：「此人生前，好以油塗髮，故瀝出之。」又一女子，反縛於柱，鉗拔其舌。吏曰：「此人在生時，好弄唇舌，故酷治之。」又見寧江都將荷鐵枷曳鐵鎖，獄卒割剔其股，血肉淋漓，形容枯瘠，絶不類人。左右前後，有破腦者，折肱者，穴胸者，百餘人，環而守之，吏曰：「此人生前，賊殺不辜。」又見一郡將，考掠無完膚，方供狀未竟。又見麵店户冉二者，前列十大甕，中貯腐水敗泔。其七已空，三尚盈滿。吏曰：「此人生前多棄餘物，故貯于此。今日飲三甕盡乃得脱。」又見奉節令趙洪，方追至庭下。其他被攝而至者不可勝數，俊不能盡識。明見殿上，有一黄綬而坐者，一一披籍，呼名詰問。問畢，有枷項驅而北者，有含喜行而東者，但莫知往何所也。及呼名至俊，乃誤追，得還。嗚呼！陰司豈有誤者？蓋假俊以警世耳。然人至于死，誠亦可駭。一入冥路，事知如何？其不隔陰而便得受生者，萬無一二，陰，謂中陰身也。爲子孫者，多不能力行薦度，又敢斥言謂「無罪」。而不知彼死者，日與世接，萬冗紛然。既非堯舜，安能每事盡善？其不善者即名爲罪，罪積不覺，死有餘責，地獄果也。毒害很妬，慳貪驕慢，餓鬼果也。污穢惑溺，殺害逋負，畜生果也。隨波逐流，無福無慧，冥漠果也。又至于存想非真，履踐不正，享用過度，傾巧自欺。大凡靈利愈多，獲罪愈重。校其輕重固有等差，槩而言之，一有不臧，同名爲罪。使誠無死受考謫，有待超度之説，則藥笈琅函必不至造爲虚語，以誑惑於人也。《夷堅録》

諸司使夏偕妻，王侍中女也。久病無生意，朱嚴醫之立差。因白侍中，求爲嚴補官。父曰：「今歲已許劉公才矣。」女怒形于色，侍中亟命改奏朱嚴，制未下，而嚴死。於是復奏公才，而公才亦死。嗚呼！一四門助教，名器之至輕者，尚能死了兩箇醫工，況有重乎此者，而可儌冒得之乎？多見其不能享也。《類苑》

劉頏頗能文，自謂巍科必當高掇。嘗詣翊聖宫懇問前程，真君降言曰：「子文雖優，然賦命淺薄。若安分退守，可保餘年。萬一過求，必損汝壽。」頏不之信，後果無成而卒。是知分外營求，非徒無益，適所以損壽也。《真君傳》

卷六

錢公若水爲同州推官，有富民走失一小女奴，莫知所在，父母以訴，州委録參鞫之。其録參舊有求於富民，不獲，遂劾其父子共殺女奴，投屍水中，法外凌窘，不勝其苦，遂自誣伏。獄具上于州，州委官審覆，亦無反異，獨若水遲疑。録參詬廳，詬罵曰：「豈公受富民錢，故求出之乎？」若水但笑曰：「今數人當死，安可不容某熟察？」又越旬不決。知州亦有語，若水終不奪，上下皆怪訝。一日，若水詣知州，屏人告曰：「鼒某所以遲留此獄者，蓋慮其寃。嘗以家財訪求女奴，今得之矣。」知州驚曰：「女奴安在？」若水歸，使人密送女奴於知州所。知州垂簾，呼其父母謂曰：「汝女今至，還識之否？」曰：「安有不識？」即揭簾推出，父母喜曰：「是也。」於是引出富民釋之。富民號泣謝曰：「非使君，某一旦遂至滅門。」知州曰：「此乃推官，非我也。」富民亟詣推官求謝，若水閉門不納，富民遶垣而哭。歸，傾家財飯萬僧，以爲若水壽。知州欲以其事聞，若水曰：「休也。某初心止欲拔寃，非敢希賞。萬一敷奏，在某固好，於録參却如何？」知州益加敬重。未幾，太宗聞之驟加進擢，自幕職不半年知制誥，又二年，爲樞密。時李繼隆與轉運使盧之翰有隙，欲陷之罪，乃檄之云：「八月當出師，可速辦芻粟。」既而又檄云：「八月不利，當以十月。」久之，又檄云：「賊將入塞，兵以時進，芻粟即日取辦。」時芻粟已散，倉卒不可集，繼隆遂劾奏于朝。太宗大怒，立命中使，乘騎取盧運使首，玉色甚厲，無一敢言。若水從容白曰：「候事狀明白，誅之未晚。」上意亦悟，止黜爲副使。既而虜入塞事皆虚，繼隆坐是罷其招討。嗚呼！錢公用心如此，過人遠甚，然則録參與夫招討者，誠何心哉？上《類苑》，次《涑水紀聞》

陳公洎爲開封功曹，時章憲太后臨朝，族人杖殺一卒，公當驗屍。太后遣中使十數輩諭旨，吏惶懼，欲以病死聞。洎獨正色，曰：「彼實寃死，待我而伸，奈何懼罪而驗不以實乎？爾曹但勿預，吾當任咎。」乃手自爲牘，以白府尹程琳。琳大喜，曰：「官人用心如此，前程非琳所及。」亟索馬入奏。雖大忤旨，而公論歸之。既而太后原其族人，公亦不及罪。自此遂顯名，不數年，歷官臺省，終于三司副使。其孫傳道、履常，皆以詞學爲一時聞人。蓋陰德之報也。今之士夫多不垂意于此，而不知彼死者不可復生，寃不得伸，我之由也，豈爲無罪？《晁太史文》

陳希夷，得道者也。張守真嘗問翊聖曰：「世言陳摶羽化證仙階乎？」真君曰：「摶之養神鍊氣，粗得其要，然及物之功未至，尸解後略有所主掌耳。」愚嘗讀《金華誌》，昔楊谷棄家學道，遇金華真人授以鍊炁鍊形之法，谷大悟其旨，文而成書，張旻以進。真宗召入，留之芳林，谷固辭，即以嵩山道院賜之。居數月，於古檜下復遇金華，謂曰：「子不聞大隱隱朝市，小隱隱山林之説乎？又不聞何妨修至道，不廢理時人之説乎？古之得道者，皆功濟群品，道佐一人，然後僊去。所以王喬吏鄴縣，方朔臣金門。今世人方紛紛籍籍在欲波中，而子乃欲獨居無染之地，何乃達岸焚舟，見溺不救？況子方得其時，宜周遊闤闠，開悟群品。如見有志之士，即可方便維持，接而度之，安可深居高隱？」谷遂下山。以此觀之，則證仙果者，誠在乎有功及物也。《翊聖朝》

馬喜熙寧中舉進士不利，乃浩然歎曰：「舉使便得，吾年已四十矣。不過作一青衣執手版吏，趨走人之階除耳。人生如夢，何足道哉！」遂毁裂衣冠，葛巾草屨，飄遊物外。妻子家事一不擾眼。一日，遇青巾於道上，馬見其骨體秀異，舉止昂藏，知必異人，果吕翁也。因叩其所以登仙之道。青巾曰：「登僊之道，不在乎他，要在乎積功則勤苦修錬，累行則以惠濟物。若捨功行，雖太上亦無能爲。」噫！青巾之言，誠確論也！愚嘗讀道書，自古修行之士其入道之門，雖各不同，而得名刊不死者，無非功行。後又求《雲笈七籤經》考之，亦無他説。大槩爲臣當忠，爲子當孝；貧病當救，危急當濟；寃結當解，物命當恤；己過當省，貪吝當除。不負自心，不訐人短；清淨爲常，慈悲爲用；言必以善，行不以惡；動容舉足，皆主利人。如此修行，利益方廣。不惟度厄，直可登僊。有力即普救衆生，無力即隨分而已。若但能救一人之命，則當延一紀之年；若所救又是寃枉非辜、或修行吉善之人，延紀亦當倍之。其如服食導引，又其次也。

婦人有李其姓者，鄉之婚娉成合，多出其手，人亦以此喜之。無何紹興壬戌，闔門皆死於疫，家遂爲墟。嗚呼！媒亦何罪，而掇禍乃爾？竊嘗思之：其欺誤人，尚有可恕，獨感移寡婦心志，使之幡然改適一事，大有利害。蓋世有不幸而身死妻少者，若又無賢父兄，則妻之去留，誠一門興替所係。爲此人者所得幾何，而忍造爲甜軟之語，以感移之耶。其心一移，則夫之父母、子女、門户等事，決不復問。及既改適，與後夫亦未必兩皆愜意，前娶子女鮮有不生間隔。甚者，後夫無一日之安，前夫受破碎之禍，身亦不得齒于節婦之列。三者之失，咎當誰執？雖然人之處世，亦不可每事畏避，略不周旋，要在權其利害而後行也。

人有姓羅者，以略賣男女爲業。晚年疥癩饑羸，面色如漆，竟斃于路。蓋其平日，誘引欺誤，凡所以求濟其欲者，無所不至；又加搭雇妳子一事，尤當大獲罪報。且今搭一妳子，則妳子所産之兒，勢必舉而與人，苟與非其人，養之不至，與棄之、殺之何異？凡此之罪，豈獨坐在其母，其略賣與養之不至者，皆當連坐。在雇主身，即是殺一兒子，養一兒子也。但人安於習俗，視以爲常，而曾不思念是兒也。於往世臨死之日，風火二氣欲脱未脱之時，使無善力冥資。風則若刀突四肢，火則大生熱惱。如是受苦，經無量時，氣乃得絶。一息纔絶，復以惡業歷諸幽冥之間，大有無量百千苦事。又不知經歷多少年數，方且考讁得獲解散。考讁雖散，亦豈容易便得受生？須其身與見今父母緣業無異，又須造物主張然後得。因其不淨，而成胞胎，神既入胎，四種始立，堅凝爲地種，軟濕爲水種，煖熱爲火種，氣息爲風種。使地、水、火三種雖立，非風種闢通其中，則兒形莫得長大。故自一七日至三十有八七日，於胞胎中自然生三十一種風，闢通整合，使之筋脉、肌骨、機關、孔竅，皆得流通於其中間。第十七日，又復一死。蓋短座之風，吹令暴卒，以堅強之；普門之風，吹整其體，足其音聲故也。如此在胞胎中，凡十箇月，處母生臟之下，熟臟之上。五繫自縛，如在革囊，如在羅網。起不淨，想瑕穢，想牢獄，想幽冥，想起如是等想，晝夜恓惶，急欲趨出。母食多食少，太膩無膩，大熱大冷，色欲過度，當風差久，遊行馳走有所度越。凡此之類，兒皆不安，亦復受諸苦惱。及生墮地，苦亦如之，或以衣受，或以衾受，皆切楚痛。當此欲生未生之際，使非何所。垂趨之風，吹令頭下足上，以向生門，則母子往往兩皆不保。今既得遂誕育，誠亦萬幸。於我何負而我掠取其母，使之失所怙恃，復饑餒而死乎？舉此而言，當知世間有如此等事。若無罪而實負重罪者，其類不一。但人無所悟入，不自覺知。今弱齡而遽亡，及再踐生路而又復不育者，即其報也。

一士夫居于田間。一夕，夢其友嘗爲計吏者至其家，哭泣求救，其詞甚哀。既出，衣後乃穿出牛一尾，不覺驚起。家之人所夢亦合，方相語未竟，忽外報一牛生，遽取火視之。牛仰首淚下，莫不愴然。此事，西山邵使君於《更生佛記》中，載之甚詳。今復表而出之，庶幾侵漁刻剥者，略知戒懼。大抵勢要之地，最能爲善，最能爲惡。爲善，則有登僊證果之期；爲惡，則有折本失身之理。事皆起乎一念，當其念未起時，則方寸湛然，了無毫髮相遠，及一念既起，或善或惡，福業遂相萬萬。蓋其有權有勢，可以必行，故於果報之來，或墜或升，如影對形，亦無可以避者。但試取李詭祖《冥司録》一觀，則知邵使君今之所載不妄。

友婿趙叔田族婦楊氏者，嘗字數十鴨子，久未破殼，楊浴以水。是夕，夢鼓吹喧闐，金石間作。有一冠帔婦人，押引數十人至其家。人人戴花盛飾，口吹頭管。及門，其冠帔者，乃截一半留外，與一半同入。旅坐階除，索食喧噪，方嘈雜間，楊忽驚寤。因語其子曰：「吾夢如此，豈吾家鴨子將生？其所以戴花盛飾者，必花鴨也。在外一半，抑隣家亦有將生者乎？」黎明驗之，皆然。嗚呼！世人用心散亂，而與物流轉者多矣。蓋華名鍾乎心胸，榮味交乎外視，平生本自隨波逐流，莫具正見，自無臨終數呼吸頃，乃能定而不亂者。意其戴花盛飾時，豈不人人自以爲樂？安知自此一樂，遂失身爲鴨也哉！當知世事浮假，都不足道。獨吾一念，不可不嚴設戒律以攝制之，使之一歸于正。古先聖人，所以教人攝心止念，必欲使魂魄澄正者，正謂此也。

苻堅僭位，以鳳集于闕，欲大赦天下，與王猛、苻融，密議于露臺。時左右悉屏去，無一知者。俄而市井喧傳，堅疑語泄，立命推究，乃一黑衣小兒，聲言於市曰：「官今大赦。」人因傳之。堅太息曰：「『欲人不知，莫若不爲』，誠哉此言也！始吾草赦時，有一蒼蠅，屢集吾筆，聲狀頗異，吾已怪之。今果漏語，其黑衣者豈蒼蠅乎？」嗚呼！苻堅但知事出禁中無有知者，不知一語纔出，便有四知。況我之身口耳鼻眼，凡六十七種，各皆有神，運化自然，與天地合，出入人身，奏善黜惡，晝夜不停。身神之外，又有一切巡行明神皆得按察，何獨於蒼蠅而始疑其漏語乎？

趙業以其妹婿賈奕殺牛，連逮入冥司。奕不即承，忽空中有大鑑，宛見奕鼓刀，業有不忍之色。奕始伏。業將辭出，復一吏拉遊上清。遂共登一山，至一院，牓曰「南院」。時冠履而坐者，方命吏呈押《戊申録》。其録首具人之姓字，及生年月日時；又降横列六十甲子，其日有功或過，皆書其下。如無，亦書無。業以問吏，吏曰：「此上清校勘所也。世人功過皆籍録中，毫髮無遺。每一經校勘，功即延年，過即奪筭，無可避者。」愚嘗讀《業報因緣經》，得一則大與此合。人之在生，日爲一筭，積一生所得之筭，記在諸天，以備記録，太上常勑勒上聖高真，日月星宿，五方三界，百靈衆神，巡行檢察。三日一言，七日一奏，百日一結。若修善立功，則年筭可延；萬一造罪，即命六天魔鬼捉其魂魄上詣三官。其不滿紀筭者，蓋因乎此。今人臨亡，皆地司關奏，諸天按察。死名一定，然後六天魔鬼得以收其生氣，而執其魂魄矣。又按《修真玉經》：太陽爲陽宫揔司，列二十八宿爲屬吏。太陰爲陰宫揔司，列五嶽二十四炁，治山爲地司。治山，即今二十四化。三河、四海、九江、十二溪，爲水府。凡一年有二十四節炁，每一節炁，即太陽巡一宿之中，太陰常後行一日。二十四節炁謂立春，正月節炁，太陽巡虛宿中；雨水爲正月中炁，太陽巡危宿中之類是也。惟驚蟄、芒種、寒露、小雪，日則巡兩宿。其日二十四炁，治山陰官，各攢送世人善惡、灾福、壽禄、生死等事於所屬之岳。其本岳主者，復奏言於當節太陽所巡宿中。其如三元之日，則又大朝會，皆所以檢校、括責、定罪、紀功也。大凡校勘之日，則日月五星二十八宿、周天三萬六千星曜人間。二十四炁、治山陰官，乃至陰陽河海天地百神，無不集會，蓋貴乎審。又按《七簽經》：口之一根，尚有兩神分監左右，陰禍不泄，則司陰得以奏于天；惡已形言，則司殺得以白于司命。考之《回元八訣》，則亦分陽罪陰過，陰罪陽過爲二種。陽謂人所共知，陰謂瘖中於人，初不宣露故也。陽當爲輕，陰當爲重。如此，則世人是有罪而終可覆藏者乎？奕不即承，是亦惑矣。《酉陽雜俎》

太常博士張子能妻鄭氏，臨終與張訣曰：「我死，君必再娶，奈何？」張泣曰：「何忍爲此？」鄭曰：「君言那可憑？」張指天爲誓，曰：「有渝此盟，當化爲閹。」鄭死，張竟再娶。一夕，夢責之曰：「言猶在耳，君忍負之。我幸有女，雖無子，胡不買妾，必娶何也？」遽登榻撫張陰，果蹈其變。蓋妻者，齊也。一齊而不易也，人倫之本，而伉儷之道也。家道之睦，斯爲首也。於義一或有虧，是瀆人之倫而失伉儷之道也。又何待有詛而後然耶？今人但知彼爲死矣，而不知彼死者，四大雖壞，神實不亡。必有所憾，尤甚於生。萬一訟於鬼官，則殃考疰氣，卒未易解。不見許厚，不以家事經意，而其丈人訴之於三官之事乎？ 又不見許斗，既死之後，水官復遣歸墓中，使伺察家門，當衰之子，示彼訟者，以塞對解逼之事乎？ 保命真君蓋嘗以此戒敕許長史，令禳厭家門，疾病死喪，衰散減耗，光怪惡夢之厄，當急分解。 家訟墓疰者，正爲此也。《夷堅志》

鄭朝議之從子，娶陸氏，伉儷甚綢繆。 鄭嘗於枕席間，謂陸曰：「我不幸死，汝無得嫁；汝死，我亦如之。」陸曰：「要共百年偕老，奚爲出此不祥語？」居數年，鄭果感疾，自度必死，臨終，與陸對父母復申言之，陸但俛首悲泣。 鄭死，陸竟携資改適曾工曹。 曾一日考試他郡，陸昏暮獨坐，恍見一伻投書。 陸視之，則筆札宛然前夫手札也。 其詞曰：「十年結髮夫妻，一生祭祀之主。 朝連暮以相懽，俸有餘而共聚。 忽大幻以長往，慕何人而輕許。 違棄我之田疇，攘資財而遂去。 不恤我之有子，不念我之有父，義不足以爲人之妻，慈不足以爲人之母。 吾已訴於上蒼，行理對於幽府。」陸愧駭汗流，未幾果卒。 蓋夫婦者人之大倫，有守者婦人大節。 一有愧于其中，萬無安吉之理。 生或幸免，死必難逃。 不見華陰主簿妻，以思與聶從志亂，而没身於鬼官乎？ 又不見愍懷太子妃，以不受石勒之辱，而立獲度世乎？ 今人於父子、兄弟、夫婦之間，多是恩義寡薄，而不知三者在天地間，號爲「三綱」，最爲至重。 堯舜之行所以照耀千古者，行此者也；孔孟之言所以師範萬世者，言此者也。 天地百神所以監臨下土，厚於倫則福之，薄於倫則禍之者，重乎倫者也；國家所以條爲法令，使人不敢輕犯者，明乎倫者也。 嗚呼！ 陸氏於申言之時，已有

異志，宜乎爲乃夫所訟。《夷堅志》

翊聖真君建隆初，降于終南山。張守真雖日奉香火，而心常懷懼，真君慰諭之，曰：「吾受命衛時，誠欲得一端直之士，俾行吾教，然自陜以西，三世不失男子身者，惟汝一人。且有正念，此所以爲吾收録。但潔身守正，不欺方寸，自然默符天理，何懼之有？」按如上説，則世間不失男子身者，何其少乎？當知今爲男子者，未必不前生曾受女身；爲女身者，未必不前生曾爲男子。捨殼入殼，隨業轉輪，至如真淨妙心，則本來如如無有差别。第世人不知悟此，妄認幻軀，自生愛見，所以慾火熾然，莫能自戢。譬如狗咬枯骨，妄生美想，使一見此，必有灑然而大解脱者。回視前日淫穢，豈不啞然一笑。以愚觀之，非獨不失男身者少，其不失正念者誠亦少也。且以一縣論之，士、農、工、賈、僧、道、伎、術，乃至胥曹皂隸，與夫市井細民，無慮十數萬人。其所以仰事俯畜者，雖各不同，然要其歸，均是在塵勞中用力，市道處留心。平日苟且汩没，無所不至。其間中立不倚，確然有守者，果幾人乎？惟其中無正念，則日用無非顛倒錯亂矣。既多顛倒錯亂，則身後無不沉墜者。《翊聖傳》

陳希夷，少戲於渦水，遇一青衣媪呼而乳之，曰：「使汝得吾真炁，平生永無嗜慾，聰悟過人。」其青衣乃天真，以希夷當得度世，故託乳飲以真炁哺之，而使之得絶乎慾也。嗚呼！修如希夷，尚待哺真而後能絶慾。信情慾之根於人也，其難拔如此。今有淫慾熾盛，垂老而尚爾不衰者，當爲福耶，當爲業耶？亦猶馬偏快於奔馳，牛獨安於負重，各業力有以持之故也。浮生短世，其可一味惑溺，略不俛聽善言，少自開悟。一旦淪墜然後悔艾，則噬臍爲無及矣。不聞元始上帝有惑溺，當化爲犬豕之説乎？蓋惑溺之人，身淫、心淫，全體是淫，昏惑穢亂，濁擾神炁。人質雖具，犬豕是同，性習已然，久而自當形與俱化。重愚嘗窮究其説，非獨元始之説爲爾。在釋氏輪回之説亦云：「情多想少，流入横生；重爲毛群，輕爲羽族。」其有命終之後，而能超生四天王天者，即今之於邪淫中心不流逸之人。生忉利天者，即今之於淫愛中淫愛微薄之人。生須燄摩天者，即今之逢慾暫交，去無思憶，於人間世動少静多之人。夫此人等，既以慾輕而得生天，則彼惑溺之人，必以慾重而淪入惡趣者，無足疑怪。故佛教人，若欲求佛妙果，先須斷去心淫。心淫若除，是名爲先佛世尊第一决定清淨明誨。如不能爾，而欲求者，譬如蒸砂求其成飯，經百千劫，祇名熱砂。蓋本淫身，縱得妙悟，終是淫根。根本成淫，輪轉三塗，必不能出。青衣所以令希夷必絶乎慾者，正爲此也。《神仙傳》

任稹，希慕真風，好與山人野叟游。一日，遇一採藥人，自言居處在大面山。後相從既久，忽與一苗藥餌，稹便覺臟腑清暢，久而髭髮烏潤，顔色紅悦，心頗異之。後數月，復至，持藥如初。稹乃陰藏其半，併一兩汞煑之，立化爲銀。叟覺之，怒曰：「此靈藥也。置之臟腑則佳，一身之外，都不足道，何乃爾耶？」稹曰：「今福感寺有一塔，久已隳壞，非千貫不可修。誠欲以此助之，彼此不無利益。」叟曰：「助之不難。今賷銀三百兩，便可得九百九十貫。爐子炭录，每兩不過費二百。若積三百兩，所費共不過六十貫。其餘九百三十貫，則自是那箇家事，何預於汝，而汝望利益乎？」積曰：「何謂那箇？」叟曰：「陰陽造化也。汝但只以汝錢六十貫助之，則自有六十貫本分利益。若必欲賷銀，令成千貫，究竟亦只有六十貫利益也。」嗚呼！僊翁之言，大有深旨。大抵參預緣事，須得實有所施，或有實力，不在空事紛紛。若但空事紛紛，即是用心交錯。用心一錯，則從初至終，無一不錯矣。一椽一瓦，未足爲功，而百念紛然。惡念起時，胸中便生出百千萬種夜叉羅刹。夫以一椽一瓦之力，是能勝百千萬種夜叉羅刹之力乎？自無心懷險惡，而能得獲勝報之理。僊翁所以堅却積者，正謂修塔固佳，恐或心有未是。又不免有以藥賷銀，欺人一段事在耳。昔然燈佛於往昔世，本一獵夫，憩于佛寺，見佛燈欲滅，拔箭挑之，其後竟以此故，得證然燈如來。梁武皇帝於往昔世，本一田夫，因行雨中，見道傍佛像爲雨所淋，即以己所戴笠，加于佛首而去，其後亦以此故，得極位。此皆出於無心，故獲勝報，至有如是之力。向使心有所念，則已落在住相布施矣，烏得如是？吁！今之人初無實施，又無實力，而但空事紛紛，物我交攻而百念紛起。若以住相之説，推而下之，則是可以望利益乎？《集僊傳》

起居舍人王龜從，太平興國初，同内供奉官李守節，奉勑修上清太平宫。凡一瓦一椽，龜從皆書名其上，可以見其勤也。既畢事，同詣翊聖前祈禱。真君忽降言曰：「汝等修宫，不爲不勤，然不開日月華門，不畫八小殿壁，堦墀壁甃，皆不嚴備。惟務速成，以冀恩寵。上天亦不掩汝功，亦不赦汝罪。」二人相顧大驚。業已聞奏，不容增役，但再拜懺謝而已。其後，龜從竟死于兵，守節竟死于疫。大抵事關諸聖，最易掇禍。不見佛書所謂經師佛匠，與夫合香圖利之人，陰司皆常切點檢者乎？蓋事關諸聖故也。今人資藉衆力謾能造一像，建一椽，則便傲然挾爲己功。而不知一文滲漏，便是侵欺，取便那移，亦名互用。况出凡夫淺見，豈能盡合天心，若更彼我紛拏，即是自求煩惱。錢非己出，何足爲功？一念纔差，便有罪報。惜其不知挫人所長，護己所短，常懷妬忌，每事矜誇，向背乖宜，是非不當。願人有失，毁人成功，危人自安，辱人求勝，乘威迫脅，鬭合爭訟，沽買虚譽，包行險心，認恩推過，嫁禍賣惡。凡此之類，在《太上感應篇》一一皆定爲世人罪目。存諸念慮尚不可，况施諸緣事乎？當知二公當時未必不無此失。《翊聖傳》

夫人任氏，鍾離少師瑾之母也。平生留心淨土，晚尤精確。年九十八，起居甚康强。一日，呼子孫謂曰：「人人有箇彌陀，奈何抛却；念念無非極樂，不解歸來。良可太息。明日，我當行，汝曹無用追憶，但不忘淨土，則常在膝下矣。」初，五鼓即起念佛，聲久漸低。視之，則已寂。大抵佛不遠人，即心而悟。悟即諸佛，迷即衆生。愚觀世人，其以念佛而得生淨土者，非獨任氏。昔慧遠禪師與劉程之等一百二十三人，結爲一社，號曰「白蓮」，皆是勤念彌陀，求生淨土。其後悉皆如願。自師而下，至於國初，得如願者又一百九人。復自國初至紹興乙亥，又一百二十四人。此特載于王侍郎敏仲、陸居士季誠集中，顯顯爲可見者，二集之外，又有不可得而知者焉。比年，王龍舒既得是法，不欲獨善其身，於是援引裒集，鍥木印行，號曰「淨土文」。意謂人世短促，又有三惡險道，大可怖畏，不若西方淨土，壽命無量之爲可樂也。若欲求生其土，無如勤念彌陀之爲捷疾也。集中所載，有爲神僊，爲國王，爲世子，爲公卿，爲僧尼，爲給侍，爲命婦，爲寡婦，爲衙校，爲胥吏，爲軍士，爲鐵匠，爲漁人，爲庖者，爲屠酤，爲僕妾，爲惡人，爲禽鳥，而皆能修者。又有因人督責，因人勸發，因疾苦所加，因地獄相現，因得惡夢，因命臨終而後知修者。或作觀想，或專持念，或禮拜，或回向，或持戒，或寫經，或造像，或修寺，或自行，或勸人行而爲修者。其所以修者雖各不同，然要其歸，無出乎口念彌陀，心存淨土，必欲求生其土也。竊嘗謂念佛之説有二，有念誦之念；有念念不捨，如母憶子，如子憶母之念。念誦之念，即今之念佛名者是。念念之念，即今之必欲開示，悟入佛之知，見行佛之行，爲佛之人者是。二者之間，念念之念尤愈於念誦之念也。若又能於此瞥地發真歸元，了知惟心淨土，識取自性彌陀，則乘彼白牛，直至露地，隨意所適，無不快樂矣。又何有淨土、穢土之殊，此身、佛身之異乎？如或未能，先須從念誦中去，久久自當到瞥地歸元處也。或者尚詆爲數聲念佛，安有便得如願之理？而不知我之自性本自如如，上與諸佛一體無二，第以念念迷妄，遂入輪回。我今一念歸真，則初起念時已自圓滿。夫所謂三毒者，便可回爲三聚淨戒；六識者，便可回爲六種神通。煩惱回爲菩提，無明回爲大智。只憑一悟，非假他求。况能念念在彌陀，豈不獲諸冥感？不聞孔子習周公而夢周公，學琴操而見文王之説乎？又不見高麗國主王徽厭契丹侵擾，常誦《華嚴經》求生中國，一日乃夢至京師，見宫闕樓臺之勝，與國使目覩無異之事乎？無他，皆一念冥感也。任氏平生念佛，臨終而了無所苦，豈非妙悟之力歟？

校勘記

卷七

劉温叟爲御史中丞，時太宗皇帝尹開封，知其貧，賜以五百千錢。温叟對使者扃鑰，不敢用。越明年，復賜以酒。使者至，見其錢扃鑰如故。歸白其事，太宗歎曰：「吾之錢尚不肯受，况他人者乎？」亟命輦歸，以成其美。臺憲故事：月給食錢一萬，不足，則以贓罰充之。公惡其名，不肯受。一日，太祖與太宗論及朝臣之有清節者，太宗即以其事聞，太祖大加敬嘆。其子照同時爲贊善大夫，燁爲龍圖學士。自北齊至本朝，凡五百餘年，而仕宦不絶。嗚呼！彼無遠大者多只以錢鏹爲急，而不知錢鏹雖多，豈若世世簪纓之爲愈乎？今之暫時榮顯而尋復歇滅者，皆錢鏹大重，不無不陰騭事在其間故也。《聞見録》

侯叔獻爲汜縣，縣多没官田。有一李誠莊，方圍十里，河貫其中，最爲膏腴。佃户百家，皆成奥族。舊估價一萬五千貫未賣，魏公當國，又欲增價五千貫賣之。陳道古銜命而來，與叔獻議增其價，叔獻堅持不可，道古以魏公之意諭之。叔獻太息曰：「郎中知此本末否？李誠者，在太祖皇帝時爲酒務專知，以不能救護官物，爲溢水所損，估所損，當五千貫，勒誠償之。是時，朝廷出度支錢，預俵民間，令買鵰翎箭桿弓弩材木，以備軍須。及李重進叛，方起兵，而預買之物，皆莫集。太祖大怒，命應欠負官錢者，皆籍其産，而李誠者，實非預領官錢之人，官吏畏威，莫敢開析，一例抄没，至令誠之子孫，一旦破碎。借相國未能卹其非辜，給還其田，莫若更損價五千貫，俾誠子孫買之。在官，則已剩得五千貫錢；在誠子孫，亦不至狼狽。郎中以爲如何？」道古大驚，曰：「某初不知之，審公此言，苟利於人，何所不可？某亦有以塞魏公矣。」遂損價五千貫而去。叔獻乃召誠子孫諭之，皆泣下，拜曰：「實荷公恩，奈家貧何？」叔獻曰：「吾有策矣。」即召衆佃户，謂曰：「汝等本出下户，以得李莊之利，皆大第高廩，變爲豪民。今官賣此田，而李孫獨患無力。萬一爲他人所得，勢必撤廩拆屋，離業而去。豈復容汝輩享其厚利乎？曷若百家共醵此錢，俾李氏請買，我則寬其限責。如此，則此田復歸李氏，而汝輩亦得久遠佃食。兩獲其利，不亦可乎？」衆皆拜曰：「願如公言。」由是，誠之子孫復得此田矣，叔獻亦以此知名。不數年，遂得爲工部判都水監。嗚呼！今之士夫有但知爲民，而不問有咈上位如叔獻者乎？其銜命者有從善如流，而不以進身爲計如道古者乎？多見其虐下媚上，以求進身，而不知身未必進，而刻薄之禍已及之矣。二公用心，過人遠甚。《東軒筆記》

劉總爲夔州士曹日，有一囚在生死之間。太守必欲置之於法，總不能力爭竟論，囚死。後總病，若有所見，屢自言曰：「我當時曷嘗不欲與太守辯，第意不能奪，汝自知之，何爲相守如此？」嗚呼！劉總之見，乃佛家所謂人之臨亡，地獄相自見者也。大抵刑禁之地，人命所係，其可不確持公論以平反之。苟或不原其情，一一繩以文法。萬一失入，咎當誰執？　昔范魯公質未顯時，一日坐封丘茶肆中，手所持扇，偶書「大暑去酷吏，清風來故人」之句。忽一怪陋人前揖，曰：「酷吏宪獄，何止如大暑也！　公他日，當深究其弊。」因携其扇去，公惘然者久之。後道過一廟，見一土木鬼，狀皃酷類曏茶肆中所前揖者，扇亦在其手中，公益異之。及大用，遂首議律條繁廣輕重無據，吏得因緣爲姦。周祖因詔公詳定，是爲《刑統》。夫鬼之爲物，性多暴猛，然指酷吏宪獄，尚以爲非大暑之比，且區區以是告公，則酷吏宪獄之毒，不言可知。劉緫之見，可以爲戒。《夷堅乙志》

恭倅蔡興文，乾道壬辰四月初一日夜漏已十刻，明見前大潭令李木字仁叔者來謁，且引數十人而前，曰：「木曏爲諸司所鞫，父子俱死囹圄。此輩皆連逮而死者。木已訴于上蒼，帝命公推勘。」因袒裼示蔡，徧體皆捶楚痕。蔡益大懼，辭以不能，亟命爇紙鏹遣之。衆皆捨去，獨仁叔不退，漸近胡牀逼公，且曰：「帝命安可違？」遂歐公一拳。公便覺身體疼痛，自知不免，亟盥漱，盛服出辭州家。纔出廳，則迓吏皆鬼物，已羅拜于庭，并元勘公案亦已陳于前矣。州家聞之，拒不敢見。翌日，郡僚相率候問。公對客歷談所見，具有條理。後數日，果死。時憲屬楊道夫目擊其事，因具書之，以爲世戒。竊嘗聞蔡公曏以合陽簽判攝郡事，剛明峭直，風采凛然。一日，有數輩小人略買女數十人，將下荆渚。偶爲人告，公立命收捕，盡將決配湖外遠惡州軍。悉歸所略，往往有母子相抱持而哭謝不已者，輿論莫不快之。或有戒其太過，公曰：「某但知奉行朝廷法令，不敢有所容心。此曹情理如此，尚何足卹？」嗚呼！剛毅木訥，孔子謂之「近仁」，只此一事，已自見公平日。是宜爲上帝收録，使理仁叔之寃。其當時承勘仁叔一行官吏，與夫同共擠陷之人到此，有可以僥倖得免者乎？當知刑禁之任，利害最重，不可一味觀望，鍛鍊而成。與其久繫於幽冥，孰若暫咈於上位乎？

饒娥，其父漁于鄱上，醉不能舟，遂以溺死。娥求屍不獲，哭于岸上，三日而絶。明日，父屍乃出。黿魚鼉蛟，浮死萬數，塞川下流。鄱傍小民，莫不驚嘆。嗚呼！娥本漁人，莫知禮義，但以一念爲父，立通神明，能使水族有浮死之戮。大哉孝乎！竊嘗思之，孝之爲説，人子常事。初非殊尤絶異之行，且人未有此身之前，神識雖具託，質無從實。因父母爲緣而成胞胎。始自入胎，至于誕育，復自誕育，至于成人。其間愛護、長養、病疾、婚娉，父母之恩，不爲不至。暨至强壯，父母漸老，乃至于死。正令生事死葬，一一曲盡其誠，亦未能報其萬一，何敢更爲不孝？饒娥之死，誠亦可重。是宜柳柳州大書特書，以示後世。雖然爲人子者，亦不必爲娥之爲，然後爲孝捐軀殞命，無益於親。要在念念不忘，必求有以超度之，而報其罔極之德也。

劉光甫有二弟，仲弟最賢，生事又稱意，無何早卒，一子尚幼。時光甫之父久已病，聞之遂不起。光甫母，性素悍，又無所出。及專家事，乃不常其用。光甫爲人長子，義當正心誠意，身率其家。而乃苟且脂韋，希求么麽。父之齋祭視爲虚文，葬又不審，而遷墓者三。凡衆分田産，皆先擇其腴者賣之。於己粗有所得，便自爲足。既而，其母及其季弟，亦相倣傚，家遂中微。於是，與季弟合謀，立索分産，契券文帳一出其手。仲弟之婦，但見姓書名，所得纔十一耳。光甫與其母及季弟所賣過田産，皆留税不退。每暗於人户處領錢，遇有追催，則與胥吏爲市，逼令仲弟之婦輸之。是時正當軍興，科須百出，光甫又從而屢有希求。一日，應副稍不滿意，即大招坊郭錢一千餘貫。蓋以困其仲弟之婦，仲弟之婦果坐此而不振矣。及仲弟之子長成，欲行割税，而光甫再三障礙，必俟得其五十貫錢。然後示以收田人户姓字，又聲言欲别分産，致使小人乘隙，摇撼於其間。仲弟之産，皆一空矣。今光甫子孫，絶滅俱盡，而仲弟門户獨不衰，男得其室，女得其家。此可以見天意也。嗚呼！父父、子子、兄兄、弟弟者，人之大倫，天上人間，莫此爲重。安可弟死不卹，而重困其孤？父葬不審，而三遷其墓乎？昔桃栖雲之父，本田家。以其兄未得子，代之遠戍，竟死于邊。栖雲迎魂以葬，廬于墓側，終身哀慕。夫孝也悌也，而栖雲父子兩皆得之。自栖雲至元祐初，凡十數世同居，惟仰給農桑。雖不甚富，而能歷三百餘年，無一人異辭。又經唐末及五代亂離，子孫保守墳墓，不相離散。前後詔加旌表者三，復徭役者二。又如給事中陳京之後，亦數世同居，聚口七百，上下和睦，一守成規。所養犬僅百餘，當與之食，一或未至，餘不敢前，僞吴加旌表。夫此二家，乃可謂之父子兄弟云也。光甫用心乃爾，不敗何待？

季正臣妻，腹有塊氣，動轉輒爲飲食之害，百計不能療。時零陵何氏之女，年十二，忽遇異人，啗以一桃，遂不復食。其言禍福，皆切中人心，遠邇神之，因號爲「仙姑」云。一日，正臣以其妻所苦問之，仙姑曰：「汝妻曾打一孕妾，因而至死。此其寃也，何可救療！」其妻竟腸折而卒，良久塊下，形質宛然一女子也，偏體皆捶楚痕。嗚呼！兹亦異矣。愚觀世人狼藉女使視以爲常，十室九家類多如此。大抵不能檢制一時，遂至爲終身之累。夫豈不知萬一成胎，便有利害乎？正令不至損失孕妾，亦必害及嬰兒。人而殺人，豈免寃累？若又無此二事，亦必伉儷不和，嫡庶異念，不孝不義之事從此遂生。甚者父子化爲仇讎，弟兄變爲寃敵，門户破敗，鮮有不由乎此，孰謂不玷於行，而無累於身乎？念言及此，然後知南極真人與夫玄清夫人之所謂情慾之事，罪在不赦者，蓋在是也。雖然使孕妾至于死者，其妻也。使其妻至于殺孕妾者，正臣也。正臣之罪，尤當爲重。《集仙傳》

畢造再娶，有一女，爲鬼所繞。時路當可以符籙著名，畢懇求救療。路纔入門，其爲鬼所繞者，整衣出拜曰：「我是前媽媽所生，妹子乃今媽媽所生。妹子恃其母鍾愛，每事陵轢。頃年，有與我議親者，事垂成，只欠一對金釵。爲妹子所礙，竟不克遂，我實怏怏，遂至于死。以壽數未盡，無所依歸。適遇九天玄女見憐，授以回骸之法。又被妹子白父母楚我，法亦不成。生死受害，心實銜之，非俱死不可。」嗚呼！顧室顧家，人誰不起此念！其可妄自分別，必欲敗其成事乎？夫破人婚姻，在他人尚當有譴，况姊妹乎？當知今之爲鬼所繞，或沉疾纏綿，非藥餌所能療者，皆寃家有以守之故也。不見佛家所謂寃家惱害，與夫道家所謂殃考疰氣，伏連塜訟之説乎？又不見左氏所謂趙同、趙括爲二竪子，居晉侯肓之下、膏之上之説乎？第人率意而行，多不問幽冥之間，恐或果有此事。雖然使其姊至于死者，後娶女也。不能制後娶之女，使能礙其姊之事者，畢造也。非獨畢造不能斷而行之，亦由後妻有以牽制於其中也。爲後妻之計，與其使己所生女，爲前娶之女所繞而死，孰若彼女、我女兩皆存乎？在我亦不失爲賢後母也。《夷堅乙志》

田晝建中靖國初知淮陽軍。時大疫，晝自挾醫家至户問，隨病與藥，賴以全活者甚多。一日，忽小不快，方正晝，而遠邇之人，盡見公擁騎從騰空而去。就問之，則已死。蓋受命爲淮陽土地矣。竊嘗謂醫之爲術，其爲功也最博，而獲罪也亦最大。蓋其隨病救療，能使苦者得安，危者復活，此其所以爲功也；苟或所見不明，妄投藥餌，用心不善，故作稽留，使小疾變成沉痾，壯年遽入鬼録，此其所以獲罪也。昔安庶、徐播二人皆名醫。安庶頗知道，人無貧富，病無輕重，皆爲盡誠。至其孫，有登第者二人，此可以見其平日。播則不然，非上馬錢必不行，所得不厚必緩其藥。雖至危劇，亦必巧有所取而後已。晚年，疾疫死喪，零落殆盡。所存者，獨一小男孫，而其身亦得奇疾。自度非庶莫能醫，亟命請之。庶乃大取其上馬錢，既至，復與言價，且曰：「此病非二千緡，不敢醫。」播不得已，如數與之，但胸中深以爲念。及愈，庶則首謁之，曰：「曏者非敢誠欲取公錢，第見公平日手段如此，故略爲施陳，冀公稍自悔悟。昨所惠者，今當悉以歸還。然公此去，切不可復如此也。」播深然之，稍稍亦行陰騭。一夕，夢神人告之曰：「汝鼐非安庶啟悟，滅門也必矣。」如此，則醫之爲功也豈不博，而獲罪也豈不大乎？夫田公平日施藥，而臨終乃有騰空之舉，天何負於人乎？

方朝請政和間爲歙縣。一日大病，見一道士謂曰：「公，武后時人也。時河北大疫，死者如麻。公以所藏秘方，揭于通衢，餌者多愈。嗣後所傳益廣，所活益衆。上帝嘉公有活人之功，録爲上清仙伯。後以與侍女宋道華，起人間夫婦之念，遂謫居于世。我乃黄真君弟子也，真君與公有瑶臺之舊，恐公展轉流轉，仙梯愈不可攀，故遣相告。」公遂掛冠。蓋醫有活人之功，超度最速。不見《真誥》所載劉平阿者，亦以平生行醫，救人之病如己之病，而立獲度世乎？以愚觀之，自人而得登地位，自地位而復生爲士夫者，非獨公也。大抵歷官清要，而又能力行善業者，皆先世修行之人。若非先世修行，則安得有許多力量，享得許多富貴，幾何而不爲物轉乎？不見晁太傅迥，前生是靜居天主；王待制素，前生是玉京黄闕；西門侍郎楊文公億，前生是武夷君；陳康肅公堯咨，前生是南庵庵主；張文定公方平，前生是山藏院知藏；王丞相曾，前生是青草堂和尚。又如王文正公旦，自記前生曾爲僧，與房琯太尉事頗相似。寇萊公準，自言初生時，兩耳垂各有肉環，七歲方合。蘇文忠公軾，亦自言母夫人初孕時，夢一僧來投宿。尚記其頎然而眇一目，蓋陝右戒禪師也。夫此數君子，以教言之，皆已爲墜落矣。其可於此不力加精進，而轉取退失乎？且如王文正公旦，爲太平宰相者僅二十年。以世法言之，其所以享富貴者，不爲不極。然於臨終之際，乃言願世世生生，常得爲一清淨真僧，味道自樂，不敢更入富貴。且囑其子以僧服殮者，何哉？蓋不欲與物流轉，而轉更墜落也。《夷堅乙志》

紀堂，力學能文，劉公愛其才，命子弟從之遊。意謂堂他日於試闈中，必能成就其子弟也。劉事真武甚敬，忽降言曰：「紀堂不孝後母，天曹已不收名字，尚安能成就汝子弟乎？」紀堂後果無成，客死于藥水鋪。嗚呼！後母尚爾，况所生乎！當知今一解一第，皆祖先積累，家世孝義。或偶能立功，或素有陰騭，已經上蒼校勘，收録名字，故能俯拾無疑。其或校勘未過，名字不收，雖有才名，愚知其終不能取也。近有一士子，最敏慧，尤長於聲律。嘗謂人曰：「我學術如此，異時省榜，豈容不於第一、第二名安排我耶？」凡兩預鄉薦，益自矜負。又好與時官遊，時論頗不平之。其兄一日以病至陰司，見一公府極雄壯，門揭大榜，曰「三科校勘院」。方擬議間，忽已立于庭矣。殿上有一星官，坐于殿之正中，左右分别三金紫人，各東西相向而坐，前列簿書。其星官者，旁有二吏，一過筆，一閱籍呼名。每一呼名，必曰：「某州某縣某人，孝義如何。」西向而坐者曰：「及若干分。」又曰：「陰騭如何？」東向而坐者曰：「及若干分。」又曰：「學業如何？」坐於東向之旁者曰：「及若干分。」三皆言訖，然後星官攬筆批於籍中，但不知批何等語。如此次第校勘，凡百餘名。忽聞呼至其弟，傾耳聽之，則學業甚優，而所謂孝義與夫陰騭者，全無分數。繼又聞十數名。忽一鬼持符，從空而下，驚悸遂甦。意其弟必不過省，及揭榜，乃中丙科。復自念言，豈鄙者之夢出於恍惚，不足據乎？其弟竟不及釋褐而卒，然後知校勘之見，非恍惚也。今人但知片言隻字爲學，而不知片言隻字者，學之末；而孝悌忠信，與夫性命道德者，學之本。學之末固可取，而學之本亦嘗行之否乎？《真武儀》

舉子有衛西甫者，頗聰俊，曾與鄉薦，家甚貧。紹興壬午，受一富家子錢，冒名入省闈，爲之代筆。未引保間，忽夢入陰司，見一吏謂曰：「子欲作狀元乎？」衛曰：「唯。」吏曰：「且少立，俟吾取簿籍來。」既而不復出。衛彷徨良久，忽見墻壁間，皆大書「明哲保身」四字，或草或楷或隸，字皆尺餘，遒勁可愛，衛不之悟。及就試，果不及終場而卒。嗚呼！世事固可笑，而此事尤可笑。在衛生，則所得無幾，而遂至喪軀；在富家子，則本欲必得，而反不終場。大可以爲後來者戒。以愚觀之，非獨科舉爲爾，但凡事涉僥冒，皆是巧奪造化，冥冥之間，無有不滅禄促壽者。第陰境嚴密，多不顯告，故雖已及禍，而莫知所以掇禍之由。今「明哲保身」之語，已是顯告者也。爲衛生者，胡不速自改悔，以保餘齡乎？其如「欲作狀元」之語，蓋戲侮之耳。夫爲人代筆掇禍尚爾，況提文衡之權，而不能公其去取者，其掇禍又何止如此？

呂氏之禍，其子琦得脱乎死者，趙玉之力也。後玉病，琦親爲調藥。及死，爲辦喪事，又厚恤其家。時玉之子文度尚幼，琦誨撫推挽甚至。及陞宦路，皆琦之力。雖琦不忘趙玉之恩，然亦可以見琦心術。其子餘慶參國初大政端，亦致位宰相。此尤見琦之平日也。如玉子文度，亦登第，豈非天以報玉歟？夫不絶人後，爲福最大。天尚念之，況於人乎？昔趙師旦拒賊而死，其妻産纔七日，棄兒草中而去之日，回視則尚生。向非神物守護，安得不死？卞中大《勸戒録》

卷八

劉海蟾，身相燕國。一日，因家宴，忽有所感，卒起擊碎玉器，蓋有所試。家之人莫識其意，皆怒形于色。劉益大悟曰：「我本田舍一書生，今位極人臣，珍寶奇玩皆因我有，碎一玉器，何至乃爾？使我平日行己不正，錢鏹聚不以義，身後罪報究竟獨歸於我。一家享用，我却如何？萬一輪回，誰能爲作救護？」乃留一詩，周遊物外，竟得爲真人。其詩「有當此時方頓悟，前有輪回誰與度」之語，此可以見其意也。嗚呼！宦遊皆爾，何獨海蟾。一門俱享於豪華，身則獨擔於罪報，惜其莫悟。人生富貴，遠不過三十年事。目前雖若過人，然仰箭之力，最爲易墜。一旦事勢盡去，業力獨在，諸惡境界悉皆現前。當此之時，雖欲一念回光，片時爲善，不可得也。今海蟾卓識如此，而堅猛又如此，是宜立登果位。《神仙傳》

人有賀其姓者，以屠爲業，然亦頗知爲善。有丐於市者，賀未嘗不樂然施之。一日，遇一得道者，謂曰：「人死爲羊，羊死爲人，死死生生，互來噉食。子知之乎？」賀曰：「固亦知之，奈一家百指，何得？」道者曰：「是不難。吾有安隱快樂，無所營營之術。子但發重願戒殺，吾當以中元夜授子。」賀舉家大悦，日夜企望，及期果至。纔入門，見一燈熒然，即罵曰：「誰令停燈？」賀入滅燈，復罵曰：「誰令滅燈？」賀罔然。得道者徐曰：「胡不入問子家之人？」賀入，問妻問子，洎女及婦，乃至使令，皆言：「燈是郎滅，何復見問？」賀出，如實言之。得道者乃大笑曰：「覓得渾家喫，殃來獨自當。吹燈猶不認，誰肯替無常？」即趨出，曰：「吾已授子了也，還會得否？」賀亦大悟，曰：「養家三十口，獨我失便宜。信哉言乎！」遂棄業學道，後果有成。嗚呼！今之主家，孰非吹滅燈者；家之人，孰非不肯認者。雖人之在生，固不可不略爲子孫門户之計，然亦不可講之太過。一味爲作馬牛，非獨愚之，適所以稔其爲惡。門户破敗，無有不因子孫驕縱者。《異聞録》

宇文通奉所居近地一少年爲縣壯丁，治平改元五月二十八日，於道傍遇一老嫗，攜一竹杖，挈青囊，龍鍾不能行。蓋關中人，因遊禮峨嵋山，此偶感疾也。少年逼令起行，嫗曰：「我無他，但心神煩悶，得一杯水，少沃澮肺，即當前矣。」少年自以身爲壯丁，慮嫗死爲里人累，牽而投諸橋下，里人莫不憐之。是年六月一日，適天雨大水，屋材蔽江而下。少年恃其善拍浮，解衣赴水，取薪而還。既得復往，人皆快之。無何水勢增急，少年力困不能爭，遂以溺死。洎水落，家人訪求其屍，乃與曏所投諸橋下者老嫗聯爲一處，其竹杖、青囊，反在少年之手。雖其一時危急，不知手之取之，以爭一旦之命。然亦天意，故以彰其報也。通奉公目擊其事，因爲傳之，以示勸戒。吁！亦信矣。二江近地，尚猶有此，況通都大府，荒遠僻處，豈無爲少年之所忍爲者乎？惜其不能慈念。但人在逆旅中，忽然感疾，或是失便，均爲惡況，況更貧窶尤爲不堪。苟能於此一念惻然，方便救接，措之安樂之域，即是諸佛行處，菩薩用心，便可立證僊階，更無可疑者。不見今地下主者鮑靚兄弟之事乎？昔鮑靚及其妹，皆以七世前在渭橋爲旅舍主人，積行陰德，以行業相類故，使改氏更生，合爲兄弟，同時得踐僊階。此紫陽真人之言，決非欺誑。世之旅舍主人，有如鮑家兄弟者乎？

王鶴，得道者也。性倜儻，好談頤神之道。嘗往來蓬池間，人皆敬之。一旦，別所厚何伯采，曰：「吾有夙寃，時今至矣，吾當尋而償之。」遂往營山，入楊褒馬廄中。見一騾，即愀然曰：「汝果在，是吾今當償汝死，自此切勿復爲念。」以手撫騾，立爲騾所踣殺。伯采具棺葬之。初覺甚重，既而漸輕。發開，但杖屨而已。嗚呼！夙寃之報，神僊尚爾不免，況餘人乎？竊嘗思之，世間諸惡果報皆有盡時，獨有寃憎最爲難解。蓋其一結在念，萬劫莫忘，覩影聞聲，皆思報復。此雖悔悟，彼尚有心。若非兩皆釋然，愚知其終不能解。睚眦之怨尚猶如此，何況殺人？人之在生，於起怨處其可不力行遠離。萬一結已，誰能解之？《集僊傳》

盧沂夜夢一人至其家，詰之，則曰：「我回北村趙小大也。曏以牧羊墮山，正大怖間，一念蹶然，奮身而起，但見傍橫一屍，意謂必同牧者，即而視之，則我身也，方知已是死矣。欲投殼，既不能；欲捨去，又不忍。盤旋狼狽，久無依歸。忽見父母慟哭而來，不勝感愴。既而積薪焚我，我再三告之終不聽，掣其衣亦不顧。須臾，烈焰一燎無遺。月淡山空，每自悲嘆。今夕，偶爲一老人相引至此，亦自覺非我家也。無多詰我。」嗚呼！人至於死，識亦可憐。欲言而無以發其聲，欲動而無以寓其力。雖有區區之意，奈何無從使人聞知。正令聞知，亦有何力量而能爲作救護？人之在生，其可不速自澡雪，使寃罪兩無，一念清淨，來如着衫，去如脱袴。豈不愈於大夜無歸，嬃然但守於枯腐者乎？《夷堅志》

文穎赴官江陵，寓宿邸舍。夜夢一人前曰：「我葬于此。以水轉地崩，墓半淹漬，極陰積冱，無以自温。願爲改瘞，不勝萬幸。」穎以夢寐，不之信。既而鼾睡，復夢其人曰：「我苦於無告，故來投君，奈何無一念之憐乎？」穎曰：「君墓何在？」曰：「今邸舍北十數步，水邊枯楊樹下是也。」穎駭異。黎明驗之，果然。立爲具棺，瘞于高燥。嗚呼！今人收葬遺骸，多從省便，且引僧家荼毗爲説，例皆化之以火。而不知火與瘞所費，初不爭多，而水漬火燒，在死者反有所苦。苟爲無苦，則何以有訟於鬼官；苟爲無訟，則赤松子何以列於八十一種塚訟之數，使人上章求解乎？邊水之尸，何以求遷於文穎；臨焚之子，何以哭告於父母乎？考之《真誥》，蓋人非積善修德，慈心於物，與夫兼修長存之方，固守形中之寶者，死後皆未得離於腐敗。如此，則塵勞之子，自是與修行之士不同，不可一例從荼毗之説、講水葬之便也，明矣。《報應録》

王進賢，晉王衍女，愍懷太子妃也。洛陽亂，爲石勒所掠。舟次孟津，逼以非禮。進賢罵曰：「我皇太子婦，司徒公女。爾胡羌小子，敢干我乎？」即躍身赴水，侍人名六出者，亦繼死焉。時女僊韓西華，大壯二人節操，録其神炁，度爲地僊。今皆在嵩高山中。嗚呼！王氏生長富貴，平日豈無他過。以此一節，遂能立踐僊階。當知世間冒犯廉耻，而女範不能明潔，死後必是沉墜。蓋其平日穢行有同狗彘，習性已然，不過臨時换一軀殻耳。《真誥》

一男子出入一寡婦家，莫遠瓜李，人或議之。寡婦不勝其忿，乃告天祀鬼，以詛其人。不一年，其寡婦與彼男子兩不相去，一日而死。意其當時實無其事，而必欲自明耶，抑或有之，而姑以塞謗耶？不然，安有不相先後，一日而兩皆死者？雖事之有無，皆所不知，然亦可以爲後來矯誣媟嫚者戒。大凡呪詛求直之人，無有不先受禍。蓋其意在害人，天意所以不容也。不見指天地以證鄙懷，引神明而鑑猥事，在經皆所不許乎？

起居舍人王龜從，在襁負時已失其母，每以爲念。因監修上清太平宫，朝夕得奉翊聖真君香火。一日，薰沐拜禱曰：「龜從不幸，少失所恃，未審已託生否？願得一見，作福拔之。」真君沉吟良久，曰：「汝母積釁，見繫陰司，未有超脱之期，拔之難濟。若見，必當有禍。」龜從哭告不已，真君乃命召之。良久，陰風寒峭，重霧晦冥。忽煙焰中有十數鬼卒擒一婦人，五木械繫，鐵索纏頭。復有紫衣人執大金鎚從後押之，叱龜從令拜。龜從熟視，果其母也。方相向大慟，未交數語，不覺已失母所在矣。嗚呼！以龜從奉事之久，懇禱之勤，欲作福拔母，而真君尚以爲難，但得一見而已。是知陰司嚴密，大非人間刑獄可以計日得出之比。按如阿毗曇論大熱地獄，一晝一夜，當人間九百二十億六百萬歲。舉此一獄，餘悉可知。大抵諸惡果報，皆從衆生心念所起。蓋其無所悟入，但以平日稍自稱意，便敢謂無因果，一切謂爲無罪。而不知高齡以鑿敗古人碑銘爲己之文，而水官謂其蔽善以自摽，特列其罪於訟事之首。寶蓮香比丘尼以唱言淫事，非殺非偷，無有業報，遂墮無間之獄。此皆世人平日指爲無罪而安爲之者。在陰司，其獲罪之重乃如此，况有甚於此者乎？夫人生百年，凡三萬六千日，四十三萬二千時，三百六十萬刻。夫一時之内，一刻之間，心之所存，口之所言，身之所踐，有無量無邊。若一切謂爲無罪，則一切無非罪矣。如此刻累時積，日增月加，所坐之罪，所結之怨，所負之債，何止九百二十億六百萬數之多乎？第其終日汩没，不能以少分工夫，細自點檢，所以罪積不覺，如塵如沙。故身後受報之酷，亦非一日得脱也。今之建齋設醮，而謾爲世俗之所謂聊復爾耳者。是果可以拔其親乎？愚知其亦當獲譴。《翊聖傳》

開封尹李孝壽，以嚴猛聞，雖輦轂下亦無敢議其政者。政和二年，一士子寓宿汴河，以暴卒至一所在，公宇伉爽，金碧輝映，然寂如無人。士子周覽良久，忽聞堂上樂作，有數十女妓，自屏後擁一貴人，乘凉輦而出。既就座榻，女妓環列，金石絲竹，喧闐間作。忽撫掌一聲，其女妓悉化爲牛頭阿旁之屬，奇形異狀，大可怖駭。所坐之榻，化爲鐵牀，金石絲竹之具，亦化爲叉矛鈷鑽之物。百鬼爭進，奮刃屠割，極爲慘楚。號呼之聲，所不忍聞。忽又撫掌，則鬼復爲妓，牀復爲轝，叉矛鈷鑽復爲金石絲竹。貴人盛服如初，奏樂而入。片時之間，如是者三。熟視貴人，乃孝壽也。時孝壽尚無恙，未幾果卒。蓋高爵厚禄，甲第良田，與夫舞女歌姬，上樽美炙，皆富貴家之所常念者。平日以此受用，故今日復以此境攝之。大抵地獄之報，不從天降，不從地出，亦非人與，皆衆生自妄所招。析而言之，則有八萬四千塵勞之門；總而言之，則無出乎十因六果。何名十因？一者淫習，謂多淫；二者貪習，謂多求；三者慢習，謂我慢；四者嗔習，謂嗔恚；五者詐習，謂姦僞；六者誑習，謂欺誑；七者怨習，謂怨恨；八者見習，謂惡見；九者枉習，謂誣謗；十者訟習，謂覆藏。因此十習，造種種罪，所有罪報亦隨而生。何名六果？謂起自眼、耳、鼻、舌、身、意。招引惡果，臨終之時，便當有見、聞、鼻、味、觸、思之報。見報，則見猛火熾然滿十方界，亡者神識乘煙飛，墜入無間獄。聞報，則見波濤没溺，亡者神識乘流降，注入無間獄。鼻報，則聞毒氣充塞，亡者神識從地踴出，入無間獄。味報，則見鐵網猛焰周覆世界，亡者神識下透掛網，倒懸其頭，入無間獄。觸報，則見四面大山一時來合，無復出路，又見鐵城，有火蛇、火狗、虎、狼、獅子、牛頭獄卒、馬頭羅刹，手執鎗矟驅逐，亡者神識隨驅而入，墮無間獄。思報，則見惡風吹壞國土，亡者神識被吹上空，乘風而落，墮無間獄。此所謂十因六果也。又有諸惡罪業，無一不作者，則入阿鼻大地獄，受無量苦，經無量劫； 若六根各造兼境兼根，則入無間之獄； 若身、口、意，犯殺、盜、淫，則入一十八獄； 若殺、盜、淫三，或闕一，則入三十六獄； 若一根單犯一業，則入一百八獄。 此皆金口所談，決非欺誑。 近年，鄉里有二富家，臨終之時，一見刀劍垂空，一見網覆其面，與上説無異。 因具録之，使人知所以感召之由。《夷堅乙志》

潁州一異僧，能知人宿命。 時歐陽永叔領郡事，見一女妓，口氣常作新蓮花香，心頗異之。 舉以問僧，僧曰：「此妓前生爲尼，好轉《妙法蓮花經》，三十年不廢。 以一念之差，失身至此。」後因郡會，其妓女適侍立在旁，公因以僧語告之，且問：「今亦曾轉《妙法蓮花經》否？」妓曰：「某不幸爲妓，日事應接，何暇轉經？」公命取經令讀，一閲如流，宛若素習。 公益異之。 嗚呼！ 爲尼而三十年轉經不廢，是必亦知爲善者也。 以一念之差，尚爾失身爲妓。 今爲妓而惟淫是習，日將自家可以刹那作佛之身，龍女刹那能登佛位。 兼受一切人臭穢不淨、無異便溺之物。 捨此身後，更當受何等身乎？ 以教言之，只多淫一事，已自應失墜有餘，況更黠劣萬端，平生豈獨無諸罪惡？ 聞愚此言，亦必有慚懼而生厭離者否？《淨土文》

侯道姑者，一妓女也。 爲邸舍於兖州，以舍往來之賓。 一日，吕翁詭服，館于其邸。 晨出暮歸，歸必大醉，踰月不償一錢。 道姑頗以爲念，因召翁啜茶，翁曰：「某先生曾語我，汝殆是僊者。」姑莫之察，取酒飲翁，翁連舉數升，興猶未已。 姑心難之，翁乃伸臂，則十數金釵鱗然，命姑取其一以市酒。姑心利之，因邀翁歸，欲與同寢。翁登榻即鼾睡，鼻齁齁然。姑屢近，屢爲翁手所拒，竟莫克前。遲明，則已失翁所在矣。視翁手所拒處，吕字徹肌。遂大悟，曰：「僊翁明語我，云『汝殆是僊者』，安知我非僊乎？第一念失墜，不能自知。」於是斷髮布裘，棄家而去，竟莫知所之。嗚呼！淫穢一事，在修行法門最爲大忌。有志之士一念及此，即爲已犯。真人之星，何可更敢身踐。故保命真君曰：「夫真者，都無情慾之念，男女之想。若陰氣一接，則不可以修道矣。」紫微上真曰：「欲修行者，當先絶邪淫之念。」南極真人曰：「愛之大者，莫甚於色。其罪無外，其事無赦。」玄清夫人曰：「情慾之罪所以無赦者，情累於人故也。」夫此數人，皆真僊中位貌之尊者，其爲説皆如此。然此妓女，以至穢至賤之身，乃能真登僊路者，何哉？是必久已得僊者也，爲憐此輩，故假設方便，託生其中以攝化之。亦猶觀音大士生淫女中，以化淫女；悲增菩薩生餓鬼中，以化餓鬼；日藏菩薩生五百馬中，以化五百馬耳。不見觀音大士既以三十二應化度衆生，又勑諸菩薩令應身生末法中，度諸轉輪。雖賤如淫女及姦、偷、屠、販等，亦皆應身與之同事，稱讚佛乘，令其心入三摩提之説乎？不然，即是宿習未除，或一念偶墜，故僊翁憫而接之。或者乃以淫坊酒肆皆是道場之説爲難，而不知淫坊酒肆皆是道場者，謂雖淫坊酒肆中有能一念回光，即與道場中人亦無以異。如廣額屠兒，於涅槃會上放下屠刀，乃能成佛之類是也。非淫坊酒肆之與道場果皆一也，亦猶吾儒謂在途之人皆舜禹者。謂雖在途之人爲舜禹之人，非在途之人果皆舜禹也。聖人所以如此，善巧方便，隨宜説法，隨處接引，必欲使人人啟悟者。蓋不忍坐視此等一類下劣與狗彘相去一間之人，獨甘心棄絶於不可改悔之地耳。今爲妓而能如道姑有一念之悟，即亦道姑之人。昔劉妍者，亦代州一妓女。紹聖中，遇一老嫗訶之曰：「汝甘心在此乎？」妍大悟，力求脱去，母不能留。遂入山學道，日丐于市。積十許年，忽一日别所厚者，曰：「我久慁汝等，明日且行矣。」及期往視，則火自爐發，妍趺坐其中，火不能及，須臾焰滅，則已寂矣。此亦爲妓而有一念之悟者，載之《集僊傳》，甚信。人其可自棄於不可改悔之地乎？

黄魯直好作艷語，詩詞一出，人爭傳之。時法雲秀老訶之曰：「公文詞之富，翰墨之妙，甘施於此乎？」公曰：「某但空語，初非實踐，終不以此墮惡道也。」秀曰：「李伯時但以念想在馬，身後墜落不過止其一身。今公艷語，實蕩天下心，使其信以爲然，蕩而不反，則逾越禮法，冒犯廉恥，無所不至矣。罪報何止入馬腹，定當入泥犁也！」公爲之動。嗚呼！淫最難除，聞爲易入，況更作爲章句，使人味而歌之，實所以作其氣焰。彼聞之者那不動心，一句入神，萬劫便爲種子。從此流浪，非我而誰？秀老之言，真可謂善巧方便也。《漁隱》等書

景德初，西土一異僧至都下，閱永嘉禪師《正道歌》，即作禮頂戴。譯者問之，曰：「此書發明心要，啟悟者多。今五天已流播矣。」又求宣公塔禮拜，譯者曰：「此方如宣公

者甚多，何獨禮之？」僧曰：「此公持律精嚴，五天所敬。」嗚呼！永嘉作歌於此，而流播之遠，乃及於彼。孰謂文字之立，而世不之傳乎？能知魯直以艶語爲法雲所訶，則永嘉《正道歌》，是宜爲異僧所敬也。大抵自悟自解，悟解止及一身，若能舉以化人，悟解始能遠及。昔僧善導嘗著一書，名曰《化導文》，得之者初不甚敬。至道初，洛下白馬寺經架上數有光氣，人謂怪伏其下，莫敢前。一日，有睦州僧名少康者，因雲遊至寺。聞之，即望經作禮，隨光探出，乃善導《化導文》也。如此，則法施及人，不爲諸聖印可乎？

校勘記

卷九

王處訥獨臻星曆之妙，依漢祖於太原開國，爲尚書博士，判司天監。舊與周祖善，周祖舉兵向闕，物色得之，大喜。因從容問：「劉氏何以如是享祚短促？」處訥曰：「其得數本遠，以即位後專復讎殺人，又好夷人之族，所以怨結天下，社稷不久。」周祖蹶然歎息。蓋是時方以兵圍蘇逢吉、劉銖二人第，待旦孥戮，聞處訥此語，亟命貰貸。其逢吉已自經，但誅銖而已，餘不戮一人。嗚呼！處訥之言可謂仁矣。昔東海殺一孝婦，而三年不雨。夫一婦人，而天變之應尚如此，況五代之君，肆行殺戮，視人命如草芥！今日赤某人族，又明日赤某人族，而欲望社稷之久，可乎？故梁自高祖朱全忠，於開平元年革命，在位凡六年，而爲其子友珪所弑。友貞既殺友珪而立，又十年而國亡。唐自莊宗李存勗，於同光元年革命，在位纔四年，而邈佶烈擁兵向京師，存勗遂爲郭從謙所弑。邈佶烈既立，是爲明宗。在位甫七年，而其子從榮作難，遂至不起，既而從珂殺從厚。又三年，而契丹立晉。晉自高祖石敬瑭，於天福元年革命，在位凡七年。而其子重貴立，又四年，而爲契丹所滅。漢自高祖劉知遠，於晉開運四年二月辛未革命，至次年正月丁丑遽亡，其子承祐立，又三年，而其國亦破。周自高祖郭威，於廣順元年革命，在位凡四年，而柴榮立，是爲世宗。雖能於五六年間，取秦隴，平淮右，復三關，然亦果於殺戮，故亦不旋踵而斃。始自唐末，至于國初，上下凡五十餘年，而天下爲梁，爲唐，爲晉，爲漢，爲周，國命凡五革。惜周祖不知悟此區區，乃以星曆爲問，正令星曆當遠而不已賊殺不辜，造物其肯以星曆拘礙，置而不問乎？江少虞《類苑》

陳洪進，初與張漢恩爲劉從效左右將。從效死，洪進推漢恩爲留後，而已爲副使，漢恩老且愞，洪進實專其事。一日，有狂僧行雲者，謂洪進曰：「昔劉公多疑人，前後誅殺甚衆，然不能害公者，蓋公當爲此河主。且人有千錢之禄者，尚不可害，況王者而可害乎？但坦然任運，則他日善終牖下，子孫蕃盛。若懷疑殺人，則終當蒙不善之報，鮮克令終矣。」洪進深以爲然。凡帥泉十六年，不敢妄殺一人。雖犯極刑，而情理可恕者，亦行寬貸。初廢漢恩，諸子力請除之，洪進堅持不可，故漢恩得以壽終。行雲聞而嘆曰：「陳氏五侯之報，今於此而定矣。」及洪進歸朝，改鎮福州。其子文顯爲通州團練使，文顥、文顗、文頊，並爲諸州刺史，是爲五侯，一如行雲之言。大抵人命至重，上帝所念，苟能活之，子孫無不豐者。《楊文公談苑》

邛湖亭神極靈異，能分風上下，以送往來之舟。建和初，安息國王之子爲沙門名世高者遠來求神，謁之，或問其故，答曰：「我道舊也。以平生多嗔，墮入蛇趣，然好作福，故得廟食千里。」因附舟至廟下，神即迎告之曰：「向不從君言，竟以嗔故受此醜形。常恐一旦命盡，展轉更淪惡趣。今廟有千匹絹及黄白等物，望爲經營，改廟爲寺，庶幾少資冥福。苟得脱去，敢不知報。」世高一如其言，佛宫爲之一新，即今之洪州大安寺是也。蓋人之潛狙陰妬，常懷忿恚，亦猶蛇之蓄怒而蟠，銜毒而趨，風動草摇，百毒便發，久久習與性成，形隨性化，呥舌摇尾，方自爲適，安能自知我以嗔而然耶。神能自知，蓋亦曾修慧業故也。嗚呼！今之多嗔之人，動輒勃然，何暇更問身後。恐或果有此事，正令不至一一如此。目前亦自爲禍，但其祇知有我。於己稍有不順則怒，悻悻然必欲凌人，而不知人亦我也，豈獨無我相而肯爲爾凌乎？雖名凌人，實自掇禍。當其嗔時，於人未必有傷，而我之和氣已索然矣。借能傷人，則人亦能我報，彼此寃嫉，互相擠排，於身豈不爲禍？貧賤孤獨皆不可凌，況長上乎、儕輩乎？夫嗔之一業，最障善根，且嗔火起時，則善念安在？故釋氏以嗔爲劫功德賊，而忍爲萬行之首也。《高僧傳》

邠州有一狐，亦靈異，能爲禍福。時張守真奉翊聖真君香火，力請除之。翊聖曰：「彼雖妖狐，然能於長安南山中，化形作菩薩等像，誘彼居民捐財爲供，邠民因而回心向善，上帝嘉之，已命爲本州土地矣。何可除去？」嗚呼！彼神，本人也，以平生多嗔，而轉身便受蛇身；此神，本狐也，以誘人爲善，不離本坐，而遂得爲一州之主。如此，則釋氏輪廻之説，謂之爲無，可乎？若夫兜率天子三生前從惡趣中來，無垢天子却從今生入惡趣中去，此則又是一種，福力轉重而沉墜轉速者也。今之享大福者，其可不以此説，自

警而少修慧業乎？《翊聖傳》

佛昔於尸棄佛時爲婆羅門，與五百童子赴國王飯。時有一人，病不能行，請食而歸。適梵志見之，因作念曰：「此等沙門，及其師主，只應與之馬麥，豈應受人如此香美上味？」其佛與諸童子竟以此故，於此世中，在毗蘭邑圍城之内，食馬所食之麥者九十餘日。其五百童子，即今之五百羅漢是，病比丘者，即今之彌勒佛是。嗚呼！彼皆果位中人，但以受人美味，尚猶有報，況今之實無戒行，而虚貪信施，濫膺恭敬者乎？惜其不知假佛衣服裨販如來，造種種業者。在佛第二决定清淨明誨，皆斥言謂之爲盜業。盜業若成，即當墮入無間。故佛教諸比丘，必令循方乞食，衣鉢之外分寸不留，所乞有餘即以分施餓鬼及諸衆生。蓋欲使之捨去貪心，成就菩提也。苟或貪心未除，究竟只名爲盜。縱成無爲，必還人間，酬其宿債，如佛馬麥，終不能免。《興起經》

亳州太清宫一道人，氣貌甚揚。每攜一小爐，於老君殿下煅藥，衆方集，必指老君像大言曰：「我乃彼之師也。」衆頗惑之，莫不爭欲多得其藥。一日，方指像大言，忽火自爐出飛入其身，須臾焰發，五體烘燒。衆爭以水沃之，亦不能滅，號呼跳擲，不勝其苦。良久，面老君像俯伏，如待罪狀。視之，則已死矣。郡差官驗視，皮肉皆脱爛，而衣獨不灼。時楊克勤親聞其説於驗尸官及宫下道士，甚信，故宛丘先生得以載于集中。嗚呼！世之游手惰足，無所衣食之人，多是浪稱道人。其所以欺誑於人者，類多如此。分明事事有心，口口却説無心；分明未能免俗，而却矯示高尚，或妄談道要，或謬説禪宗。大抵皆是沽買虚名，貪求利養，而不知心也不直，果招紆曲，身後皆當各有其報。又如未得謂得，未證謂證。在佛第四决定清淨明誨，皆指爲大妄語業。妄業若成，即當墮入無間。故佛教人須得心如直絃，一切真實，然後入三魔提，永無魔事。不見維摩答文殊淨土之問，不言方所而直言真心。是淨土之説乎？況於老君，而乃敢妄言我其師也！

邵康節母夫人李氏，甫及産期，以病餌藥，康節遂生，繼又誕一死女子。後十餘年，夫人病卧堂中，忽見死女子哭于中庭，曰：「母不擇醫，妄投湯劑，使女爲藥所毒，暴死胎中。痛恨切至，奈何！奈何！」良久，大哭而退。又十許年復見，哭而前曰：「女不幸一爲庸醫所毒，今二十年方得受生。女與母有緣，故來相别。」嗚呼！一劑之繆，遂至殺人。醫者其可不以此事爲戒，而益加謹細乎？然彼女子死出母胎，於人間世初未嘗有一事關涉，其滯留陰境尚爾許時，況在生八九十年，或六七十年者？平生於逆處、順處，日用應緣處，知他造多少惡業。既無悟入，又乏陰功，以此女子死二十年，方得受生之事方之，則彼一死之後，是有不滯留陰境而幡然便得出頭者乎？愚之此言，於生死路頭大有利濟。若能於此一念回光，則他日出死入生，當大得氣力，遠勝兒女爲作佛事也。《邵氏聞見録》

潁娘子多男女，自毒其胎者屢矣。乾道戊子又孕，毒以藥，血遂洞下。伏枕者六年，苦痛可謂切至。及死之日，明見十數小兒前後挽撮，語聲琅然，傍之人亦皆聞之，良久遂卒。嗚呼！人而至于殺人，最爲大惡，況乃兒女義屬天倫。其生豈無因緣多寡，亦自有數。孰曰初凝精血，奈何神已入胎爾。今遏絶其生，是更情理切害，爲斯人者作何見解，而敢於此石火光中，造如是極惡重罪乎？嘗謂人有照顧不着，而或一婢自經，則悔懼摧沮終身，大以爲歉。至于損子敗胎，則乃安然視爲無事。在妻孥亦爾，在諸婢亦爾，豈以爲無罪而爲耶？則殺人安得無罪，抑以爲官不得治而爲耶？則幽冥宜譴責，又非人間之比，切怪其事而不得其意之所在。比因見數家所爲，方悟其所以敢爾者，不過是逸居飽煖，無所用心。既不曉所謂真詮，又不知所謂名教，終日厖然，惟慾是念。所以在妻孥則徒厭多子，而不能反求所以多子之由；在諸婢則視爲便宜，而不知便宜乃所以觸邪行之禁。大抵但知打過一時，而不知時下固易打過，異時閻羅老子面前，自不容打過也。使爾忽亦身死，亦如其人滯留冥塗，一旦忽蒙開度，神得入胎。在母腹中，亦復中此手段，心亦銜之否乎？今有月數甫足，而尋復墮胎，乳哺未離，而又已死矣。或孕于野合淫奔，不便於生之腹；或胎于侍人嬖婢，不得自在之身。在胎出胎，皆酷受諸苦毒，皆其報也。以愚觀之，人之多淫，大似無辜小兒好食土炭，當其病時，雖力爲遮截，亦必巧取而食。及既愈矣，雖欲强之，則亦不能下口。愚之此説，若能常以自悟，則爾多淫之念，久當亦如無辜之兒，不覺病之去體矣。

陶穀性險惡，好陷害人。初自單州判官，爲晉相李崧拔用，遂得入閣。及崧歸漢，徐逢吉有意害之，穀乃迎意搆成崧事，遂至族誅。其後穀死，葬于昭覺寺，墓門屢掩屢開，寺僧復爲築塞。忽雷雨大作，墓門又洞開，無一物矣。張舜民聞而嘆曰：「陶穀平生憸險，自謂其頭必當戴貂蟬，今髑髏亦無矣。」大抵爲人平易，則見諸行事自然明白洞達，愷悌吉祥，前程無不遠到，子孫無不通顯。苟或用心憸險，闒茸駔儈，則見諸行事必是馳騖捭闔，有傷於人。目前雖曰難容，終當蒙不善之報，鮮克令終矣。昔盧多遜亦任智數，與韓王少睚眦。及得志，即極口傾之，既而自取朱崖之行，家籍于官。未敗數夕前，其祖塋松櫝忽爲震霆焚擊殆盡。此與陶之墓門屢開無以異也。《七朝事林》

王冀公性陰險，尚權譎，巧於中人。時同列雖已爲公所中，終莫知公之中之。翰林學士李宗諤，有才名。王文正公欲引爲參政，先以告公。公許之，既而陰以白上曰：「李宗諤欠王某錢三千緡，今引用之，在索錢也。」蓋參政朝謝日，賞給可得三千緡，而宗諤貧，俸廪不足以給婚娉，舊常有借於文正，故公言之，因以中文正也。及文正以宗諤薦，則上果作色而不從矣。其巧於中人，類多如此。秉政既久，四方饋遺，不可勝紀。金帛錢鏹，圖書奇玩，十倍丁謂。一日之間，盡爲天火所焚，無一遺者。又無子，平生所有，一旦舉而歸諸他人。如此，則陰險權譎是有益於身乎？大抵但知挾權固寵以保高位，而不知高位終難久居，而陰險權譎適所以速取破敗也。比見小人於鄉里間，亦復如是，因爲載此，使

知福如冀公，速禍尚爾，况我綿薄者乎？《七朝事林》

李伯時，深得畫馬名。法雲秀老謂曰：「此已可耻，况念念在馬，死後必入馬腹。不此爲懼，而乃以誇諸人乎？」伯時戄然，不覺身去坐榻，曰：「微公言吾幾不免，爲之奈何？」師曰：「但學畫觀音，此念既專，則彼念自薄。」伯時大以爲然。嗚呼！人之一念，於十二時中其可不以少分工夫，細自點檢，以攝制之。萬一有差，則一死之後，知他隨波逐流，漭漭蕩蕩，從何方世界漂溺去也？昔黄安世以志慕昇騰，而心不精確，死後乃化爲飛鴻。夫學僊之人，但以一念稍差尚爾如此，况念念在馬者乎？《漁隱》

黄筌及居寀、居寶，皆名畫，尤善毛翎。常養鷹鶻，寫其神俊。豢養既多，供飼有闕，不免掘鼠以給。其後子孫，有棄業而事田獵者，有捕鼠而鬻於市者。蓋習以爲常，遂至如此。又有好游妓館而子孫遂至荒淫，取子弈碁而子孫遂至賭者，亦習使然也。大抵爲人父兄，不可不正身齊家，使子弟知有所法。

崔公度，平生好施鬼神食，雖大故不敢廢。一日，以幹夜行，所乘馬驚，奔危走嶮不能禁，崔遂墮崖。方委頓間，恍見一婦人急解額帕以裹其首，且招其徒曰：「此施食崔學士也。汝曹沾恩久矣，今適有難，不可不悉力救之。」其徒遂集，相與撫摩，崔賴以蘇。及歸，家人視其帕首者，乃崔平日施食時所插黄紙尊勝幡也。嗚呼！按經所言，三惡道中餓鬼最苦，蓋以業力，沉下水輪，生于火際，受氣猛火，常被焚燒。水能剋火，故無飲食，非憑法力，無以濟之。昔阿難亦以宿業當墮其中面。然鬼王爲現其前，授以脱免之法，亟令以食施諸鬼神。而佛如來又教以施食之法，當先誦念一切功德光無量陁羅尼，然後所施之食，可以普及河沙鬼神。施食之人亦當延年，大獲無量功德。崔能如是，宜其有以報之。昔彭介亦施食，每遇節朔，則設食至禱，遣人祭餓鬼於江濱。遇有遺骸及死無以葬者，則爲具棺，瘗于别墅。官至二千石，未嘗一日廢。及死，柩歸長沙，空中隱隱有哭泣聲，隨柩而行。此亦鬼神感激之明驗也。《夷堅志》

王企夜過徐州界，遠見燈燭熒煌，迫而視之，則一村落。有一老叟箕踞而坐，企問曰：「此名何地？」叟曰：「此名叢鄉。往年死而無歸者，如吾之類無慮萬人。賴富公收瘗于此，使有安宅。由是得生者過半，而富公亦得名利不死矣。」企驚亟起，行不數里，又遇一叟，復問：「去此果有叢鄉否？」叟曰：「無之。豈富公所築叢塚乎？」企益駭異。嗚呼！前輩以收瘗遺骸而立獲度世者，非獨富公，第人莫之知耳。不見周伯持以瘗洛陽客死遺骸，而得名刊帝簡乎？不見劉子翔以瘗長安餓死遺骸，而得爲定録府主者乎？蓋惠及死亡，爲德最大故也。昌齡久施簡牒，獲應甚多。乾道庚寅一夕，夢鄰媪文生之母來告，意其必是求簡。後數日，謁邑尉李公搜孫。公偶言郡侯孫公松壽委以搜求遺骸事，方悟鄰媪之夢，乃求葬也。遂以告公，公即日具舟送于郡。由是鄰媪數十年不葬之屍，一旦得歸安宅矣。安知孫使君瘗藏之德，不亦已書名僊籍乎？《漁隱》

富商有段其姓者，養一鸚鵡甚慧，能誦《隴客》詩及梵本《心經》。段翦其兩翅，閑以雕籠，加意豢養。熙寧六年，段忽繫獄。及歸，問鸚鵡曰：「我半年在獄，極用愁苦。汝在家，餵飼以時否？」鸚鵡曰：「君半年在獄，早已不堪。鸚哥許時籠閑，豈亦不生怨恨乎？」段大感悟，即日放之。蓋鳥飛魚潛，各其性也。閑而養之，彼豈適其性哉？向使段無許時囚禁，亦未必肯信禽鳥之性，果以籠閑爲苦也。《玉壺清話》

張道甫好養鵪鶉及青師姑，其鬭而不勝，則怒折其兩足。晚年，兩脚害瘡，伏枕累歲。一夕，覺癢甚，爬之，則兩脚板皆已脱落，蛆蟲擾擾，盈聚其中。其後尚能令背負入市。雖其躁悶，然亦天意，故以令于衆也。又有孫師韓者，亦好養弄，其鬭而不勝，亦復如張怒折其足。後亦困病，久卧牀中，兩股爲之肉破，蛆蟲日去日有。此皆鄉里近事，人所共知。其所以脚脱股破者，折足報也；蛆生其中者，必所殺蟲也。夫養弄之人，若積其平生所殺之數，已自不可勝紀，况捕之與販之者，所殺可勝言哉？

陳堂，以蔭補官，不信因果。其淫犯良人，陵轢柔善者，豪横無所不至。不十數年，遂死。其姪女年十二，忽昏仆若寐，爲二鬼所導，至秦廣王所。王曰：「吾有一事，汝能爲吾通傳于世否？」女子初不從，既而許之。即命二鬼引至一處，乃第十八重地獄也。見堂荷大鐵枷，維以鐵絙，哭謂女子曰：「汝安得至此？今得還，切急救我。」女子曰：「某小兒女，安能救阿伯？」二鬼曰：「汝但許之，只轉《八師經》，便可以救。」既而又引至一廟，見伯之二子，長子方吞鐵丸，次者已斬首于地。不覺驚寤，則伯之次子果已死，長子方苦喉瘡。聞女子此言，亟求經轉誦。是夕，乃夢死者來謝，所苦繼亦獲安。時秘書丞吕公夏卿異之，特跋其事于經之後，以示勸戒。蓋堂存日，曾於天王院重飾一秦廣王像，故王假此女子，通傳于世，使堂子孫將此經文廣行流布，庶幾人知警悟，於堂陰有所賴，抑亦欲人皆共知。今陵轢柔善，淫犯良人，便當死入地獄也。愚嘗求經考之，大抵諸佛方便開悟群迷，使其見人殺生而得短命多病，則便當以殺生者爲師而不殺生；見人多淫而子孫亦復淫亂，則便當以多淫者爲師而不多淫。乃至偷盜者，妄言綺語、兩舌惡口者，醉酒悖亂者，老而苦，病而苦，死而苦者。凡此八者，一一皆當以之爲師，不敢復蹈其轍。其説與吾夫子所謂「三人行，必有我師焉。擇其善者而從之，其不善者而改之」之説，亦無以異。若又以老子所謂「善人者，不善人之師；不善人者，善人之資」之説論之，言句雖若相反，然求之言外義亦一也。嗚呼！此但誦經之言尚能如此，况能允蹈者乎！

王雱，性險惡。其父居相位，凡所爲不近人情事，皆雱縱臾之。及爲從官，則已不能朝矣，未幾遂卒。其父一日游鍾山，怳見雱枷鐵枷，杻鐵杻，如重囚之狀，遂捨所居半山園宅剏一寺，以薦雱福。嗚呼！貴家子弟，多是心懷險惡者，何哉？蓋其生長富貴，不知艱苦，便謂世事一向終當如此，而不悟福緣易盡，業力難消。一旦勢位去身，大似一場夢覺。夢未覺時，若能惺惺靈靈，做得幾件好事，方是不辜負己靈，不枉却一生。苟或不能如此，而更心懷險惡，即是自害其身，於人未必有傷，於身定當沉墜。正令無甚大惡，復得託生爲人，亦必不如今日。若又生在貧賤，則又有何力量而能復躋本坐乎？《邵氏聞見録》

郭崇爲人擊傷其臂，同行皆欲報之，崇置不問。又數歲，與曏嘗擊之者同登仕版，崇乃釋前憾，薦譽其人。其人慚愧自殺。其後崇以臨民有陰騭，當登僊品。時地司奏牘方上，而太極真人乃斷然駁之曰：「郭崇有殺人之罪，安得爲真人？坐此，莫果輕舉。」嗚呼！郭崇實不殺人，而不免坐殺人之罪，豈當時薦譽出于不情乎，抑姑以愧之而其人偶至自殺乎？不然，安有薦譽其人，而反坐殺人之罪也？昔邵陵王綸鎮郢服，吴規爲之客。適張纘出鎮湘東，綸餞于郊，規亦與坐。時纘方貴，意輕規，忽舉杯屬規曰：「吴規奉慶，汝今日得與此醮。」規大怒，即起歸。其子翁孺聞之，爲之氣結而卒。規悼兒憤纘，俄亦不起。其妻不勝悲怨，尋亦殞命。時人爲之語曰：「張纘一杯酒，殺吴氏三人。」此則辱而死之。雖若與崇事不同，然要其歸，亦不免坐殺人之罪也。大抵恐殺、怖殺、毒殺、藥殺、呪殺、怒殺、自殺、教殺、故殺、誤殺、口殺、手殺、意殺、想殺、目前看殺、傳言遺殺，凡此之類，在《太上業報因緣經》中一切皆謂之爲殺。夫彼死者，雖非郭崇手殺，而實因之而死，是即郭崇殺之也。今有驅役督迫，而使人至于喪軀，陵轢劫持，而使人至于自盡，及其死矣，而尚云：「非我殺之。」是誠惑矣。《真誥》

卷十

校勘記

太尉劉文饒，好行陰德，視民如子。一日，賜巵酒，醉于上前，醒乃謝曰：「臣非敢醉，實以家奴驕縱，略加責罵。既而入朝，恐奴慚恚自殺，憂心怳惚，不覺如此。」上益奇之。其後竟以用心仁恕，得獲度世。嗚呼！今之富民，譴一佃户，則奪田徹屋，必欲破碎其家；怒一細民，則賄吏求關，必欲窮致其罪。而不知彼人也，我亦人也。所不同者，貧富也。其好榮惡辱之心，與夫父母妻子平日衣飲之樂，無以異也。破敗之易，成立之難，亦皆然也。豈在我者當愛護，而在彼者不足卹乎？能知文饒以仁恕度世，則知無文饒之心者，今日之富，乃身後果報因緣，來世貧苦之因地也。《真誥》

游維觀有二鐘，一是觀家鑄，一是許真君在世時鑄。許鐘比觀鐘差小，而聲韻極清徹。鄰僧愛之，因嚴僎領節制，乘間白僎取之。時僎威令風行，道士無敢拒。取鐘之日，忽天雨晦冥，平地水高尺餘，擊之則如土木，絶無音響。僧猶未悟，復譖於僎曰：「此州道士例多妖術，必是禁鐘。」僎怒，治道士方急，忽困踣濱死，明見真君叱之曰：「汝何故取我鐘？今若不還，必斷汝首。」僎驚覺汗流，急取還觀。因詣祠禱謝，猶見真君侍者持劍在傍曰：「汝爲無道，上帝所知。斷頭之事，將恐不免。」未幾，果以開江事伏誅。嗚呼！寺觀之物，取彼與此，均在教門，掇禍尚爾。況侵耗其物而爲己有者乎？居占其所，而爲妻孥安泊之地者乎？《鐘記》

張開光志尚清虚，既得輕舉而去，顧謂其徒曰：「吾之田宅，今悉以付君。勿營私，勿貪肆。否，皆有責。」其徒唯諾。於是即其地，建一老子祠，年代既遠，疆畔悉爲比鄰所侵，不得已訴于官。官又不決，其徒惋恨。忽一日，煙霧迷覆其地，衆皆見開光跨一青騾，自天而下，環遶而去。既去，騾足所踐，立陷成渠，疆畔遂判。如此，則寺觀之地是可侵而有乎？不見張徹嘗侵削院地，以新其廬，入廬不五日而死乎？大抵一寺一觀，經始之初，不無願力，而告成之後，不無神物主張故也。今私家疆畔侵之者，尚有縣官之責，況道釋所在而侵之者，獨無陰譴乎？《神僊傳》

驃騎尉張孝師，既卒而蘇，以其冥中所見，命工圖之。吴道子因而盡爲地獄變相，楊次公因而爲之説，蘇東坡因而爲之偈，卞洪中大又因而收入《勸戒集》中，以示勸戒。其傳爲不誣矣。其變相有衆嬰兒及鱗羽之族雜附之者，蓋傷生殺夭者也。有獄卒擒執而鞭其胸脅者，蓋包藏禍心而陰險賊害者也。有反縛而壓以巨石者，蓋依勢作威，以暴虐而陵壓於人者也。有倒懸而以繩曳其手者，蓋犯上不軌不順者也。有被妖服編髮而黴纏者，蓋以邪法異術而惑世亂俗者也。有手執簡書而以箠楚訊掠者，蓋侮文舞法而肆其欺罔者也。有俯首伏地而屈膝者，蓋諂佞足恭而内荏者也。有聯脛執紲驅而使之涉者，蓋貪行淫慾而同惡相濟者也。有胡人漢人雜處而方被詰問者，蓋天地無私於遠邇者也。有以挺刃迫逐而推落大火坑者，蓋乘人之危而劫奪其財者也。初，道子作此畫於長安通衢中，人皆見而大懼，爲之不屠宰者累月。孰謂人不知改行自新乎？其後道子竟以此畫有警於人，得登僊果。蓋陰司當時顯出此事，正欲人知戒懼。道子又能表而出之，是宜爲上帝收録也。夫地獄之報，按經所説，在水輪之下，居鐵圍之中。習雖起於十因，報實依於六識。大抵皆衆生迷妄所招，若一念歸真，則地獄何有？不見《華嚴》所載《破地獄偈》，乃若人欲了知三世，一切佛因，觀法界性，一切惟心造之語乎？又不見孝師所見包藏禍心等事，亦皆不離於衆生心念者乎？或者尚不信以爲然，不知其意，更欲如何而後謂之罪也。夫多淫、貪求、我慢、嗔恚、姦僞、欺誑、銜恨、惡見、怨謗、覆藏十者，十習因也。凡此，皆衆生平日起心行事，習以爲常，不覺不知，遂至成地獄之因也。又如見、聞、齅、味、覺、思六者，六根識也。凡此，亦皆衆生平日於眼、耳、鼻、舌、身、意六根之上，各起此識，所以情識紛然，復於色、聲、香、味、觸、法六塵之上，生出無量無邊種種迷妄之念，造出無量無邊種種迷妄之業，不覺不知，遂至受地獄之報也。是故世人臨命終時，未捨煖觸，以前所有罪業，一時頓現。習業交則各隨其平日識業所引，發明種種地獄諸苦。此皆載于佛書，其説甚詳。愚已哀集，分爲七門，號曰「七趨受生録」。使人開卷便知如是而生于天，如是而爲僊、爲人、爲脩羅、爲餓鬼、入地獄、做畜生。已成書矣，今不復縷舉。

劉三復忽記三生前曾受馬身，具言馬之所以苦者在乎渴，望驛而嘶，即渴也；痛最切至者在乎傷蹄，踏着硬物，即傷蹄也，傷則痛輙連心。所以平生不忍乘馬，苟或乘之，必爲時其水草，至磽确處必爲緩轡，遇轍石必去之。嗚呼！此蓋身自嘗而知者。今人以人代畜，尚不知恤，何更問馬！　惜其不知六道輪迴祇在一念。今人趣中，豈無失身而爲馬者乎？　按《寶積經》，昔有五百人爲近惡知識作惡業，因緣失身生馬趣中。日藏菩薩爲憐其人，於先世中已曾供養諸佛，學菩薩乘，又曾勸令發菩提心，於是求生其中，作馬音聲，説法教化，普令懺悔。彼五百馬等乘日藏威神力，故各識宿命。本所失心一時頓現，復得爲人以悔悟，故各得證辟支佛果。其日藏亦以救度是五百馬，故得證善相如來。大抵一切衆生，實本真淨。因彼妄見，妄習遂生。妄習既生，便有内分、外分二種分别。内分，即是衆生分内因，諸愛染發起妄情，情積不休，能生愛水。是故心憶珍羞，口中水出；心憶前人，目中淚盈；　心貪財寶，涎發體潤；　心著行淫，二根流液。諸愛雖别，流結是同，潤濕不升，自然從墜。外分，即是衆生分外因，諸渴仰發明虚想，想積不休，能生勝氣。是故心持禁戒，舉體輕清；　心持印呪，顧盼雄毅；　心欲生天，夢想飛舉；　心存佛國，聖境冥現。事善知識，自輕身命，諸想雖别，輕舉是同，純想即飛，必生天上。若飛心中，兼福兼慧。及有淨願，則臨終之時，自然心開，見十方佛，一切淨土，隨願往生。若情少想多，輕舉不遠，不爲飛仙，必爲大力鬼王。若情想均等，則生於人間，想明斯聰，情幽斯鈍。若情多想少，流入横生；　重爲毛群，輕爲羽族。七情、三想，沉下水輪。二交過地，輕生有間，重生無間二種地獄。若純情無想，即當沉入阿鼻。若沉心中，有謗大乘，毁佛禁戒，誑妄説法，虚貪信施，濫膺恭敬，五逆十重，又當生于十方阿鼻大地獄中。地獄報盡，又當受諸鬼形。鬼報既盡，情之與想，二俱成空。方於世間，與元負人怨對相值，身爲畜生，酬其宿債。若元負人分越所酬，此等衆生還復爲人。反徵其剩，如彼有力兼有福德，則於人中不捨人身酬還彼力。若無福德，即死爲畜生，償其餘直。若更殺害彼命，噉食其肉，則經微塵劫相食相誅，無有休息，猶如轉輪牙爲高下。但人生在人中，稍自安逸，便謂世世生生終當如此，而不知福緣易盡，業力難銷。一念纔差，便入諸趣，何獨三復爲爾耶？

《南部新書》

江南國主鍾愛其女，嘗從容謂大臣曰：「吾止有一女，資儀性識，特異於人，不可不爲擇佳婿。須得少年，美風儀，有才學，而門閥高者。」或曰：「洪州劉生，爲郡參謀，年方冠，風骨秀美。又大門第，嘗任貳帥。博學有文，足以充選。」主命召至，一見大悦。尋尚主，拜駙馬都尉，鳴珂璐玉，豪華富貴，冠於一時。未周歲星，主忽告殞。國主不勝其哀，怒曰：「吾不欲復見劉生，削其官，一物不與，遣歸洪州。」生怳疑夢覺，觸目如故。丁謂當政日，忽舉此以語客曰：「某他日，亦不失爲劉參謀。」坐中失色。未幾，果有海康之行，家籍于官，孑然南歸。回視前日，亦一夢也。大抵世間萬事，轉頭即空，無一非夢。譬如游醼，方醉笑時非不懽慍，及纔罷醼，其樂即空。又如飲食，方咀嚼時非不香美，及纔過舌，其味即空。此皆理之灼然，人所共曉。然於歌舞諠譁之際，未嘗有一人能持正念而不爲之動；珍羞錯薦之時，亦未嘗有一人能生慚愧而不爲之嗜者，何哉？只是欠一箇

「悟」字，人處富貴亦復如是。丁、劉盛時，亦曷嘗有一念之悟乎？

淳于棼嘗晝寢，夢二紫衣吏，引自宅南古槐下入，俄至一城，重樓傑閣，金題其榜曰「大槐安國」。既入城，又見一吏迎揖曰：「駙馬遠來，且少憩于此。此東華館也。」居數日，王引見。一見大悦，即以公主名瑤芳者妻之。未幾，出典南柯，郡政大舉，王甚禮焉。在任凡二十許年，生男子五、女子二。無何主卒，方悲慟間，忽然驚覺，乃知是夢。立命發掘其槐下，果有一穴，中有一臺，色赤如丹，二大蟻處之，即所謂大槐安國都邑也。又窮其穴，直上南枝，即棼所典南柯也。棼大駭異，復命掩之。嗚呼！淳于初入槐安，而國門之勝已如是；洎至行館，而供帳之盛又如是；既而出典南柯，而州治之廣又如是。既爲駙馬，又且得君，當此之時，淳于意氣豈不揚揚，自以爲得，安知特一蟻穴乎？大抵諸塵世間，一切衆生，其以妄想顛倒，而失身託爲微細物命生乎其中者，雖在蹄涔之水，亦莫不圉圉洋洋，自以爲得。自人觀之，蹄涔也；自彼觀之，其視爲蹄涔乎？其視蹄涔，亦猶淳于之視蟻穴爲大槐安國也；其自以爲得，亦猶淳于之爲駙馬、爲郡守時也。是故諸佛菩薩、諸代祖師，常切教人必令識心見性者，正謂幻化無常，生死事大。若非見得的當，臨命終時定爲妄想顛倒，回換入諸趣中去，其生乎快樂天宫也，不知其撞入驢胎馬臟也。蓋其平日只於世態上走，初不曾於自家心性上略有悟入故也。夫夢想顛倒者，即妄想顛倒也，當白晝時，分明兩眼大開也。只心想攀緣，顛倒錯亂，洎合眼後，却安有不顛倒錯亂者乎？第世人以日用中目前境界爲實，以睡中所見境界爲夢，而不知日用中虚妄分别，顛倒妄想，全體是夢，於其中間又以想心，妄生繫念，至使神識紛然。眼纔合時，便見無量無邊顛倒影事。此又是夢中立夢，顛倒中又顛倒也。昔大慧禪師於此未透，一日，禮問圓悟，圓悟但以手指曰：「住！住！休妄想，休妄想。」大慧莫悟，復進曰：「某自入道，佛所讚者依而行之，佛所訶者不敢少犯。惺惺時都得受用，及纔上牀，半醒半醉，則便自做主不得，見錢鏹則懽喜心生，見刀劒則恐怖心生。自念此身未死早已如此，若一旦淪謝，衆苦熾然，如何却不被他回换去也？」圓悟曰：「待汝説底許多妄想絶時，則汝自到寤寐常一處也。」大慧猶未悟。後因圓悟舉「諸佛出身處，薰風自南來」之句，方且於前話有契，始知佛所謂「寤寐恒一」，文殊所謂「却來觀世間，猶如夢中事」之説，爲真實語。其後侍郎向敏仲，亦嘗以此咨决大慧，大慧亦復以圓悟答之。信前輩未嘗以一語欺人，愚故併録。庶皆知悟今世間事無非一夢。向使淳于夢中不因悲戚而忽然驚，則遂爲一蟻矣。當此之時，聰明靈利也使不着，憸險捭闔也使不着，豪横使氣也使不着，機巧便佞也使不着，有錢有力也使不着，有勢有位也使不着。看他淳于憑誰啟迪而能知是蟻穴乎？見前眷屬作何伎倆而能拔而出之乎？其驚覺處，即得力處也。當知妄想顛倒，能回换人，而覺之一字，獨能挽却回頭力百倍於萬牛也。李公佐《玄怪録》

劉中明，得道者也。簡有從與之同里巷。中明既尸解康伽藍，後數年，有從復遇之于東都闤闠，方悟其果已得道，因叩之曰：「有從將爲朽骨矣。先生何不念里巷之舊，出一語以相啟乎？」中明曰：「子平生好法律，人有訟訴，子多陰助成之。祇此一事，已自累子之身。」去不復顧。嗚呼！訟之於人，非美事也。初以不能忍一忿之爭，遂至成數十年不可解之訟。其不能和解，而又交搆於其間者，是激二家之怒，成二家之訟，惡已甚於忿爭者矣。若又以法律爲誇而陰佐一家者，則是包貯險心，伺求人短，必欲成此健訟，而陷彼於法，惡又甚於交搆者矣。夫訟之爲說，在《易》曰「終凶」，謂終之則凶也。又曰「不可成也」，謂成之則終凶也。又曰「不利涉大川，入于淵」，謂使川爲淵，訟之過也。若又陰佐一家，即是以爭濟爭使相激而爲深也。今有從雖悟其將爲朽骨，而莫悟其助訟之非，是未能悔咎而自新也。其不爲中明所取也，宜哉！《集僊傳》

夏資深曉法律，長於吏文，專以交結胥曹，干預公事爲業。每與人作訟牒，則必藏機設險，鈎引其人，伺其有一語之失，因刧持之，自以爲得。或爲人代款，亦必深文巧詆，如實有寃抑，不得自伸之狀，使聽訟者熒惑而不能斷，兩爭者連結而不得解。甚者，使人破家，兩雖已悔而不能自已者，皆資深有以牽制於其間故也。凡資深足跡所至，無一家而不打起爭訟。雖在塗之人，與之素無交涉，苟一語及訟，資深聞之，亦必夤緣交搆激而成之，脣吻最爲可畏。又好誘人子弟，相與爲惡，洎至破産，已則厚收牙儈之利。人人莫不嫉之，彼獨揚揚自以爲得。無何兩被杖，目亦雙盲。既而腰曲背傴，百病交攻，貧窶龍鍾，不得安樂者數年，竟至凍餒而斃。又無子，家遂爲墟。蓋其平日不善用心，使人不得安樂。洎至果報之來，則其身亦復有種種不得安樂之苦。此但迫於衣食，而富室亦有好爲之者，何哉？不過是爭一箇我利幾文錢耳。惜其莫悟，出於人上初不在此，而不義之財取之，終當有水火盜賊之事。蓋太上折除之説，本自如此。《近事》

童行楊祖印，久病無生意。其師一夕赴水陸齋歸，往問其狀，祖印忽驚叫曰：「師主可速出，爾駭殺我也。」及少定，詰之，則曰：「適迷悶間，不覺隨衆至齋所。時師主方咆哮，口中火光迸出，延燒几席。今尚烘然，亦自覺否？」其僧大怖，繼亦染疫。嗚呼！一起貪心，遽生猛火。自世俗觀之雖若怪誕，然以《楞嚴》想險足駿思梅口水之説推之，則物理相感本自如此。且今愧情一集，豈不亦面熱汗下乎？況對聖宣科而乃敢雜以他語也！昔王雱忌日，其父荆公爲設百僧齋，意欲資藉衆力，庶幾可以薦雱冥福。既而夢雱曰：「百僧轉經，不如阿爺所轉一部。」蓋爺專心靜默，故能冥感。如僧徒所轉，則雜以他語，殊無所益。」如此，則僧道於宣科演教之時，其可不以此爲戒而少知敬畏乎？《水陸儀》

洪邁云：一商人泊舟潯陽月下，見二大官對坐而語。一曰：「金山寺作佛會甚盛，但庖者不謹，食皆血腥。吾掣其手漬于鑊中，計已腐爛矣。」一曰：「彼固不謹，子亦責之太過。」曰：「比亦悔之，恨已無及。」曰：「療之何難？但得生大黄，搗令如塵，以美醋調傅瘡上，不惟止痛，亦可獲安。」商人駭異。後詣寺，訪問其泊舟潯陽之夜，果有就寺設水陸齋者。蓋庖人揮刀傷指，血落食中，及臨鑊調羹，若有物掣其手漬于鑊中者，皮肉應時脱爛，殆將殊絶。得商人藥傅之，遂差。此但誤傷指血，事出非意，掇禍尚爾，況有甚於此者乎？嗚呼！非獨庖者爲爾，僧人道士尤爲不誠。蓋其但知覓錢養家，初不問古人何以而創爲此儀，今人何以而崇設此供。既無信向，必起慢心。慢心一萌，則鹵莽滅裂，無所不至矣。載籍之語，其肯信爲有乎？

大智禪師住洪州百丈，凡参次，常有一老人隨衆而至，衆退，老人亦退。忽一日，獨不退，師曰：「面前立者爲誰？」老人曰：「某非人也，於過去世曾住此山，因學人問：『大修行人還落因果也無？』某答以不落，坐此一語，墮野狐趣者已五百生。敢望慈悲，特賜啟發。」師曰：「汝但問來，我却答汝。」老人曰：「大修行人還落因果也無？」師曰：「不昧因果。」老人大悟，禮謝而去。且囑師曰：「某見在山後，乞依亡僧例，賜以一火。」師唯諾。即領衆至其處，果得一死狐，遂火之。嗚呼！此老一語之錯，何至五百生受野狐身邪？蓋其説一行人果信爲不落，則但凡修行之人，皆可以倒行逆施，無復顧忌矣。夫豈不知釋迦、老子、驕梵鉢提，亦皆大修行者乎？在釋迦、老子，則以受人美味而不免有馬麥之饑；在驕梵鉢提，則以罵人喫飯遲爲牛哨草而不免有牛呞之疾。如此，則大修行人是有不落因果者乎？大抵因果之説，如影對形，無可避者。然亦不必執有執無，繫念在心，自作梗膺之物；亦不可虚妄誑誕，信口便説破以爲無。若破以爲無，即是室人恐懼修省之心，定當獲發無因果之罪。但能於日用應緣處，或逆或順，一切常以「諸惡勿作，衆善奉行」二句爲心。久而功用純熟，則自然無因果可落，亦無因果可昧矣。或者尚詆爲釋氏之説。夫曾子所謂「出乎爾者」，豈不亦因果之説乎？愚觀世人，其以聞見寡陋而發無因果者甚多，故細論之。《傳燈》

士子張拙，一日參禮虔州智藏禪師。因問：「山河大地，是有是無？」曰：「有。」又問：「三世諸佛，是有是無？」曰：「有。」拙曰：「和尚錯去。」師曰：「先輩曾參甚人來，却言某錯？」拙曰：「某曾參百丈來。」師曰：「有何言句？」曰：「每有咨決，百丈皆以爲無。今和尚乃以爲有，某所以言爲錯也。」師曰：「先輩有血屬否？」曰：「有一山妻。」曰：「外更有否？」曰：「有二頑癡。」師曰：「百丈亦有否？」曰：「百丈古佛，和尚莫謗他。」師曰：「待汝得似百丈，却可以百丈説無也。」拙於言下有省。吁！今初無實悟之人，於册子上謾能記得古人一言半句，便敢誑妄亂説，一切破以爲無，非獨欺誤其身，又將欺誤於人。惜其莫悟，我今妻子愛染，田宅貪戀，莫非屬有；又如愛憎取捨，是非物我，亦莫非屬有。凡此之類，我皆能空却放捨，而不以置之于心否乎？捨與不捨，空與不空，二者之念，又皆能兩忘否乎？如或未能，即是諸有尚在，諸有尚在，則世間所謂作受果報之説，亦復皆在。其可誑妄亂説一切破以爲無乎？若誑妄亂説，按如佛説即名爲大妄説業。妄業若成，便當獲大罪報。昔有一僧，參禮雲門文偃大師，曰：「未到雲門時，恰似初生月。既到後，曲彎彎地。」師曰：「語則固佳，是汝道否？」曰：「是。」師曰：「我却問汝，如何是初生月？」僧乃斫額作望月勢。師曰：「汝乃敢爾！他後定失却目。」去未浹旬，其僧果失目。蓋初無所契，而但空作其勢故也。今之初無實悟之人，可不戒乎！《傳燈》

侍郎季南壽，乾道己丑知簡州。越明年二月望，方坐廳，忽郡人聚觀如堵，皆謂瑞氣浮空，彩霧罩空。公亦明見堦下有數十輩吏兵，儀仗甚盛。因語衆官曰：「某奉上帝勑，暫到冥司決一獄，須兩日方可還。」言訖，伏案而睡。官吏驚怪，相守至次日乃甦。自言：「初到冥司，見閻羅王乃馮楫吏部也。飲罷，有一吏來取覆，云：『本司自紹興二十九年以來，累承東嶽司申送勘陽間齋醮觸犯天憲事。其罪人經今未決，準上帝勑，委請侍郎處斷。』予即隨吏至獄，四城皆鐵圍。毒虵猛獸，口吐炎火燔燒罪人，哀號之聲所不忍聽。次至第二門，見一廳事，予即登廳而坐。復有一吏來呈案牘，云：『大宋潼川府路安泰縣黄㮚家，於紹興二十九年春，率衆建黄壇。道士黄守素與黄㮚通，同貪抄錢物并所行科儀，所寫文字，字畫各是交加。又昌州昌元縣馮式家，於隆興二年秋，使師巫杜忠信了酬天公，醮靈寶齋，同壇設拜章奏，納一千餘分。其杜忠信雖佩籙牒未曾參受正法，救護生靈，不合上章投詞，冒瀆天真。又合州石照縣龍會鎮衛元一家，於乾道二年春，召道士王太真建黄籙齋。其王太真喪服未除，葷酒不戒，大爲觸犯，取罪非輕。又熙州狄道縣師巫王自成，擅行鬼兵，殘害高震家二小口，并害張元家牛畜。又常以鬼兵邪法，恐嚇人民貪求請喚，所害凡二十餘家。伏乞侍郎早賜處斷。』予即與判下云：『黄桌、馮式、衛元一等，本爲求福，反招殃咎，皆是愚蒙無知，當從重滅，仍許懺悔。道士黄守素、王太真、師巫杜忠信，所學愚淺，身口不潔，輒行科儀，侮慢天真，敗壞道教。除陰責勘斷外，仍配入畜生外道内。師巫王自成輒用邪法，殘害人物，造意惡毒，情罪難恕。先以鐵杖決脊，送下無間地獄，俾受諸苦，方配爲外道孤魂，仍使一家磨滅，子孫淪墜。』判訖，即令回申天府及獄司，準勑悉依進奏施行訖。復有一吏來，引予歸，不覺已在此矣。」衆官聞之，莫不驚嘆曰：「高不可欺者，天也；下不可欺者，地也；中不可欺者，人也。善惡之報，如影隨形，可不鑒哉！」因爲刻于堅珉，以示勸戒。蓋公爲人，真正清儉孝慈。仕宦四十餘年，未嘗酷吏虐民，故爲上帝録用也。嗚呼！向非公親到冥司，安知爲道士而宣儀錯繆，寫文字而字畫交加，雖佩籙而功不及民；或居喪而復行醮法，葷酒不戒，身氣不清。有一于此，而輒敢爲人上章，皆當配爲畜生。又如師巫之貪求請喚，行邪法而恐嚇無知，埋蠱厭人，爲人作詛，皆當配入惡趣。縱不如此，而身口不潔，輒行科儀，亦當獲大罪報。今録于此，非獨可以爲師巫道士戒，僧人行者亦當以此爲戒。蓋其平日麄行，凡所以干瀆真靈者，爲罪則一。使一旦身死，亦如諸人繫于幽獄。當此之時，妻子眷屬、金玉錢帛，果安在哉？回視在生之日，不知戒懼，一味造業，誠亦愚也！

跋

知縣胡公跋

予觀邑士李伯崇所編《樂善録》，佛氏所謂因果之説盡於此矣。有近聞異甚，惜伯崇不增廣之。予友章德茂，以總檄來眉山，寓宿驛亭。忽一夕，夢女子自稱齊州慕容氏之子，坐生前奪所捨僧田充行奩，參對幽冥，罪業未洗，杻械在身，哀泣悲訴，求德茂爲作佛事贖之。噫！兹亦異矣！余嘗論之：世間一切法，皆爲幻相，雖大地日月，會歸於盡，所不可隨幻而滅者，惟心耳。善惡之報，皆由心造。今使衆生善心一萌，則種種善業悉現於前，名曰「順境」；又使衆生惡心一萌，則種種惡業亦現於前，名曰「逆境」。微妙法身，則如虚空；了知善惡，無有交涉；深達罪福，無起滅相。慕容女子作業於心而不自覺，所受罪惡，亦復如彼。苟爲不然，衆生於此，能以七寶裝嚴供養，乃至無量無邊布施，皆爲以幻而作佛事。我佛如來，坐斷諸幻，豈以是故罪福衆生？故曰：「起諸善業亦是幻，造諸惡業亦是幻。身如聚沫心如風，罪福如幻無起滅。」有人能觀此書，嘗聞此四句偈。隆興二年十月日，陳郡胡晉臣跋。

運使李太博詩

法曹學士轉示《樂善新編》，賦詩奉謝。

李石

不讀《非相篇》，人心謂如面。陰機蜮窺影，巧攫狙伺便。誰於牛毛端，萬念回一善。此間有堂奧，次第躬履踐。自言不爲惡，凜凜三語掾。世塗多疾人，奇藥得瞑眩。貽我《南陽書》，補作《東平傳》。魯國焉取斯，爲語宓子賤。

淳熙二年正月初三日

趙汝譢跋

寶章郎中汪公，以祥刑使者總攝帥垣，暇日出示《樂善録》一編，而謂汝譢曰：「此編所載，殊益世教。欲鋟梓以惠越人，使人有其書，庶幾善者勸，惡者懲。不待家至户曉也。」汝譢往者與公游宦群舒，見公一言一行，必歸於善。逮長公侍郎來鎮此土，汝譢又得以邦氓出入仞牆。侍郎公之言行，由郎中公之言行也。侍郎八年于越，凡善政善教之及於民者，至于今愛戴歌頌之。汝譢游於二難之門，有年所矣。每聆先世積累之善，皆古人之所難能者，宜其餘慶流衍。五世衣冠之盛，赫奕未艾；二難德化之均，前後相輝。然則爲善之報，又何如耶？故併録之。觀此書者，謂余不信，試以公家之事爲證云。

紹定二年三月望日，郡人趙汝譢謹識。

汪仲宗跋

右《樂善録》十卷，卷各彙分其事，深有益於世教。比游蜀都得此本，常以自隨。兹刻梓于會稽郡齋，用廣其傳云。

紹定二年三月既望，新安汪統仲宗。

圖書在版編目(CIP)數據

全宋筆記. 第9編. 2 / 上海師範大學古籍整理研究所編.— 鄭州 : 大象出版社, 2018. 3
ISBN 978-7-5347-9436-0

Ⅰ.①全… Ⅱ.①上… Ⅲ.①中國歷史—史料—宋代
Ⅳ. ①K244. 066

中國版本圖書館 CIP 數據核字(2017)第 162660 號

全宋筆記 第九編 二

出版人 王劉純
特約編輯 陳 新
責任編輯 郭一凡
整體設計 張 勝
出版發行 大象出版社
鄭州市開元路16號(450044)
製 版 上海杰申電腦排版有限公司
印 刷 北京匯林印務有限公司
版 次 2018年3月第1版2018年3月第1次印刷
開 本 640mm×960mm 1/16 22.5印張
字 數 246千字
印 數 1—1000冊
定 價 78.00元